btb

Buch

»Der *Opernroman* beschreibt ein Opernhaus, und zwar nicht nur als Kunstort, sondern auch als sozialen Kosmos. Hier kommen alle vor: vom Kulissenschieber bis zum Intendanten, von der werdenden Primadonna bis zur Kantinenwirtin.
Das Buch bezaubert durch Fülle. Es gibt viele Personen, aber keine Nebenfigur; auch wer bloß durch ein paar Absätze huschen darf, ist wichtig und bleibt im Gedächtnis. Zu den dauerhaft Präsenten zählen die Regieassistentin Babs mit ihren klugen Analysen; der Korrepetitor Jan, musikalischer als der leitende Dirigent, aber nicht intrigant genug; der Geiger Laurent, der sich aus strenger Musikliebe das Leben abtrainiert; und die damenhafte Cellistin Astrid, sechs Jahre älter als Laurent, die, anfangs sehr zu dessen Unmut, in seinen eindeutigen Träumen vorkommt.«
Michael Schweizer, Berliner Zeitung

»Das alles wird unsentimental, oft witzig, oft ironisch, doch nie boshaft geschildert. Ohne zu psychologisieren, ohne zu moralisieren, zeichnet Petra Morsbach ein Panorama menschlicher Selbstsucht, die von dem verzweifelten Drang gespeist wird, dem Leben einen Sinn zu geben.«
Michael Schulte, Die Woche

Autorin

Petra Morsbach, 1956 geboren, studierte in München und Leningrad. Nach ihrer Promotion über Isaak Babel hat sie zehn Jahre lang hauptsächlich als Dramaturgin und Regisseurin gearbeitet und lebt heute als freie Schriftstellerin in der Nähe von München. Ihr Debütroman »Plötzlich ist es Abend« wurde von der Kritik begeistert aufgenommen.

Von Petra Morsbach außerdem bei btb:
Plötzlich ist es Abend. Roman (72114)

Petra Morsbach
Opernroman

btb

Umwelthinweis:
Alle bedruckten Materialien dieses Taschenbuches
sind chlorfrei und umweltschonend.

btb Taschenbücher erscheinen im Goldmann Verlag,
einem Unternehmen der Verlagsgruppe Bertelsmann.

1. Auflage
Genehmigte Taschenbuchausgabe September 2000
Copyright © Eichborn GmbH & Co. Verlag KG
Frankfurt am Main, 1998
Umschlaggestaltung: Design Team München
Umschlagmotiv: AKG, Berlin
Satz: IBV Satz- und Datentechnik GmbH, Berlin
BH · Herstellung: Augustin Wiesbeck
Made in Germany
ISBN 3-442-72484-8
www.btb-verlag.de

MEINEN ELTERN

INHALT

VORREDE.................................... 9

TRISTAN UND ISOLDE,
ODER: AUGENBLICKE 11

FIGAROS HOCHZEIT,
ODER: DIE ARBEIT............................ 39

FIDELIO,
ODER: DIE LIEBE 107

DIE FLEDERMAUS,
ODER: ALLTAG 189

REQUIEM,
ODER: ABSCHIEDE 291

EPILOG 315

VORREDE

Wann immer ich draußen erzähle, daß ich am Theater arbeite, sagen die Leute, man soll die Subventionen streichen«, weiß Jan zu berichten. »Und dann fragen sie empört nach Skandalen, Abfindungen und Riesengagen, von denen sie in der Zeitung gelesen haben. Sie schimpfen auf die Kunst, weil die Künstler sich schlecht benehmen. Das tun die Künstler wirklich«, gibt Jan zu. »Doch was hat das mit Kunst zu tun? Kunst ist Harmonie, ist Gnade. Künstler aber sind bloß Menschen. Eine Kunst ohne Menschen wäre vielleicht besser«, verhaspelt sich Jan, errötet und setzt sich ans Klavier.

TRISTAN:
Dem Land, das Tristan meint,
der Sonne Licht nicht scheint.
Es ist das dunkel nächt'ge Land,
daraus die Mutter mich entsandt,
als, den im Tode sie empfangen,
im Tod sie ließ an das Licht gelangen.
Was, da sie mich gebar,
ihr Liebesberge war,
dies Wunderreich der Nacht,
daraus ich einst erwacht:
das bietet dir Tristan,
dahin geht er voran.
Ob sie ihm folge treu und hold,
das künd' ihm jetzt Isold'!

Aus der Oper *Tristan und Isolde*
von Richard Wagner;
Text: Richard Wagner

TRISTAN UND ISOLDE, ODER: AUGENBLICKE

Einweisungsprobe 12
Vor der Vorstellung 16
Vorstellung 19
Danach 29
Kantine 30

Einweisungsprobe

Einweisungsprobe für die Oper *Tristan und Isolde* von Richard Wagner, eine Neuinszenierung vom vorigen Monat. Der erste Tristan hat versagt und wurde gefeuert, den zweiten mochte Isolde nicht leiden, jetzt ist kurzfristig ein dritter angereist und wird von der Regieassistentin Babs in die Inszenierung eingewiesen.

Nachmittags ist es im Theater still. Auf der leeren Probebühne im beinahe verwaisten Haus sind nur der Gasttenor James McGuire, die Assistentin Babs und der Korrepetitor Jan. Die Probebühne ist fast so groß wie die Bühne, befindet sich im dritten Stock des Hauses und hat eine lange, halbrunde Fensterfront zu den Dächern der Altstadt hin. Sonnenlicht scheint herein. Das Bühnenbild ist mit Holzpaletten markiert worden, damit der Sänger sich auskennt, wenn er morgen abend zum ersten Mal die richtige Bühne betritt.

Gegenüber der Glasfront an der schmutzigen Rückwand vor einem abgestoßenen Probenklavier wartet der Korrepetitor Jan. Er ist weich und blaß, hat spitze, abstehende Ohren und langweilt sich. Korrepetitoren langweilen sich oft. Sie müssen am Klavier den Orchesterpart simulieren, Einsätze geben und außerdem alle Partien singen können. Aber auf szenischen Proben müssen sie vor allem viel warten.

»Hier ist die Stelle auf der Mauer, von wo Sie runter in den Garten springen.« Man probt bereits den zweiten Akt, in dem Tristan heimlich unter Todesgefahr seine Geliebte Isolde besucht. »Passen Sie auf, Isolde schmeißt manchmal ihre Fackel dorthin. Die Fackel hat einen spitzen Kranz..." Babs blättert angespannt in ihrem Klavierauszug, in dem sie die Regieanweisungen notiert hat. Sie ist patent und zwanghaft, so, wie Assistenten sein müssen. Stämmig, Igelschnitt, weiter Pullover, um die Hüften ein Ledertäschchen, das die ganze Notausrüstung enthält. »Und hier«, erklärt sie James, »ist die Bank, auf der Sie später landen.«

»Aaah!« James leckt sich die Lippen.

Jan klimpert auf dem Klavier leise Jazz.

»Achtung, Kapelle!« ruft Babs ihm zu. Er kann diesen Ausdruck nicht leiden. Er sieht sich als Künstler, als Könner, und nicht als Musikmaschine. Außerdem sind Korrepetitoren besser ausgebildet, klüger und schneller als Regieassistenten und lassen sich deswegen ungern was sagen. Aber Jan streitet sich heute nicht. Er spielt die paar Takte vor dem Auftritt Tristans, während James laut mitzählt: vier – fünf – sechs –

ISOOOLDE!

James hechtet wie Tarzan auf die Spielfläche.

Jan singt mit dünner Stimme die Repliken Isoldes. Babs unterbricht und erläutert. Jan läßt den Kopf zwischen die Schultern sinken und ähnelt jetzt einer bleichen, dicklichen Fledermaus.

James McGuire ist fröhlich, graublond, untersetzt, hat kräftige kleine Zähne und sieht etwas verlebt aus. Er kommt aus Oklahoma und trägt als Markenzeichen Lederjacke und Cowboystiefel. Er hat gute Nerven, arbeitet seit vielen Jahren in Deutschland, liebt die Fachbezeichnung *Heldentenor* und ist stolz darauf, einer der wenigen Tenöre der Welt zu sein, die *the Tristan* schaffen.

»Mr. McGuire...« Babs kämpft gegen seine robuste Einschätzung der Oper.

»Jim, please.« Er hat, mit seinen sechsundvierzig Jahren, einen jungenhaften Charme.

»Jim, ich kann doch nichts dafür. Das ist eine moderne Inszenierung, da bleiben Sie stehen während des *O sink hernieder*. Das bedeutet, daß Sie verklemmt sind und sich nicht trauen. Sie können nur, wenn es dunkel ist.«

Jan, an seinem Klavier, fragt sich, ob Babs kokett ist oder nur dämlich.

»Und – wird es dunkel?« fragt Jim.

»Ja.«

»Aaah!« Er greift nach ihr.

Babs, warnend: »Genau. Er steht und hält sie während des ganzen Wachrufs. Aber ohne Sex.«

»Jesus«, lacht Jim, »*that's the* Lach *of the* Jahrhundert! Wer hat euch eigentlich aufgeklärt? Euer Tristan ist kein Held, er ist ein *Psycho-Cripple*!«

Babs will Jan ein Zeichen geben, Jim faßt ihre Hand. »Hast du im Kino gesehen *Conan der Barbar*? Das ist Tristan! *Before you haven't seen that, you shouldn't talk about the Tristan...*«

Jan, an seinem Klavier, nimmt sich vor, Conan der Barbar anzuschauen.

Die Oper ist lang. Jim möchte bestimmte Sachen ganz genau wissen, und so zieht sich die Probe hin. Es dämmert. Jan sieht von seinem Platz aus nur zwei Schatten, die sich einander nähern. Er markiert Brangänes Wachruf, bei den ausgehaltenen Tönen zittert seine Stimme. Die Schatten von Jim und Babs versinken hinter dem Klavier, Babs schießt noch mal empor, dann legt sich Jims Hand um ihren Nacken und zieht sie hinab.

»Können wir das springen?« fragt Jan.

Jims Organ: »Auf keinen Fall, *I need the timing, go ahead*!«

Jan singt allein auf der dunklen Probebühne mit seiner schütteren Stimme:

EINSAM WACHEND
IN DER NACHT...

Danach gibt es eine kurze Pause. Babs schaltet das Licht an, minutenlanges Neonflackern über der staubigen, abgenutzten Bühne. Jan holt vom Automaten eine heiße Schokolade und zwei Kaffee. Es folgt der dritte Akt.

Jan und Babs sind erschöpft, Jim platzt vor Energie. Aus purer Lebensfreude singt er alles aus, anstatt seine Stimme für die Aufführung zu schonen.

Babs markiert Tristans Diener und Gefährten Kurwenal, das heißt, sie macht seine Gänge und Bewegungen, während Jan am Klavier seine Partie singt. Der todkranke Tristan soll sich an Kurwenal hochziehen, aber Jim ist nicht einverstanden damit. »Tristan ist schwer verwundet!« beschwört ihn Babs. »Er stirbt noch im selben Akt!«

»Er stirbt aus Liebe!« schimpft Jim. Ein Kennzeichen des Helden ist Eigensinn.

»Er stirbt aus Liebe *und* Verwundung!« schlägt Babs vor.

»Nein! Wenn er nicht wäre gestorben vor Liebe, niemand würde sich interessieren für *that fucking story*. Dann gäbe es nicht diese Oper, und ihr beide würde arbeitslos!«

Babs resigniert. »Also gut. Mach, was du willst. Spring auf, steh wie ein Baum...«

Kurze Pause. Jim, plötzlich galant: »*Don't worry, darling. I'll do it for you. Although I think, that it is just* Regisseursbullshit.«

Die Probe kann weitergehen.

Babs ist erleichtert, denn am Gehorsam der Gastsänger wird ihre Leistung gemessen. »*So please go down... Can you get my left leg?*«

»*I can get any leg you want, sweetheart!*«

Jan setzt auf Babs' Zeichen kurz vor dem Kurwenal-Monolog ein. Jim spielt mit rollenden Augen den delirierenden Tristan. Er packt den verzweifelten Kurwenal (Babs), zieht sich an ihm hoch, markiert nicht, sondern brüllt wie ein Stier:

MEIN KURWENAL, DU TRAUTER FREUND!...
MEIN SCHILD, MEIN SCHIRM
IN KAMPF UND STREIT
ZU LUST UND LEID
MIR STETS BEREIT:
WEN ICH GEHASST, DEN HASSTEST DU,
WEN ICH GEMINNT, DEN MINNTEST DU...

Jan, der mißbilligend aufblickt, weil der Sänger den Takt verloren hat, sieht: Jim nun aufgerichtet, eine Hand umklammert Babs' Genick, die andere ihren Arm, er stützt sich schwer auf sie und produziert einen Riesenton. Es schüttelt ihn wie einen Jet beim Durchbrechen der Schallmauer, Babs wird hin- und hergeschleudert und ringt nach Luft. Jan wandelt in einer Eingebung den Orchester-Part des Tristan um in eine Jazz-Improvisation. Jim merkt es nur allmählich, ist zunächst verblüfft, dann zornig, dann bricht er in ein übermütiges, donnerndes Gelächter aus.

Vor der Vorstellung

Vor der Vorstellung summt das Theater wie ein Bienenstock. Der Bühnenmeister überprüft die Dekoration, kümmert sich darum, daß Falten in den Prospekten glattgezogen und Risse genäht werden. Der Requisiteur sieht die Requisiten durch, bevor er sie auf zwei Regale links und rechts des Innenportals verteilt, und ärgert sich, daß an Isoldes Fackel wieder zwei Zacken verbogen sind. Er findet, der Bühnenbildner hätte sich eine zackenlose Fackel ausdenken können, wenn die Regie schon vorsieht, daß Isolde die Fackel durch die Gegend schleudert. Insgeheim wirft er den Regisseuren überhaupt ein liebloses Verhältnis zu Requisiten vor.

In der Herrenschneiderei kürzt man immer noch das Kostüm für den Gast-Tristan, der zu spät zur Anprobe erschienen war.

In der Maske wappnet man sich gegen die Wut der Chorsänger, die laut Regie im Gesicht kalkweiß geschminkt werden. Die Solisten singen sich warm.

Im Stimmzimmer diskutieren Orchestermusiker das Fußballspiel des Nachmittags, bei dem der FC von der Borussia eine Packung gekriegt hat (0:5). Einige sind im Frack, andere noch in Zivil; nur der Konzertmeister ist schon eingespielt. Vor der nüchternen Atmosphäre und dem Lärm ist er mit seiner Geige in das verlassene Treppenhaus des Werkstättentrakts geflohen, um noch einmal die schwierigsten Ansätze zu üben und ein paar heikle Stellen durchzufingern. Er ist heute nervös. Meistens überfällt ihn die Spannung erst später, und dann schlagartig: wenn er am Pult sitzt und im Saal das Licht ausgeht. Heute ist er aus irgendeinem Grund aufgewühlt. Er denkt den chromatischen Linien des Vorspiels nach und ist schon gefangen von der schmachtenden Gewalt dieser Musik. Vor Wonne sträuben sich ihm die Haare; der pure Gedanke an den Tristan-Akkord macht ihn fertig.

Der Oboist, der im dritten Akt das Englischhorn blasen wird, hat Zahnschmerzen und fürchtet um seine Solostellen. Er hätte absagen sollen; wer schätzt sein Opfer? Bestimmt nicht der Dirigent. Auf den hat er eine Wut. Seine Frau war in der letzten Vorstellung und hat ihm bestätigt, was er längst ahnte: Der Dirigent übrigens auch noch ihr musikalischer Leiter, der sogenannte Generalmusikdirektor – vernachlässigt die Holzbläser und setzt viel zu sehr auf Blech und Streicher, als daß ein anständiger Orchesterklang entstehen könnte. (Überhaupt ist hier niemand gut zu sprechen auf den GMD, der hart schlägt und für seine Fehler immer die Musiker verantwortlich macht. »Schlecht und frech«, sagen die Musiker über ihn, »aber was soll man machen? Ein Orchester ist wie eine Hure: Jeder darf drüber.«)

Die Fagotte haben sich inzwischen eingeblasen und verlassen das Stimmzimmer, um in der Kantine eine letzte Runde Skat zu dreschen. Das schwere Blech schwärmt aus, um den verschwundenen ersten Hornisten zu suchen: Alkoholalarm.

Wenn er gut aufgelegt ist, spielt dieser Hornist wie ein Engel, pures Gold kommt aus seinem Instrument. Aber gut aufgelegt ist er nur zwischen zweikommanull und zweikommadrei Promille; jenseits droht Koma, diesseits Delirium. Der Lebensgefährte (Piccoloflöte) achtet normalerweise auf den Pegel, aber jetzt ist der Hornist verschwunden, und jemand hat ihn mit einer Schnapsflasche im Ballettsaal gesehen.

Nur der Pauker lehnt in sich gekehrt am Spind und träumt, denn er hat sich verliebt, in eine sehr nette Oboe.

Auch Babs ist verliebt, in den zweiten Trompeter. Beide haben den Nachmittag zusammen verbracht und kommen Hand in Hand ins Theater. Eben noch glücklich, müssen sie sich jetzt trennen, und jäh schlägt ihre Stimmung um. Sie klammern sich in der Nullgasse aneinander und malen sich aus, wie es sein wird, wenn sie sich nach der Vorstellung wiedersehen. »In fünf Stunden!« Auch er, Harry, ist den Tränen nahe. Er hört seine Kollegen im Stimmzimmer sich warmspielen, er weiß, er ist spät dran, in der letzten Vorstellung hat er dreimal geschmissen, man wirft ihm Faulheit vor. Er legt den Arm um Babs und zieht sie mit sich, während er seine Wange an ihr Igelhaar preßt. Babs muß dringend mit dem Gasttenor Jim nochmal die Szene durchgehen, wahrscheinlich trippelt der schon vor Ungeduld in seiner Garderobe. Sie spürt Harrys biegsame Taille, schon sind sie angelangt, die Eisentür steht offen. Abschiedskuß, benommen. Harry geht hinein, Babs entfernt sich durch den langen, breiten Gang Richtung Garderoben. Sie hört aus dem Gewirr von Instrumenten Harrys Trompete, die heller als sonst klingt, frischer, optimistisch, was soll man sagen? verliebt, und je wärmer und elastischer Harrys Lippen werden (ein Schauer!), desto klarer und strahlender werden die Töne. Schmachtend nimmt Babs diesen Trompetenklang mit um die Ecke in den nächsten langen Gang und steht jetzt vor der Tür mit der Aufschrift »Herren Solo«. Plötzlich ein herrliches, ausbrechendes hohes Trompeten-C, ein Jubelruf; es ist, als springe Harry vor Freude aus dem Stand zwei Meter hoch in die Luft. Babs, wie vom Blitz getroffen, läßt die Tür los und rennt zum Orchesterprobenraum zurück, um die Ecke kommt ihr schon Harry entgegen, Trompete in der Hand, Tränen in den Augen, und sie fallen einander in die Arme.

Vorstellung

Tristan, zweiter Akt. Die Bühne funkelt in magisch blaugrünem Licht wie ein Smaragd. In einem ummauerten Garten warten Isolde und ihre Dienerin Brangäne auf Tristan. Isoldes Gemahl Marke ist gerade ausgeritten zur Jagd: perlend, verheißungsvoll der Klang der abziehenden Hörner. Isolde streicht nervös um die Fackel. Tristan wartet im Dunkel; wenn die Fackel verlischt, wird er kommen. Margaret Tales, genannt Peggy, eine kraftvolle junge Frau aus Pittsburgh/Pennsylvania singt die Isolde. Sie hat jahrelang um diese Chance gekämpft. Ihr voriger Intendant hatte ihr das schwere Fach nicht zugetraut und etliche Infamien gesagt. »Wie, zu schwach?« hatte sie geschimpft und ihren Bizeps entblößt. Sie ist einsneunzig groß, und man hatte sie gezwungen, in italienischen Standardopern lyrische Liebhaberinnen zu geben mit einem leichtgewichtigen Tenor als Partner, der vor ihrer Vehemenz oft genug hinter das nächste Versatzstück geflohen war. »Ich dulde nicht«, hatte sie gebrüllt, »daß man mich lächerlich macht!« »Aber Peggy-Maus!« hatte der Intendant, ein spitzbärtiger Bürokrat, geantwortet. »Niemand macht dich lächerlich außer dir selbst. Wenn's dir aber hilft, nehme ich dich aus dem Schülerabo.« Noch heute, wenn Peggy davon erzählt, spuckt sie vor Wut. Hier, in Neustadt, hat man ihr eine Chance gegeben, und sie hat sie genutzt. Sie überzeugte als Salome, als Tosca. Peggy hat eine keusche Stimme mit dunkler Mittellage und einer klaren, geheimnisvoll frostigen Höhe.

Peggy spielt eine wilde Isolde, ein stolzes, nur mühsam gebändigtes irisches Naturkind, das versehentlich Königin wurde. Versehentlich? Peggy ist schwerkalibrig, aber von eigentümlicher Grazie. Sie *ist* eine Königin. Sie ist, schon als Peggy, eine Königin, es haben nur noch nicht alle gemerkt. Heute nach der Vorstellung werden weitere tausend Leute es wissen. Schon nach dem ersten Akt mußte sie fünfmal vor den Vorhang. Peggy spürt, wie die gewaltige Stimme sich aus ihr erhebt, die durch Zufall oder Gottes Gnade ihre eigene ist; unverwechselbar und ungeheuer schön. Immer hat Peggy sich danach gesehnt, mit Orchester die Isolde zu singen, und frohlockend nimmt sie jetzt den Lohn der jahrelangen Kämpfe und Demütigungen entgegen: Sie fühlt sich, als lebe sie dreifach. Es ist mehr als ein Erfolg, es ist ein Sieg, es ist die Krönung. Sie reißt die Fackel aus ihrer Halterung – spürt das andächtige Erschrecken im Saal –

LASS MEINEN LIEBSTEN EIN! –

eine Tigerin vor dem Sprung. Nein, bitte, widerspricht angstvoll Dienerin Brangäne.

NUR HEUTE HÖR, O HÖR MEIN FLEHEN!
DER GEFAHR LEUCHTENDES LICHT,
NUR HEUTE, NUR HEUTE
DIE FACKEL DORT LÖSCHE NICHT!

Die Hornisten auf der Hinterbühne haben ihren Part zu Ende gespielt, nehmen ihre Noten von den beleuchteten Ständern, klemmen die Hörner unter die Achsel und kehren in den Orchestergraben zurück. Ein letzter Blick auf den Monitor, der den GMD zeigt, und der übliche, inzwischen rituelle Kurzdialog:
»Was ist der Unterschied zwischen einem Ochs und einem Orchester?«
»Beim Ochs sitzen die Hörner vorn und das Arschloch hinten.«

Erster Höhepunkt des zweiten Aktes: Die liebeskranke Isolde entreißt ihrer entsetzten Dienerin Brangäne die Fackel, um Tristan das Zeichen zu geben. Es ist gefährlich, aber sie kann nicht mehr warten –

DIE LEUCHTE, UND WÄR'S MEINES LEBENS LICHT –
SIE ZU LÖSCHEN, ZAG ICH NICHT!

In großartiger Raserei schleudert Peggy-Isolde die Fackel in die Ecke, in die gleich Tristan von der Mauer springen wird.
Jim, als Tristan, schäumt wie ein Rennpferd vor dem Start. Babs führt ihn zum Auftritt. Er nickt ihr noch einmal zu, bevor er auf die Bühne springt, man hört ihn über die Fackel stolpern, sein Brunftschrei

ISOOOOLDE!

kommt um eine Idee zu spät.

Die Inspizientin Andrea raunt ins Mikro: »Achtung, die Herren der Technik bitte Schnürboden links besetzen!«
»Zu schnell.« Jan steht neben ihr und betrachtet mißgünstig den GMD im Monitor.

Der Tenor Hans, im Kostüm des Melot, stellt sich neben Andrea hinter das Inspizientenpult. Andrea fixiert die Zeile der Signallampen.

Hans hat eine Frage, und zwar: »Was sagt eine Frau nach dem zehnten Orgasmus?«

Andrea ins Mikro: »Ist niemand auf Schnürboden links? Ich brauche eine Rückmeldung!«

»Na?« fragt Hans.

Andrea drückt nervös die Knöpfe. »Also was?«

Hans, treuherzig: » ›Danke, Hans!‹«

»Es ist doch nicht zu fassen!« schimpft Andrea. »Raus aus dem Cockpit! Ich muß arbeiten!«

»Vorsicht, die Hand immer am Pult!« warnt Hans.

»Also wenn du mal stirbst, muß man das Maul extra totschlagen!«

Ein grünes Licht leuchtet auf.

Tristan hält Isolde im Arm, während Brangäne auf der Mauer ihren Wachruf singt.

EINSAM WACHEND IN DER NACHT,
WEM DER TRAUM DER LIEBE WACHT...

»*Who's the Tristan here?*« fragt auf der Bühne Jim, der Peggy-Isolde stehend umschlungen hält. Er muß nicht einmal flüstern, nur sein Kinn hinter Peggys Hals verbergen, damit das Publikum die Mundbewegungen nicht sieht. Er hat bis hierher keine schlechte Figur gemacht und hofft, ein paar weitere Vorstellungen zu kriegen. Abendgage Dreitausend. In der Kantine hat er munkeln gehört, daß ein Tristan rausgeflogen sei. Peggy antwortet: »*He's a scheiß-kraut.*«
»*The tall blond guy I saw at the slot machine?*«
»*No. Mine is short and fat.*«
»*How can he lift you?*« entfährt es Jim. Peggy lehnt sich mit ihren neunzig Kilo schwer in seinen Arm und versucht, sich auf die Musik zu konzentrieren.
»*What's your weight, darling?*« stößt Jim hervor.
»*Shut up!*«

HABET ACHT!
BALD ENTWEICHT DIE NACHT!

warnt Brangäne.

LAUSCH, GELIEBTER!

Isolde, halb im Traum.

LASS MICH STERBEN!

Tristan, heiser.

»Das Orchester entspricht von der Emotionalität her dem Wirtschaftsteil einer bekannten deutschen Tageszeitung«, kommentiert spitz der Korrepetitor Jan in der Nullgasse, wo er der Inspizientin Andrea die Beleuchtungsstände angibt.

Für ihn ist das *So sterben wir, um ungetrennt* sozusagen der Beginn der Vereinigung. Die Stimmen, findet Jan, verlieren sich hier. Die drängend übereinanderwogenden Triolen sind nur mehr Gestammel der Seelen; der Akt selbst, der körperliche, kosmische, geschieht im Orchester: das Gewitter der Nerven und Muskeln, die Explosion der Sinne. Hier, heute, spielt sich da nichts ab, der Dirigent jagt das Orchester über die Noten, das ist kein Liebesakt, sondern nur ein pompöser Krampf.

Jeder Korrepetitor ist ein ausgebildeter Dirigent, der überzeugt davon ist, daß nur er weiß, wie man es richtig macht. Sonst hätte er die Mühsal dieses Studiums nie auf sich genommen. Jan, in dessen Kopf die Partitur *richtig* erklingt, kann das, was er im Orchestergraben hört, nur als brutale Parodie empfinden. Gleichzeitig ahnt er, daß er selbst *Tristan* nie dirigieren wird, und vor Scham tritt er rasch aus dem Kegel der Pultlampe. Im Halbdunkel zuckt sein blasses Gesicht.

Neben ihm strickt die Inspizientin Andrea, die während des Liebesduetts nicht viele Einsätze hat, aus schwarzer Wolle eine Weste.

»Trauerfall?« fragt der Tenor Hans flüsternd.

»Dienstpullover!« kichert Andrea.

»Ah, gratuliere! Darf ich fragen, wer?«

»Geheimnis!« sagt sie errötend. Aber sie hört mehr aufs Orchester als auf die Sänger, und ab und zu lächelt sie andächtig: »Fagott!«

Nach dem zweiten Akt gibt es acht Vorhänge für Peggy. Sie dankt lächelnd. Sie hat ein kühnes Profil, das an manche Statuen der Göttin Athene erinnert: eine hohe Stirn, die mit der Nase eine Gerade bildet, ein kräftiges Kinn, strenge, eng beieinanderliegende Augen mit geschwungenen Brauen und einen herzförmigen Mund.

Pause. Auf der Bühne Arbeitslicht. »Umbau beendet!« ruft der Bühnenmeister Andrea zu.
Die Dekoration des dritten Aktes zeigt eine abstrakte Wüstenlandschaft mit bizarren Felsen, die an Eisschollen erinnern. Ein weißes, kunstvoll gefaltetes Bodentuch verstärkt diesen Eindruck. In dieser Einöde wird der schwer verwundete Tristan dahinsiechen, im Delirium auf Isolde wartend, die als einzige ihn retten kann. Jim, im blutig zerfetzten Tristan-Kostüm, geht die Bühne ab und murmelt vor sich hin: »*Bitch! Fucking bitch!*«
»Gibt's Probleme?« fragt Babs.
»*This Peggy woman*, das ist eine *fucking bitch*. Sie hat mir so schwer in die Arm gelegt, daß ich der Luft verloren habe. Das nächste Mal ich trete ihr auf den Fuß. Das ist die letzte Mal, daß eine *soprano* so etwas mit mir macht! *Goddam bitch!*«
»Was sind das für rote Pillen?« fragt Babs.
»Vitamin C. Für zwischen die Monologe. *Bitch, bitch, bitch.*«

Andrea, am Inspizientenpult, kündigt durchs Mikro den dritten Akt an.
»Die Pause ist beendet. Die Damen und Herren des Orchesters werden gebeten, in den Orchestergraben einzusteigen. Bitte alle beteiligten Soli zum dritten Akt: Herr McGuire, Herr Schneider. Englischhorn bitte zur Bühne...«

Vier Bühnenarbeiter sitzen im Mannschaftsraum, trinken Bier und spielen Karten. Während der Akt läuft, langweilen sie sich. Ein fünfter setzt ein Videogerät in Gang, das ihnen der Tonmeister geschenkt hat. Sie haben insgesamt fünf Videos im Mannschaftsraum, keiner weiß, was gerade im Kasten liegt.

Auf dem Bildschirm erscheint ein perverser Japaner, der mit einem Samuraischwert eine nackte blonde Frau bedroht. Sie ist zu Boden gestürzt und drückt sich voll Todesangst in eine Ecke. Der Japaner fragt: »Erinnerst du dich, wie du das erste Mal masturbiert hast? Mach's mir vor, dann laß ich dich laufen!«

Die Kartenspieler blicken auf. Andreas Lautsprecherstimme übertönt das Stöhnen der Frau. »Drei Herren der Technik bitte zur Bühne, sofort! Was ist eigentlich los da unten?«

Betreten stehen sie auf.

»Jetz kriege mer Saures.«

»Scheiß-Video.«

»Solle se halt kürzere Obern schbiele!«

Auf dem Bildschirm Gemetzel, Blut spritzt; die verdrehten Augen und die gellenden Schreie der blonden Frau.

Der dritte Akt nähert sich seinem Höhepunkt. Peggy, straff, gesammelt, steht in der Nullgasse und beobachtet reglos Jim, der draußen an der Rampe den letzten Tristan-Monolog brüllt. Sie trägt jetzt ein hellblaues, perlenbesticktes Kostüm und sieht darin mit ihrer roten Perücke aus wie eine Puffmutter. Neben ihr stehen die Kollegen Hans, als Melot, und Jonathan, König Marke. Vor ihr im Innenportal auf einem Klappstuhl döst ein Feuerwehrmann. Peggy liest im Klavierauszug mit, behält dabei den Monitor mit dem Dirigenten im Auge und wartet auf ihren ersten Einsatz, der im Off zu singen ist. Tristan auf der Bühne schwenkt seinen blutigen Verband.

MIT BLUTENDER WUNDE
BEKÄMPFT ICH EINST MOROLDEN:
MIT BLUTENDER WUNDE
ERJAG ICH MIR JETZT ISOLDEN!

Peggys Einsatz.

TRISTAN! GELIEBTER!

Sie drückt dem verdutzten Feuerwehrmann den Klavierauszug in die Hand und betritt majestätisch die Bühne.
»Gell, hier ist was los?« sagt Hans zum Feuerwehrmann.
Der blättert ratlos in den Noten.
Hans-Melot zieht sein Schwert.
Andrea flüstert ins Mikro: »Ein Herr der Technik bitte den Vorhang besetzen. Bitte alle Soli zum Applaus!«
Tristan ist zu Isoldes Füßen zusammengebrochen, Isolde steht, im Halbdunkel als einzige beleuchtet, zwischen lauter Leichen.
Jan, hinter der Bühne, umklammert seinen Klavierauszug.
Der dritte Akt bringt die Erlösung, die dem Paar im zweiten Akt versagt blieb. Der zweite Akt bietet eher Beschwörung als Handlung, ja sogar eher Einstimmung als Vorspiel, hauptsächlich ein allerdings köstliches flaues Gefühl im Unterleib, empfindet Jan. Danach gibt es etliche Anläufe, am Ende auch wirklich eine große musikalische Steigerung, ein gewissermaßen spiralförmig ansteigendes, anschwellendes, sich beschleunigendes Jauchzen, das von der Bewegung her tatsächlich eindeutig ist; aber als der Höhepunkt bevorsteht und Isolde zu ihrem eindeutigsten hohen H ansetzt, stürmt Kurwenal herein *(Rette dich, Tristan!)* und zerstört das, was wir eine Stunde lang erfiebert haben.

Die wirkliche Erfüllung geschieht erst jetzt, im *Liebestod*.
Isolde begreift nicht, daß Tristan tot ist.

MILD UND LEISE, WIE ER LÄCHELT,
WIE DAS AUGE HOLD ER ÖFFNET,
SEHT IHR, FREUNDE?

Etwas später wird sie voll Unruhe fragen:

FÜHLT UND SEHT IHR'S NICHT?,

um sich sofort wieder entschlossen der Trance hinzugeben. Das kreiselnde Jauchzen vom Ende des Liebesduetts kündigt sich an.

Beim *Liebestod* sind schon viele Isoldes »verreckt«, wie es im Theaterjargon heißt. Die Sängerin muß ewig lange Bögen singen auf einem Atemzug, sie muß über das vollbesetzte Orchester pfeifen, sie braucht unerhörte Ruhe und Kraft, obwohl sie darstellerisch ersterben, hinsinken muß; das alles nach drei Stunden Schwerstarbeit. Die meisten Isolden singen das *Mild und leise* einen Viertelton zu tief, weil sie nicht mehr die Kraft haben, es durchzustützen, und davor fürchten sie sich den ganzen Abend lang.

Auch Peggy hat sich gefürchtet, ist aber mit jeder Vorstellung besser geworden. Heute klappt es so gut wie nie. *Wundervolle Weise* bringt sie mit solcher Intensität, daß man die Erfüllung beinah greifen kann, und wenn sie sich dann mit *leise Wonne* noch einmal zurücknimmt, stöhnt das Publikum in süßer Qual. Von der Nullgasse aus sieht Jan, wie Peggys Körper arbeitet, hochgespannt, athletisch, ein Kraftwerk riesiger Töne. Das Drängen wird stärker, Apotheose eines entschlossenen, todesbereiten Entzückens, Peggy bereitet sich vor, kontrollierte, mächtige Stimme, und jetzt – jetzt – jetzt ist der Höhepunkt da:

IN DES WELT - - - - ATHEMS WEHENDEM ALL –

Nur Wagner, denkt Jan, konnte bei so einem Satz nichts schuldig bleiben. Jan sieht Peggy im Glanz ihres Schweißes, wie sie nach diesem Ausbruch noch in einem überirdischen *piano* verhaucht, und ihm selbst bricht der Schweiß aus.

Jan hat sich erst vor kurzem von der Maxime trennen können, daß Schönheit etwas mit Wahrheit zu tun habe. Die Oper, die gerade läuft, zum Beispiel strotzt vor Anmaßung,

Selbstverliebtheit und Verblendung. Aber es ist wunderbare Musik, an harmonischer Fülle und imaginativer Wucht kaum zu überbieten. Oper ist kein Terrain der Bescheidenheit. Sie ist ekstatisches Verleugnen der menschlichen Grenzen, und offenbar brauchen wir das ab und zu, erkennt Jan. Oder weshalb mußte ein Skeptiker und Langweiler wie ich sein Leben dem Theater verschreiben? Ich bin ein Schwachleber, ein Sekundär-Mensch, denkt Jan, und das habe ich jetzt davon.

»Vorhang!« kommandiert die Inspizientin Andrea leise ins Abebben der Musik. Der Bühnenarbeiter Peter hat den Ehrgeiz, behutsam zu ziehen, »künstlich«, wie er es nennt (er meint künstlerisch). In der Bühnenanweisung steht nur *Vorhang langsam*. Nicht viele Bühnenarbeiter kümmern sich um die Musik, aber Peter, der sie bewundert, hat sie als »Bra-bra-bra-bra-bsssss« auf seiner Zigarettenschachtel notiert (mit einem langen, aufwärtsgebogenen Pfeil über dem »bsssss«), um eine Orientierung zu haben. Als er sich lauschend an das rauhe Zugseil hängt, hat er das Gefühl, zu musizieren. Zum ersten Mal schafft er es, den Vorhang genau mit dem letzten Akkord zu schließen. Das macht ihn glücklich. Mit roten Ohren schaut er zu Babs, aber die reißt hektisch den Zettel mit der Vorhangordnung aus der Tasche und beachtet ihn nicht.

Der Beifall bricht los, durch den dicken Vorhang noch gedämpft. Erste Bravos.

Babs stürzt auf Peggy und Jim zu, die, zwei dampfende Kolosse, übereinander liegen. Sie wuchtet den benommenen Jim hoch. Peggy kommt keuchend selbst auf die Füße. Zwei Bühnenarbeiter stemmen sich in die Schlaufen, um eine Vorhanggasse zu bilden. »Los!« Babs schiebt Jim und Peggy hinaus, im Zuschauerraum ein Aufschrei der Wonne, dröhnendes Getrampel. »Jetzt Melot, Marke, Kurwenal, schnell! Wo ist Kurwenal? Bobbyyy!« Es gehört zu Babs' Aufgaben, die Applausordnung möglichst schnell durchzuziehen, damit es mehr Vorhänge gibt.

Der GMD, naßgeschwitzt aus dem Orchestergraben, fragt im Vorüberrennen Andrea:»Wie schnell?«

»Eine Stunde vier Minuten achtundvierzig.« Andrea hat mitgestoppt.

»Fünfzig Sekunden schneller als das letzte Mal. Ich schaff's noch unter einer Stunde!« Er tritt vor den Vorhang.

Jan, das Seilzuggeländer umklammernd, spricht zwischen den Zähnen:»*Kretin.*«

Das Publikum applaudiert. Soeben ist als einziger Jim draußen.

»So ein Arschloch!« kreischt Peggy. Sie packt den Dirigenten am Revers.»Du mußt einen anderen Gast suchen, mit dem sing ich nie wieder!«

Der Dirigent befreit sich.»Du hast im Duett geschmissen, Schatz.« Auf seinem glänzenden Frackrevers die nassen Abdrücke von Peggys Fingern.

Babs ruft:»Achtung, Isolde für Einzelvorhang!«

»Der hat mich abgelenkt, hat absichtlich auf mich eingequatscht«, wütet Peggy,»damit ich meinen Einsatz verpasse, und beim Liebestod hat er sich gegen meine Wade gerollt, um mich zu irritieren! Ich will ja keine Namen nennen, aber so was Unprofessionelles habe ich noch nie erlebt, ich...«

Jim kehrt zufrieden von seinem Applaus zurück. Peggy zwinkert ihm zu, gibt ihm im Vorübergehen einen Kuß und tritt hinaus. Bravos aus Hunderten von Kehlen, Blumen fliegen auf die Bühne. Peggy sinkt langsam in einen tiefen Knicks; eine Königin. Das Publikum unterwirft sich mit einem Schrei.

Danach

Ein Mann von der Maske im weißen Kittel stellt sich auf die Zehenspitzen, um Jim die Perücke abnehmen zu können. Jim hält die Hand von Babs, die sich verabschieden will.

»*Any notes?*« Seine Stimme ist heiser.

»Na hör mal, du willst mich wohl verarschen? Zwei Stunden habe ich mit dir den dritten Akt geprobt und mit Engelszungen über Siechtum geredet, und was tust du? Stürmst an die Rampe und singst volles Rohr!«

»Aber ich bin doch zusammengebrochen, mindestens fünf Mal!«

»Ja, um deine roten Pillen aufzupicken! Denkst du, du machst mir was vor?«

Jim küßt ihr die Hand. »*I love* pflichtbewußt *German girls. Come on, let's have a beer, you are invited! Okay?*«

Kantine

Die Kantine befindet sich im Keller. Rote Belüftungskanäle an der Decke, Neonlicht, Holzgarnituren; im Eingangsbereich zwei Spielautomaten. Die Kantinenwirtin ist noch blasser als sonst. Gerade hat sie ihren Sohn dabei ertappt, wie er hundert Mark aus der Kasse stahl. Der Sohn ist zwanzig, doppelt so groß und dick wie sie, und hat nichts gelernt. Er verzockt sein Geld an den Daddelmaschinen und holt dann neues aus der Kasse. Sie hatte ihn schon öfter in Verdacht wegen der ständigen Fehlbeträge. Als sie ihn ertappte, hat er geschrien: »Halt's Maul, alte Kuh, du hast mein Leben ruiniert!« Er hat sogar die Faust geschüttelt; und die ausgemergelten Ballettänzer am ersten Tisch haben aufgeblickt, aber keiner mischte sich ein. Sie sank in sich zusammen. Sie arbeitet und arbeitet, aber ihre Schulden nehmen zu.

An einem langen Tisch sitzen die Sänger. Jim, am Kopfende, geduscht, Lederjacke, hat gerade sein drittes Glas Bier geleert und leckt sich den Schaum von der Oberlippe. Aus seiner Tasche ragt der weiße Umschlag mit der Abendgage. Heiser, aufgeräumt hält er eine Ansprache an Babs, die nach dem Trompeter Harry Ausschau hält. Die Ansprache betrifft den weltberühmten Tenor Angel Sábado.

»Angel Sábado«, lautet sie, »denkt, er ist ein Gott. Er sagt, er will in seine Leben drei Dinge tun. Erstens, alle großen *tenor parts* singen. Zweitens, alle Frauen bumsen. Drittens, alle Opern dirigieren. Ich kann dazu nur sagen: Dirigieren wird er vielleicht alles, daran ich kann ihm nicht hindern. – Alle Frauen –«, schmunzelt Jim, »okay, da wird er sich müssen ranhalten. Aber eins ist sicher:« – triumphierend: »Er wird niemals *the Tristan* singen!«

Am ganzen Tisch lebhafte Unterhaltung.

Der Bariton Erwin, drei Plätze weiter, sagt zu seiner Nachbarin: »Oans ist sicher: Der wird hier nie wieder den Tristan singen. Er ist bei Peggy in Ungnade gefallen.«

»Zu Recht. Peggy hat ihn in Grund und Boden gesungen«, findet Willi, der strenge Chor-Tenor.

»Tja, die starken Frauen, die schlucken uns alle«, lacht der Bassist Hofmann. »Kennt ihr die Geschichte vom Tenor Schumm, der mit Bessie Horman in New York in der *Walküre* auftrat?«

Alle wollen sie hören. »Wie, singt Bessie Horman nicht nur noch Konzerte? Ich hörte, für die Bühne sei sie zu fett?« fragt Kicki, die grazile Soubrette.

»Nein, unter Johnny Levy tritt sie auf. Bei ihm darf sie alles, der schwört auf sie, sicher zu Recht. Sie sang also die Sieglinde, da mußte sie sich hinlegen, und wenn sie einmal liegt, kommt sie aus eigener Kraft nicht mehr hoch. Schumm, als Siegmund, beugte sich über sie und fragte: ›*May I come in?*‹, und sie antwortete: ›*Okay, but leave your shoes outside!*‹«

Die Kollegen brüllen vor Lachen. Bassist Hofmann holt gerade zur nächsten Anekdote aus, da wird es still. Peggy betritt die Kantine, schweren Schritts, Blumen im Arm.

Allgemeiner Applaus. Sie lächelt erschöpft. Ihre Fans von Statisterie und Chor umringen sie. »Du warst phantastisch, Peggy!« – »Gibst du mir ein Autogramm?« – »Wann kommt die erste CD?«

»Ich habe für dich eingekauft, Peggy!« wispert eine magere Choristin.

»Danke, das war süß von dir. Wo steht es?«

»Beim Pförtner!« antwortet die Choristin, die sich nicht traut, das ausgelegte Geld zurückzufordern.

»Jungs, Mädels, ihr seid Spitze, aber ich bin hundemüde. Seid mir nicht böse, ich muß ins Bett.« Peggy kann sehr nett lächeln mit ihrem herzförmigen Mund.

»Du hast versprochen, einen Sekt mit uns zu trinken.« Das war der Anführer der ortsansässigen Claque. »Schließlich haben wir sehr gute Arbeit für dich geleistet!

Mit Überzeugung natürlich«, fährt er rasch fort, als ihn ein wilder Blick trifft.

Peggy setzt sich zu ihren Fans.

Am langen Sängertisch Sängergespräche. Alle haben vorgestern nacht eine Fernsehaufzeichnung von *Tosca* an der Met gesehen, die man jetzt kommentiert. »Beschissen.« – »Bergner hat ihren Zenit wirklich überschritten. Ein Vibrato, da weiß man nicht, singt sie 'n Ton, oder singt sie 'n Triller.« – »Jordi Caracas klingt in der Höhe wie ein altes Waschweib.«

Man redet über Stimmen und Rollen.

»Wieso hast du bloß Eboli abgelehnt?«

»Ich denke, es schadet meiner Stimme. Neuerdings ist es Mode geworden, bei dem Schlenker e-f-e-dis in die Bruststimme zu gehen, wegen dem erotischen Effekt. Aber bei mir entsteht, wenn ich in dieser Lage nicht Brust- und Kopfstimme mische, ein Loch in der Stimme, und ich komme nicht mehr in die Kopfstimme. Plötzlich muß ich dann mit der Bruststimme immer höher hinauf, da fühle ich mich, als würde ich im falschen Gang Auto fahren. Meine Kehle ist dann drei Tage lang wund.«

»Valtsa singt in der Bruststimme bis g«, weiß Kicki.

»Ich weiß, was Kurwenals Problem ist«, sagt Jim zu Babs. »Er singt im falschen Fach. Er ist eigentlich ein Tenor, und zwar ein *dramatic* Tenor. Aber ich werde ihm das nicht sagen.«

»In der Höhe klingt seine Stimme aber hohl«, antwortet Babs, glücklich, weil Harry sich neben sie gesetzt hat.

Eine Sängerin kommt herein, die letztes Jahr hier engagiert war. Großes Hallo. Sie erzählt von der *Rigoletto*-Neueinstudierung in Kassel, wo sie Maddalena gesungen hat.

Sofort fragt jeder nach dem Sänger der »eigenen« Rolle. Erleichterung, wenn der schlecht war, Skepsis und Unruhe, wenn er gut war.

Jan hat soeben mit Sphinx-Lächeln die Tempi des Dirigenten analysiert und für übersteuert befunden.

»Wann werden wir den *Tristan* von dir hören?« fragt die Soubrette Kicki. »Ich bin echt gespannt.«

Jan lächelt zerstreut.

»Ich trau's ihm zu«, verteidigt ihn Bassist Hofmann.

»Er ist ein viel besserer Musiker als Beetz, ihm fehlt nur die Pultstürmermentalität.«

Ein schüchterner rothaariger Holländer kommt herein, den die Kasseler Sängerin als ihren Freund vorstellt. »Er hat gerade Lohengrin gesungen.«

»Wo?« Alle sind plötzlich interessiert. Lohengrin ist eine Partie der Schwergewichtsklasse, und mit erfolgreichen Sängern stellt man sich lieber gut.

»In Lübeck.«

»Ach so.« Sie wenden sich wieder ihren eigenen Gesprächen zu.

Der Holländer hat einen vier- oder fünfjährigen Sohn dabei, ein trostloses, vereinsamtes Theaterkind, das jetzt durch die Kantine streift und die Sänger mit Bier deckeln bewirft.

Die Kasseler Sängerin sieht Peggy. »Peggy Tales? ...

Isolde, wirklich? ... Wie war's?«

»Leider nichts dran auszusetzen«, sagt jemand. »Woher kennst du sie?«

»Wir haben beim selben Lehrer studiert. Sie hatte es sehr schwer, glaube ich. Aus armen Verhältnissen – von Zuhause durchgebrannt... Unser Lehrer hat ihr jahrelang das Appartement bezahlt, sonst hätte sie's vielleicht nicht geschafft.«

»Die, glaube ich, hätte es immer geschafft.«

»Na ja, zerfressen von Ehrgeiz war sie natürlich immer.

Die Stimme war damals kleiner als heute, aber schon so dunkel-metallisch, und paßte schlecht zu den lyrischen Sachen, die sie zu singen bekam.«

»Persönlich?«

»Persönlich – aber das bleibt bitte unter uns – habe ich sie nur einmal getroffen. Wir hatten miteinander ein Weihnachtskonzert gesungen, und danach gingen wir in ein Restaurant. Während des Essens ließ sie unauffällig Stoffservietten, Salzstreuer und Besteck in ihrer Tasche verschwinden und klaute mir anschließend noch den Regenschirm. Als wir nämlich das Lokal verließen, hat es getröpfelt. Sie bat mich um meinen Schirm und ging damit die dreizehn Meter zum Taxi. Auf der Fahrt bat ich sie mehrmals, ihn mir zurückzugeben, und Peggy sagte: ›Later.‹ Dabei blieb es. Übrigens glaube ich, sie wußte selbst nicht, was sie tat. Hätte im Lokal jemand sie nach dem Salzstreuer gefragt, hätte sie sich überrascht umgesehen und die Kellnerin gerufen.«

Am Fan-Tisch leert Peggy ihr zweites Glas Sekt.

Als sie aufsteht, erblickt sie die Kasseler Sängerin. »Na so was. Ich dachte, die wäre erledigt.« Wenn Peggy sich aufregt, spricht sie klirrend, mit Stütze.

»Keine Konkurrenz, Peggy. Die singt fast nur noch moderne Musik.« Die Fans schütteln sich schadenfroh.

»Trotzdem, so was dürfte in der Kunst eigentlich nicht existieren«, erregt sich Peggy. »Das ist die übelste, unprofessionellste Egoistin, die mir je über den Weg gelaufen ist. Die lügt, wenn sie den Mund aufmacht.«

»Sie hat Sonntag morgen eine Matinee bei uns«, weiß der Fan, der die Claque kommandiert. »Sollen wir sie ausbuhen, Peggy?«

Wieder ein anderer Tisch: Orchestermusiker. Hauptsächlich Streicher. Marlene, Cellistin, unterhält sich mit der Bratscherin Lülü. Lülü ist klein und dick, kommt aus Belgien und heißt eigentlich Lulu, aber im Theater hat sich die französische Aussprache ihres Namens durchgesetzt. Marlene ist eine große, knochige Norddeutsche mit aschblondem Haar.

Auf Marlenes Schoß schläft ein dreijähriges Mädchen, das jetzt allmählich erwacht.

»Was machst du mit ihr während der Vorstellung?« fragt Lülü. »Legst du sie ins Etui?«

»Nein, Gott sei Dank tut Otti sie in den Kostümfundus. Das ist ganz praktisch zwischen den Kostümen, da hört keiner, wenn sie schreit.«

»Hast du nicht gesagt, der verschollene Vater ist wieder aufgetaucht?«

»Ja. Er prozessiert mit uns.«

»Alimente?«

»Gewissermaßen. Er sagt, er hätte ja schon vor der Geburt von mir gelebt, deswegen hätte er das Recht, auch jetzt von mir zu leben.«

Das kleine Mädchen klettert von Marlenes Schoß und wandert durch die Kantine. Tische, Beine, schöne Stimmen. Eine schwere Tür öffnet sich überraschend von selbst, das Mädchen gerät in einen langen Gang mit weichem Boden und schmutzigen Wänden. Halbdunkel. Sie klettert eine Treppe hoch. Licht aus einer offenen Tür. Es ist der Bühnenbildnerraum. Zwischen bekritzelten Basteltischen, Leim, Stoffen, Holzgerümpel steht auf einem Hocker ein Bühnenbildmodell. Dahinter taucht der Kopf eines Jungen auf. Roter Schopf, hellblaue, ratlose Augen. Es ist der kleine Sohn des Lübecker Lohengrin.

Das Modell zeigt ein hohes, düsteres Zimmer. In schrägen grauen Wänden stecken riesige Dolche, Blut rinnt die Wände hinab und versickert in glibbrig-schwarzen Bergen von Eingeweiden.

Das Mädchen betrachtet es staunend.

Der Junge liest mit spröder Stimme die Aufschrift an der Rückseite. Er kann schon ein bißchen lesen, und er kennt die magischen Worte. Dieses lautet: *Macbeth.*

Das Mädchen fragt zögernd: »Puppen-Stube?«

Der Junge tritt hinter dem Modell hervor. Er hat alle seine Kleider ausgezogen und reißt ein Streichholz an, wie um sie anzuzünden. Dabei murmelt er Beschwörungsformeln. Nach drei Streichhölzern tritt er entschlossen auf den Kleiderhaufen zu, wirft nochmal einen kurzen Blick auf das Mädchen und erstarrt.

Auch sie hat sich ausgezogen. Sie hält ihm ihre Kleider entgegen und lächelt vertrauensvoll.

Er weicht zurück. Er ist ziemlich erschrocken. »Mensch wie siehst du denn aus?«

GRÄFIN: Schreibe du nur hin: »Abendlied«.
SUSANNA: Nur: »Abendlied«.
GRÄFIN (diktiert): »Welches süße, zarte Lüftchen...«
SUSANNA (schreibt): ».., zarte Lüftchen...«
GRÄFIN: »wird an diesem Abend wehn!...«
SUSANNA: »... diesem Abend wehn...«
GRÄFIN: »bei den Pinien dort im Wäldchen...«
SUSANNA: »bei den Pinien«?
GRÄFIN: »Bei den Pinien dort im Wäldchen...«
SUSANNA: Bei den Pinien dort im Wäldchen...«
GRÄFIN: Und den Rest wird er verstehn.
SUSANNA: Ganz gewiß, er wird's verstehn.
GRÄFIN: Er wird verstehn.
SUSANNA: Er wird verstehn.
BEIDE: Gewiß, gewiß, er wird verstehn.

Aus: Wolfgang Amadeus Mozart,
Die Hochzeit des Figaro
Text: Lorenzo da Ponte

FIGAROS HOCHZEIT, ODER: DIE ARBEIT

Das Theater 40
Arbeit 41
Jan 49
Ein Regisseur 50
Vorabend 54
Kazuko 57
Morgen 63
Erste Szenenprobe 64
Gedanken über Glitter 66
Versuch einer Auswertung 72
Gebremste Flucht 72
Refrain 74
Karriere 77
Lauter Absagen 79
Laurent 83
Beleuchtung 89
Orchesterproben 92
Maske 93
Endproben 94
Anruf eines Rezensenten 98
Premiere 100
Die drei Schwarzen 103
Nach der Premiere 103

Das Theater

Das Neustädter Theater gibt es seit hundert Jahren. Im Krieg wurde es zerbombt und in den fünfziger Jahren wieder aufgebaut.
Es steht am Rand der Altstadt, durch eine breite Ringstraße von ihr getrennt, ein grau gestrichenes Jugendstilimitat. Das Foyer, schmal, durch Spiegel aufgehellt, nimmt die Hufeisenform des Zuschauerraums auf, ebenso die Fassade hinter der geschwungenen Freitreppe. Zu beiden Seiten dieser Fassade, etwas zurücktretend, schmucklos und eckig die Technik-Flügel, in deren unteren Etagen Magazine, Werkstätten und Garderoben untergebracht sind. In den oberen Etagen befinden sich Probebühnen, Probezimmer und Ballettsaal (links) sowie der Administrationstrakt mit Intendanz, Betriebsbüro, Verwaltung und Dramaturgie (rechts). Durch diese Flügel und den vorspringenden Zuschauertrakt hat der Bau eine Art Kleeblattform, aus deren Mitte weitere vier Etagen hoch der Kasten des Bühnenhauses ragt: noch grauer, da länger nicht gestrichen, fensterlos.
Das Neustädter Theater ist ein städtischer Dienstleistungsbetrieb, der für bis zu tausend Zuschauer pro Abend Kunst produziert. Als sogenanntes Dreispartentheater bietet es Oper, Schauspiel und Ballett, insgesamt über zwanzig Produktionen pro Spielzeit. Es hat vierhundert Angestellte, davon zählen zweihundertvierzig zum technischen, hundertsechzig zum künstlerischen Personal.
Einer davon ist Jan.

Arbeit

Jan wohnt eine Viertelstunde vom Theater entfernt in einem alten Viertel außerhalb des Rings. Sein Arbeitsweg führt durch einen kleinen Park und über eine Eisenbahnbrücke.

Ins Haus kommt er meistens um neun Uhr früh. Der Pförtner, der von einer Glaskabine aus den Bühneneingang überwacht, salutiert ironisch mit seiner Zigarette, während er Jan den Schlüssel zum Ensembleprobenraum zuschiebt. Der Pförtner ist meistens gutgelaunt, hat einen Bierbauch und hält alle Künstler für faule Säcke.

Die Morgenprobe beginnt erst um zehn, aber Jan muß sich warmspielen; um neun Uhr ist der Ensembleprobenraum meist noch frei.

Im obersten Stock liegen wie Boxen nebeneinander die Korrepetitionszimmer. Im Vorbeigehen hört Jan einzelne Sänger üben; nicht die, die es nötig hätten, registriert er flüchtig. Die Stimmen klingen frisch. Jetzt, nach den Sommerferien, sind die Sänger erholt und voller Tatendrang.

Im Ensembleprobenraum steht der einzige Flügel. Kein überragendes Instrument, ein Gebrauchsstutzflügel, aber er *klingt* wenigstens, anders als die gemarterten Klaviere, auf denen die Korrepetitoren herumhämmern, um den Sängern metrische Orientierung zu geben. Jan nennt sie »Drahtkisten«, er haßt ihr Scheppern und den ausgeleierten Anschlag. Leider darf er nach zehn Uhr nur selten in den Ensembleprobenraum; der ist für den Studienleiter und die Dirigenten reserviert.

Behutsam greift er in die Tasten, horcht auf Stimmung und Klang, folgt Impulsen in seinen Händen. Die Fingergeläufigkeit ist sofort da, die Laune auch, vom Improvisieren geht er allmählich zu Mozart-Melodien über, tastet sie ab, sucht ihren Schwerpunkt. Jetzt zieht er den Klavierauszug von *Figaros Hochzeit* aus der Tasche. *Figaros Hochzeit* ist die erste Oper, die in dieser Spielzeit in Neustadt herausgebracht wird, und Jans Aufgabe ist es, den Sängern die Partien einzutrichtern. Während er übt, überlegt er sich schon Vereinfachungen für die heutige Probe: wo kann er Noten auslassen, um umzublättern oder Einsätze zu geben? Bei welchem Sänger muß er die Melodie mitspielen, bei wem den Takt stärker betonen? Er kennt natürlich die Sänger des Hauses, er hat ein Konzept, und während er alle wichtigen Passagen durchspielt, gerät er ins Musizieren und ist bester Stimmung.

Da klopft es, und er muß den Ensembleprobenraum verlassen. Es ist zehn Uhr.

Im Korrepetitionszimmer wartet Nikolaus Hofmann, der Bassist, der in *Figaros Hochzeit* den Gärtner Antonio singen wird; immerhin warmgesungen, Schweißflecken auf Brust und Ärmeln. Hofmann ist fünfzig, seit siebzehn Jahren hier; unkündbar, ein mißachteter Gebrauchssänger. Den Gärtner Antonio hat er schon hundertmal gesungen, er soll »nur« rhythmisch auf Vordermann gebracht werden, ein, wie Jan weiß, aussichtsloses Unterfangen. Hofmanns Stimme ist ohne Spannkraft, pastos; von sumpfig-provinzieller Wärme, ohne weitere Ausdrucksmöglichkeiten. Jan spielt die Partie mit Hofmann dreimal durch, gibt Hinweise, festigt Einsätze und ruft dann: »Danke!«, während er aufspringt und das Fenster aufreißt.

»Magst'n Apfel?«

Hofmann zieht eine Plastiktüte hinter dem Klavier hervor. Hofmann wohnt auf dem Land und redet für gewöhnlich von seinen Obstbäumen, falls er nicht Stammtischwitze reißt. Hofmann ist jovial, von erbarmungsloser Operettenfröhlichkeit; dick, etwas ungepflegt, laut; ein lieber Mann.

»Oder 'ne Birne?«

Jetzt legt er eine Reihe verwachsener grüner Äpfel und verdrehter Birnen auf das Klavier. »Eigene Ernte. Direkt vom Baum.«

Es ist zwanzig vor elf. Jan lehnt sich aus dem Fenster und sieht tief unten vor der Pforte den hübschen Tenor Danny vom Fahrrad steigen.

»Was ich fragen wollte: Haste Lust auf 'ne Tingelei?«

Hofmann versteht sich vor allem als Entertainer, er singt gern in Kneipen Operettenarien und moderiert bunte Vereinsabende.

»Um was geht's?«

»Jubiläum vom Polizeiorchester. Keyboard.«

»Wann?«

»Nächsten Samstag.«

»Ich muß nachsehen, ob ich Dienst...«

»Nein, hast du nicht.« Hofmann ist nicht so harmlos, wie er tut. Jan verachtet ihn ein bißchen und ist doch froh, daß Hofmann ihn mag.

»Ich hab ein paar neue Witze auf Lager. Weißt du, was EH E bedeutet? *Errare Humanum Est!* Oder den? Ich hör auf zu trinken, ab jetzt bin ich voll da!«

»Ziemlich billig, nein?«

»Billig sind die nicht!« Hofmann amüsiert sich wie Bolle. »Na, keine Panik. Du darfst das nicht auf die ernste Schulter nehmen!«

»Schmerzensgeld?« fragt Jan spröde.

»Hundertfünfzig. Mehr ist nicht drin.«

Nicht mal die Telefonrechnung. »Etwas mehr müßte es aber sein«, meint Jan.

»Na gut, ich leg's aus meiner Tasche drauf. Weil du's bist!« Hofmann schlägt ihm auf die Schulter.

»Schwarz?« fragt Jan.

»Ehrensache.«

Um elf ist die Sopranistin Kazuko dran, die im *Figaro* die Gräfin singen wird. Sie hat sich wie immer gut vorbereitet, singt intonationssicher, ohne rhythmische Probleme. Von Jan erwartet sie Tips für Phrasierung und Ausdruck; dankbare Arbeit. Kazuko ist achtunddreißig und kämpft sich ins jugendlich-dramatische Fach vor, nachdem sie für die lyrischen Partien nicht mehr frisch genug war. Sie weiß nicht, wie weit ihre Stimme sich hochtrainieren läßt, da gibt es Anlaß zu Bedenken; aber in der Kunst weiß man sowieso nie. Die Stimme ist nicht groß, aber gut geführt; anmutig, weich, weiblich; in guten Phasen gewinnt sie eine pastellene Transparenz, ein Leuchten, einen unerhörten Charme. Man könnte das gleiche über Kazuko sagen.

Mit der heutigen Probe ist Kazuko zufrieden; Kazuko, die zurückhaltende, disziplinierte Kazuko, ist so froh, daß sie ums Klavier tanzt und Jan auf den angegrauten Schopf küßt. Sie ist gepflegt und duftet nach einem süßlichen Parfüm, das Jan an Müllkippen erinnert.

»Vielen Dank! Du bist mein Lieblings-Coach!« ruft Kazuko.

Jan antwortet: »*Otskarai samá.*« Das ist die einzige japanische Wendung, die Kazuko ihm beibringen konnte, und bedeutet angeblich: Vielen Dank, wir haben gut gearbeitet, jetzt wollen wir ausruhen. Kazuko stopft lachend den Klavierauszug in ihre Notentasche; den Abschiedskuß kann Jan verhindern.

Jan will nicht in die Kantine. Die Pause verbringt er am Fenster, er lehnt die Stirn gegen das warme Holz des Rahmens und schaut nach dem Tenor Danny aus.

Die letzte Klientin des Vormittags ist Mezzosopranistin Heidrun. Für Jan leichte Arbeit: Heidrun ist gescheit, die Partie der Marzelline hat sie beim ersten Durchsehen erfaßt, sie ärgert sich, daß sie überhaupt aufgeschrieben wurde (»Beschäftigungstherapie?«). Sie kann alles, hätte Volumen und Technik für ein größeres Haus, allerdings klingt die Stimme neutral, hat wenig Ausstrahlung. Heidrun ahnt das; ihr Ausdruckswille findet leider keinen Weg in die Stimme. Es gibt Bereiche, die nicht dem Willen unterworfen sind, formuliert Jan lautlos mit gespitzten Lippen, während er die Begleitung spielt. Heidrun versucht den Mangel durch Kampfgeist auszugleichen; sie gilt als stutenbissig, die Kolleginnen fürchten sie. Jan, der nichtweibliche Kollege, wird geduldet, fühlt aber ebenfalls Heidruns Mißtrauen und erhebt keinen Einspruch, als die Sängerin nach dem ersten Durchlauf meint: »Es reicht.«

Als sie weg ist, übt er die Orchesterpartie von Hummels

Trompetenkonzert. Übermorgen ist Orchestervorspiel für die Stelle der ersten Trompete. Jan muß aus der Partitur spielen, er hat sich eine verbindliche Fassung überlegt, die er konsequent durchziehen muß. Bei Orchestervorspielen ist höchste pianistische Genauigkeit gefordert, der Trompeter muß die begleitenden Instrumente genau heraushören, da kann Jan nicht mit Auslassungen und Tricks arbeiten wie bei den Sängern. Außerdem sitzt bei einem Instrumentalistenvorspiel das halbe Orchester im Zuschauerraum und wird dem Spiel des Pianisten entnehmen, wie ernst der das Orchester nimmt. Nimmt er's nicht ernst genug, wird er das als Dirigent zu spüren bekommen.

Jan prügelt auf das Drahtklavier ein, quält sich mit grobem Klang und verklebten Sechzehnteln. Unzufrieden überlegt er, wann er noch einen Probengang einlegen kann. Es ist ein Uhr: Um halb zwei ist er als Begleiter beim Vorsingen eingetragen; wenn er nichts ißt, wird er vom Stuhl fallen. Am Abend ist Bühnenprobe; morgen vormittag wieder Korrepetition, abends Assistenz bei der Orchesterprobe.

Während er in der Kantine ein Wurstbrot kaut, memoriert er die Hummel-Partitur. Er wiegt den Kopf im Takt und verschluckt sich. Die Sprechanlage knackt. Ansage der Inspizientin: »Achtung, in fünf Minuten Beginn des Vorsingens, die musikalischen Vorstände bitte in den Zuschauerraum, Herr Laber bitte zur Bühne.« Zum Vorsingen kommen fremde Sänger, die in Neustadt engagiert werden möchten. Diesmal sind es neun – wenn jeder zwei Arien singt, dauert's anderthalb Stunden, überlegt Jan, während er immer noch kauend durch den linken Sologang zur Bühne hastet. Hoffentlich sind ein paar so schlecht, daß sie schon nach einer Arie heimgeschickt werden.

Vorsingen findet immer in der Mittagspause statt, zwischen Vormittags-Bühnenprobe und Umbau für die Abendvorstellung; auf andere Zeiten kann man sich nicht einigen, da sowieso ständig um die Hauptbühne gerauft wird.

Jan betritt als erster die Bühne. Sie ist leer. Tristes Neonlicht, ein welliger Prospekt hängt herab. Kleiner freudiger Schock: auf dem hochgefahrenen Orchestergraben steht der Bösendorfer-Konzertflügel. Kein Probenklavier! Jan setzt sich sofort auf das Bänkchen, dreht den Sitz hoch, schlägt den Deckel auf, sieht auf die Tasten. Im Zuschauerraum Palaver von rechts, Stühle klappern. Die *Vorstände* – Dirigenten, Regisseure, Assistenten, Betriebsbüro, Intendant – nehmen in der elften Reihe Platz.

»Wir sind bereit!« Die Stimme des GMD klingt hell und immer etwas sarkastisch. Die Inspizientin ruft den ersten Vorsänger herein.

Eine Frau. Vielleicht vierzig, Pölsterchen unterm Kinn, lange künstliche Wimpern; selbstgeschneidertes Kleid, tief ausgeschnitten. Sie wirft Jan ihre Noten zu und läuft zur Rampe weiter. Aus dem dunklen Zuschauerraum die Stimme des GMD: »Guten Tag, Frau – Verbitzka? Verblitzka? Blitzkowa? Was haben Sie mitgebracht?«

Eilfertig beugt sie sich vor. »*Parto, parto!*«

»Bitte. Aber gehen Sie zurück! Weiter, weiter!« Sie stakst zögernd rückwärts, ihre Pfennigabsätze bleiben im rissigen Holz hängen. Jetzt singt sie los, mit wogendem Busen. Sie ist erregt, will zeigen, was sie hat, singt mit Leidenschaft; eine biegsame, feurige Stimme, in der Höhe unstet, flackernd; insgesamt ausdrucksvoll, aber alles einen halben Ton zu tief, ach, alles zu tief. Hatte sie keinen Lehrer, der ihr das sagte? Hat sie kranke Ohren? Der GMD unterbricht nach drei Minuten.

»Wissen Sie, daß Sie zu tief singen?«

Sie läuft wieder zur Rampe. »Wie bittä?«

»Zu tief!«

Sie stammelt irgendwas; es stellt sich heraus, sie ist des Deutschen kaum mächtig, der GMD will sie wegschicken, sie weigert sich und winkt Jan mit der linken Hand, weiterzuspielen, ihre Pfennigabsätze zittern, Jan bringt sie hinaus.

»Komme von Sofia«, schluchzt sie, »kein Geld für Hotel. Müde!«

Die beiden nächsten Sänger sind Amerikaner. Amerikaner

werden von ihren deutschen Kollegen gefürchtet, sie gelten als besser ausgebildet und hochmotiviert, sie streiten nicht und machen alles. Man nennt sie die amerikanischen Bomber. Aber auf einen effektiven Bomber kommen zehn Blindgänger; das weiß Jan, der sie beim Vorsingen begleitet. Der erste Sänger singt Sarastro vor, obwohl er kein Baß ist, jedenfalls kein seriöser, höchstens ein angenagter Baßbariton. Er hat die Tiefe, aber nicht das Material, die Stimme klingt trocken, nur in der Mittellage kommen ein paar runde prunkvolle Töne. Der zweite Sänger führt seine Tenorstimme passabel, dickt sie aber in der oberen Lage an, um ihr Durchschlagskraft zu geben, und verliert die Kontrolle über sie. Mit einem unglücklichen Meckerton bricht er ab und beginnt von vorne, obwohl er wissen muß, daß er durchgefallen ist. Beim zweiten Anlauf schafft er's irgendwie, aber ohne Linie, ohne Prägnanz. Der Sänger nickt Jan schweißüberströmt zu und ist erkennbar froh. »Ich muß Praxis gewinnen!« flüstert er kurzatmig, als er bei Jan die Noten abholt. Er lächelt sogar; er hält sich tatsächlich für einen Opernsänger; er hofft.

Dann stapft eine kleingewachsene Deutsche in Wanderschuhen auf die Bühne, die die Noten aus einem Rucksack zieht. Dunkle Mezzostimme, flüssig, innig, wunderschön in der Mittellage; aber technisch unsicher, schwache untere Oktave, manche hohen Töne zu scharf, Schwierigkeiten beim Registerwechsel. Wer ist das? Die Disponentin hat an die Vorstände biografische Zettel verteilt, auf denen steht, welche Partien der einzelne Sänger einstudiert oder schon öffentlich gesungen hat. Jan, der gar nichts weiß, gerät in eine romantische Spekulation: Naturtalent aus Gebirgsdorf, vom Kirchenkantor entdeckt, geschult an Schallplatten aus den fünfziger Jahren? Tatsächlich hat er eine Schwäche für die unschuldige Stimme; er umschmeichelt sie mit dem schimmernden Klang seines Konzertflügels und ahnt, daß der Sängerin gleich der erste Schock ihres Theaterlebens bevorsteht, denn der GMD verzeiht keine Schwäche.

»Sind Sie Autodidaktin?« kommt es spöttisch aus dem

Zuschauerraum. Jan schielt unter dem aufgestellten Bösendorferdeckel nach den Wanderschuhen. Die bewegen sich in einer unsicheren Choreographie vor und zurück, stellen sich einwärts.
»Wos is des?«
Gelächter in der elften Reihe. Die Vorstände sind im Dunkel kaum zu erkennen, aber Jan hört sie fast ununterbrochen lästern. Vorsingen ist grausam. Alle Sänger, die sich hier vorstellen, haben jahrelang studiert, manche bereits jahrelang gearbeitet; sie reisen von weither an, nervös, ängstlich; leisten auf der Bühne, was sie können (meistens nicht genug), werden oft noch gedemütigt und günstigenfalls mit Floskeln weggeschickt. Der GMD bestimmt den Ton. Sein klares, scharfes »Danke, das genügt!« verfehlt die Wirkung nie: Die Sänger schwanken, lächeln bestürzt, stottern in verschiedenen Sprachen, ob sie noch etwas singen sollen, sie könnten – »Wir geben über die Agentur Bescheid!« setzt der GMD nach. Die Wendung ist korrekt, das Resultat heißt: durchgefallen.

Am Ende dieser Tortur gibt es eine Überraschung: Im letzten Sänger, der ihm die Noten reicht, erkennt Jan seinen alten Freund Gianni.

Gianni ist Mailänder, in Düsseldorf aufgewachsen, in Oxford (angeblich) zum Biologen ausgebildet. Als arbeitsloser Akademiker entdeckte er seine Stimme. Als Jan ihm begegnete, war Gianni erst fünf Jahre dabei und feierte bereits Erfolge. Er war sinnlich, mutwillig, genießerisch; er hatte einen edlen, ergreifenden Bariton und sehr gute Angebote. Sein Lieblingswort war »penetrieren«. Er sprach ein lustvollakademisches, um Elemente des Opernstils angereichertes Deutsch. »Ein wundervolles Weib, ich will es penetrieren!« sagte er etwa und tat das auch mit Begeisterung, und übrigens hat er auch mit Jan eine Nacht verbracht mit ebensolcher Begeisterung. Jan schämt sich jetzt, aber er spielt so behutsam und weich wie möglich. Gianni singt miserabel. Was ist passiert? Die Stimme ist immer noch laut, klingt aber hohl, glanzlos, oben fahl, unten porös. Jan nutzt eine Generalpause, Gianni zu betrachten. Giannis Hals, früher rund wie eine Säule, wirkt jetzt schief, verwittert. Am bedenklichsten aber ist: Das Hemd paßt zum dünnen Hals, es ist nicht zu weit; ein schmales Hemd, um den engen Kragen eine dicke rote Krawatte wie ein Strick. Jan versteckt sich hinter seinem Konzertflügel, rechnet jeden Takt mit dem »Danke« des GMD, aber der unterbricht nicht, Gianni hat schon zu Ende gesungen, Jan gestaltet jetzt das Nachspiel, hat es geschafft, Gianni zu vergessen; saugt gleichsam Nektar aus dem Instrument, genießt den leichten Anschlag und den feinen, satten Klang, kostet die Harmonien aus, färbt die Akkorde, spielt sogar ein zartes *ritardando,* um das Ende hinauszuzögern, und bekommt zuletzt nur aus dem Augenwinkel mit, wie Giannis rechtes Knie einknickt bei dem trockenen Satz des GMD: »Danke, das war sehr schön, das Nachspiel, Herr Laber!«

Jan

Jan ist zweiunddreißig Jahre alt. Er hat insgesamt sieben Jahre in Salzburg und München studiert (Klavier, Dirigieren), mit einer Eins in Dirigieren abgeschlossen, fünf Jahre Berufspraxis, und verdient dreitausend brutto.

Mit neunundzwanzig erfuhr er, daß er HIV-infiziert ist, deshalb hat er ein Jahr ausgesetzt: Er dachte, wenn er sowieso sterben muß, kann er ja endlich tun, was er immer wollte, aber nie getan hat, nämlich die Welt kennenlernen. Er kündigte Arbeit und Wohnung, machte sich auf den Weg. Er reiste nach Indien (Armut), Nepal (Kälte), Indonesien (Hitze), China (Überbevölkerung). In China hörte er einmal durch einen Straßenlautsprecher ein Klavier und mußte weinen. Er kehrte nach Deutschland zurück, brachte sich pianistisch wieder in Form, meldete sich bei der staatlichen Theateragentur, fand eine neue Stelle, suchte sich eine Wohnung.

Inzwischen gibt es Medikamente, die den Ausbruch der Krankheit lange hinauszögern, hat er erfahren. Er schluckt sie jeden Tag und hat kaum Beschwerden. Manchmal rechnet er mit der Krankheit, manchmal nicht; schließlich haben manche Leute diese Krankheit jahrelang und sterben dann an ganz was anderem. Im Augenblick hält Jan tatsächlich die berufliche Unterforderung für sein Hauptproblem.

Er will Dirigent werden. Musikalisch fühlt er sich fast allen seinen Kollegen und insbesondere dem GMD überlegen, aber er darf nicht mal eine Spieloper einstudieren. In seinem Arbeitsvertrag steht nicht *Kapellmeister*, sondern *Solo-Repetitor mit Dirigierverpflichtung*. Dirigierverpflichtung bedeutet: Wenn ein Kollege gastiert oder krank wird, darf Jan vielleicht dessen Stück nachdirigieren. Aber kein Kritiker, kein auswärtiger Intendant reist an, um ein Nachdirigat zu hören. Also hofft Jan auf den Zufall: Vielleicht wird eines Tages irgendein Agent, und sei er noch so schmierig, wegen eines Mittelklasse-Tenors in seine Vorstellung geraten und sich bei ihm melden: »Mensch, Laber, Sie sind genau der richtige Mann für Gelsenkirchen!«

Ein Regisseur

Das Neustädter Theater bringt jede Spielzeit acht Musiktheater-Neuinszenierungen heraus: vier klassische Opern, eine moderne Oper, eine Operette, ein Musical, ein Ballett. Die Regisseure sind in der Regel Gäste, die für fünf bis acht Wochen kommen und nach der Premiere wieder abreisen. Wenn sie weg sind, betreut Assistentin Babs die Inszenierungen, weist Gastsänger ein, überwacht die szenischen Abläufe. Solange sie aber da sind, muß Babs ihnen dienen.

Deswegen knüpft Babs an jeden angekündigten Regisseur verschiedenste Ängste und Hoffnungen. Ist er anständig? Beherrscht er sein Handwerk? Fällt ihm was ein? Babs arbeitet das vierte Jahr in Neustadt und hat folgende Statistik erstellt: jeweils ein Regisseur pro Jahr ist wirklich gut (interessant, begabt), einer ist nett, aber unzulänglich (unerfahren, unsicher oder ausgebrannt), zwei mittelmäßig (nicht angenehm, aber auch nicht direkt schädlich), die letzten drei sind Psychopathen. Der Charakter des jeweiligen Regisseurs entscheidet über sechs Wochen Wohl oder Wehe, weshalb Babs mit ihrer Kollegin Jeannette über die Aufteilung der Assistenzen erbittert feilscht.

Der für *Figaros Hochzeit* angekündigte Regisseur heißt Helmut Glitter. Angefangen hat er als Bühnenbildner, einige Regieerfolge gesammelt in den letzten Jahren beim Schauspiel. Seine Inszenierung von Beaumarchais' *Tollem Tag* wurde zum Theatertreffen in Berlin eingeladen. *Figaro* wird seine erste Oper.

Auch die Sänger machen sich Gedanken. Heidrun befragt den Schauspieldramaturgen, der preisgibt, Glitter sei für seine provokante Bildsprache bekannt. »Starke optische Strukturen, publizistische Tendenz.«

»Also wird in den Rezensionen kaum von uns die Rede sein, sondern nur vom Regisseur«, stellt der Baß Jonathan fest. Alle sind schon sehr verdrossen, als die Nachricht eintrifft, fünf überregionale Tageszeitungen hätten sich zur Premiere angesagt. Ab sofort sind sie elektrisiert. Auch der taubste Rezensent wird die Sänger erwähnen müssen. Überall in Deutschland wird von Kazuko, Carol, Jonathan und Erwin zu lesen sein, und auch nur ein halber Satz, nur ein Adjektiv in der *Frankfurter Allgemeinen* ist eine bessere Referenz als eine ganze Spalte im *Neustädter Boten*.

Helmut Glitter der nun zu seiner Konzeptionsprobe erscheint, wird also ausgesucht freundlich empfangen. Die Männer drücken ihm fest die Hand, die Frauen sehen ihn werbend an.

Glitter ist von bulliger Statur: schwere Schultern, vorstehender Bauch, schmale Hüften. Kantiger Schädel, kurze Nase, weit auseinanderstehende Augen, schmales Mündchen. Stoppelhaar, Dreitagebart. Narbige Wasserbüffel-Lederjacke, braun. Enge Jeans, verwaschen. Er ist neunundvierzig Jahre alt.

Er zeigt ein Modell des Figaro-Bühnenbilds im Maßstab eins zu zwanzig und erläutert sein Konzept. Das Bühnenbild, von Glitter selbst entworfen, stellt die Innenansicht einer Eiterblase dar, gelbgrüne Waben, mit ein paar roten und schwarzen Rokokomöbeln. Die Sänger sitzen ratlos davor. Oper sei feudalistischer Mist, erklärt Glitter und die Popularität von *Figaros Hochzeit* ein Mißverständnis; er, Glitter sei gekommen, um Mozarts Praline wieder auf die gesellschaftskritischen Füße zu stellen. (»Mit der Bildlogik hapert's«, flüstert Jan.) Keine Spieloper aus Zuckerguß, fährt Glitter fort, sondern szenisches Fanal! Den Zuschauern soll Hören und Sehen vergehn! (»Hören auch?« fragt Kazuko bestürzt.)

Dann dürfen die Sänger nach Hause, aber wie auf Verabredung treffen sich alle in der Kantine wieder, um ihre Eindrücke auszutauschen. »Wo sind der Türen?« wispert Carol irritiert. Carol aus Minnesota wird die Zofe Susanna singen und hofft natürlich auf Gastspiele. Wenn man aber als Sänger gastiert (meistens bedeutet das: einspringt), bekommt man nur kurze Hinweise und braucht daher eine sichere, möglichst konventionelle szenische Grundlage. Die Rede des Regisseurs Glitter ließ ahnen, daß es hier hapert. Einer der Höhepunkte von *Figaros Hochzeit* ist das Finale des zweiten Aktes, in dem drei Türen eine wichtige Rolle spielen – »Dauernd rennt man aus eine Tür in der ander Tür! Ik muß das trainieren, aber in seine Modell ik habe gar kein Türen gesehen!«

Auch Kazuko, die Gräfin, ist bedenklich. »Ich habe kein gutes Gefühl«, sagt sie ernst zu Jan, »gar kein gutes Gefühl.«

Erwin, der den Grafen singen wird, vertraut auf die Vorteile seiner Rolle. »No des wird er jo wiss'n, doß der Graf Hod'n hot.«

Danny (Basilio), hoffnungsvoll: »Vielleicht ist er schwul. Dann kann ich was ausrichten.«

Mario (Bartolo): »Diese Regie-Arschlöschere kann isch nisch leidene. Mozart hatte mehre Talento ine seine Fingere alse diese ganze Wanste! Warume lerne die Regisseure nisch endlich, daß sie sinde nure Verkehrspoliziste?«

Heidrun (Marzelline), herablassend: »Quellaugen.«
Danny, feurig: »Herrscherblick! Eine Potenz, das merkt man gleich!«
Auch Helmut Glitter der mit Babs auf dem Weg ins Betriebsbüro ist, hat Beobachtungen gemacht. »Genauso hab ich mir die Sänger vorgestellt: präpotente Dummköpfe, die nur an ihre hohen C's denken. Aber da sind die bei mir an der falschen Adresse. Die misch ich auf. Du kannst oben gleich den Wochenplan eintragen. Zuerst mal eine Dreistunden-Soloprobe für jeden Hauptdarsteller, damit er seine Rolle kapiert.« Kapiert? Babs weiß, daß die Sänger vier Wochen musikalische Proben hinter sich haben, die Partien auswendig kennen und wahrscheinlich seit Hochschulzeiten von ihren Rollen träumen.

»Ich muß ihnen den bürgerlichen Schmus austreiben«, erklärt Glitter »Die knack ich schon. Denen kehr ich das Innerste nach außen. Die nehm ich auseinander.«

Babs, während sie nickend neben ihm herläuft, zieht in aller Eile ihre Sklavenschlüsse. Erstens: Er hat Angst; deshalb die martialischen Sprüche. Er braucht einen Gesprächspartner, um abzulabern, das heißt einerseits: Er wird mich dauernd bei Fuß haben wollen (lästig), andererseits: Vielleicht kann ich ein bißchen Einfluß nehmen (günstig). Zweitens: Er redet nur über das Wie und nicht über das Was, das bedeutet: er ist entweder orientierungslos oder phantasielos. Günstigenfalls kann ich ihm auf die Sprünge helfen (ich habe phantastische Ideen). Ungünstigenfalls hat er einen Autoritätskomplex (häufige Regisseurskrankheit) und interessiert sich für Machtspiele mehr als für die Arbeit; dann wird er seine Wollust daraus ziehen, daß er uns seinen Willen aufzwingt, denkt Babs, inzwischen mit hängendem Kopf.

Sie sind im Betriebsbüro angelangt. Das Betriebsbüro ist das Herzstück des Theaters. Dritter Stock, ein kurzer Gang. Direkt daneben der Eingang zur Intendanz. Auf einem Stehpult im Gang liegt aufgeschlagen das große Probenbuch, in das jeweils bis zwölf Uhr mittags alle Proben aller Sparten für den nächsten Tag eingetragen werden müssen. Babs zückt den Bleistift und setzt ihren erwartungsvollsten Assistenten-Blick auf.

Glitter zieht einen Zettel aus der Hosentasche und diktiert. Er hätte mir den Zettel auch mitgeben können, überlegt Babs. Er ist nicht aus Respekt mitgegangen.

Sie registriert, daß Glitter erwartungsvoll zur Intendantentür blickt.

»Morgen zehn Uhr Soloprobe Gräfin, beide Arien«, liest Glitter »Achtzehn Uhr Graf, Arie.« Immerhin disponiert er, denkt Babs. Das ist gut. Er glaubt, sich drei Stunden mit einem Sänger beschäftigen zu können, das heißt, er hat Stehvermögen. Vielleicht klappt's ja doch mit ihm. Auch bei ganz verdorbenen alten Theaterleuten zeigt sich immer wieder unerwartet ein Funke Talent.

Vorabend

Keiner der Sänger unternimmt an dem Abend etwas. Draußen ist es naß und windig, und sie fürchten, sich zu erkälten. Außerdem wollen sie sich für die Proben schonen.

Schonen sie sich?

Carol, die die Susanna singen wird, kaut Fingernägel, an ihren Flügel geschmiegt. Der Flügel nimmt fast das ganze Wohnzimmer ein. Eine Treppe führt auf eine Balustrade, auf der die Matratze liegt: es ist ein kleines Reihenhausappartement mit hohem Schrägdach. Auch tagsüber fällt wenig Licht herein. Die Fenster sind schmal. Der Flügel hat in der leeren Wohnung einen harten Klang.

Carol spielt selten darauf. Abends darf sie die Hausruhe nicht stören, nachmittags ist sie zu müde. Sie hängt aber an dem Instrument. Es bedeutet für sie Kunst und Karriere, somit alles, wofür sie lebt und wonach sie sich sehnt. Wonach schon ihre Eltern sich hoffnungslos sehnten: ihr armer, ewig magenkranker Vater, der sich nicht einmal auf dem Totenbett verzeihen konnte, daß er kein Opernsänger geworden war, und ihre in fanatische Träume verstrickte Mutter, die Carol in ihrem Testament achttausend Dollar vermachte mit dem Vermerk, sie möge das Geld für einen Flügel ausgeben anstatt für irgendwelchen »*burial nonsense*«.

Carol ist immer einsam gewesen, schon als Kind. In der Schule war sie unpopulär, und an die hartnäckig leidenden Eltern konnte sie sich nicht halten. Nur beim Singen empfand sie etwas anderes als Ungenügen. Also setzte sie auf die Oper. Sie war fleißig und nahm Demütigungen tapfer hin; eines Tages wird der Erfolg für alles entschädigen.

Freilich, er läßt auf sich warten.

Carol ist nicht hübsch; das nutzt die Konkurrenz. Ihre Stirn ist zu gewölbt, der Hals zu kurz, das Kinn zu schwer. Übergewichtig, gedrungen, einer mürrischen Hauskatze ähnlicher als einer Künstlerin fühlt sich Carol, als sie ihr Spiegelbild im schwarzen Lack des Flügels erblickt.

Sie kommt nicht vorwärts. Die Soubretten-Rivalin Kicki macht ihr das Leben schwer. Und seit eine berühmte ältliche Regisseurin sich einmal abfällig über Carol geäußert hat, zeigen die männlichen Kollegen offene Verachtung. Der Bassist Jonathan hat ihr eine schwere Eisentür ins Gesicht fallen lassen, als Carol fünf Schritte hinter ihm ging. Ein Repetitor, in den sie verliebt war, soll ihr »Trümmerfeld-Gebiß« kritisiert haben, und natürlich hat jemand aus der Statisterie es hinterbracht. Das tat weh.

Und heute hat Carol auch noch von Kazuko eine Abfuhr erhalten. Nach Glitters Vortrag wollte Carol unbedingt mit Kazuko das Tür-Problem erörtern, immerhin stehen sie in der Tür-Szene gemeinsam auf der Bühne. Kazuko aber wandte sich einfach ab.

Carol ist nicht unschuldig daran. Kazuko war meistens freundlich gewesen, damenhaft überlegen gewissermaßen: Sie ist der Star. Aneinandergeraten sind sie während einer musikalischen Probe zu *Figaro*, dem Terzett Susanna, Gräfin, Graf im zweiten Akt. Dort gibt es zwei hohe Sopran-C's, die von Mozart eigentlich für die Gräfin geschrieben sind, in der Praxis aber meist von Susanna gesungen werden, weil Soubretten die leichtere Höhe haben. Jan, der am Klavier saß, teilte ihnen mit, der Dirigent wolle zu Mozarts Fassung zurückkehren; die beiden abbrechenden hohen C's bedeuten, daß die Gräfin beinahe in Ohnmacht fällt, und das ist logisch; die Gräfin, nicht Susanna, ist in dieser Szene der Ohnmacht nahe.

»Und was ik soll ßu meine Agent erklären?« brauste Carol auf. »Er denken wird, daß das wurde geändert, weil ik kann keine hohe C singen!«

»Erklär ihm, was in den Noten steht«, sagte Jan mild.

»Er nikt glauben wird!« schrie Carol.

Jan legte den Zeigefinger auf seine Lippen und schüttelte den Kopf. Vielleicht hat er ihr zugelächelt, aber er hat auch gesagt: »Nicht forcieren, Carol. Versuchs mit Charme!«, wo er doch hätte wissen müssen, daß mangelnder Charme ihr wunder Punkt ist. Carol war verstört, sie sang dann alles zu laut und zu hart. Kazuko, die nichts beweisen muß, markierte sogar, indem sie eine Oktave tiefer sang, und da rief Carol: »Du siehst doch, Jan, sie es nikt kann! Laß mir es maken!« Und da wurde Kazuko böse und sagte etwas so Schreckliches, daß Carol es sofort vergessen wollte, aber jetzt am Flügel spürt sie noch den eisigen Stich vom Magen herauf bis in die Kehle.

Carol weiß, was auf dem Spiel steht. Susanna ist ihre erste gute Rolle in Neustadt. Wenn Carol sich nicht bewährt, kann sie die Oper *Figaro* vergessen, denn bei der nächsten Inszenierung in vielleicht sechs Jahren ist sie mit Sicherheit zu alt. Vom richtigen Zeitpunkt hängt in der Oper alles ab; und der kommt für viele nur einmal.

Als Carols Vater an Magenkrebs starb, hatte er gesagt: »Wenn du tust, was in dir ist, wird das, was du tust, dich retten. Wenn du nicht tust, was in dir ist, wird das, was du nicht tust, dich vernichten. Das ist aus dem Thomas-Evangelium«, röchelte er, »Apokryphe...«

Er stammte aus einem streng baptistischen Elternhaus;

seine Eltern hatten die Oper mißbilligt, deshalb wurde er Schallplattenvertreter. Was sollte er tun? Er liebte den Gesang, sehnte sich nach Gott und achtete die Eltern. Die Tragik seines Lebens war, daß er über zu viele ausgeprägte Talente verfügte – das musikalische, das spirituelle und das moralische –, die sich gegenseitig blockierten und ihn zermalmten.

Und jetzt ist Carol, versehen mit einer einzigen Gabe, die niemand will und die leider eine der verderblichsten ist: ihrer Stimme, auf diesem dornigen Weg.

Denn das Problem ist: Viel zu viele Leute wollen das tun, was in ihnen ist (oder was sie dort vermuten). Sie stehen einander im Wege und also vor der Wahl, entweder sich selbst oder andere zu verderben. In der Regel verdirbt man lieber den anderen, aber auch das ist nicht so einfach, denn die Rivalen wehren sich und kommen einem oft zuvor.

»Nicht mit Gewalt, Carol!« hatte Kazuko auf jener Terzett-Probe gesagt, »Mit Gewalt geht es nicht! Und so, wie du es machst, geht es überhaupt nicht.«

Kazuko

Für Kazuko sieht es im Augenblick besser aus. Kazuko sitzt mit ihrer Katze Mimi vor dem Fernseher und amüsiert sich über die »Sesamstraße«. Nachmittags hat sie die Partie der Gräfin am Klavier durchgesungen, ohne zu markieren, und fühlte sich im Finale noch fit, wie aufgepulvert. Auch künstlerisch gelangen ihr ein paar sehr gute Phrasen. Das *Ach, mir bleibt eins nur: meiner Zofe Hilfe!* klang so aufrichtig verzweifelt, daß Kazuko selbst angenehm überrascht war über den Reichtum an Ausdrucksmöglichkeiten, der ihr zu Gebote steht. Sie hatte sich eher Sorgen gemacht, daß ihre Gräfin vielleicht zu souverän sein könnte. Zuviel Souveränität hat man ihr schon oft vorgeworfen; eigentlich seit ihrer Kindheit.

Kazuko ist mit dem Theater aufgewachsen: Ihr Vater war Solo-Oboist im Nippon Rundfunksinfonieorchester. Mit fünf spielte sie auf der Bühne das *Butterfly*-Kind, mit zwölf sang sie den ersten Knaben in der *Zauberflöte*. Sie lernte Klavier und sang im Kinderchor, sie spielte in Schultheateraufführungen nur Hauptrollen. Sie war ein kleiner Star. Allerdings bekam sie auch die Härte des Theaterlebens mit, den Neid, das Scheitern, die Gier. Sie beschloß, das alles nicht ernst zu nehmen, und suchte nach Alternativen. Eine Zeitlang interessierte sie sich für Geschichte und Literatur. Sie las Shakespeares Königsdramen und fand, daß die Intrigen bei Hofe Ähnlichkeit hatten mit denen am Theater; die Adeligen waren selber schuld, daß sie umgebracht wurden, erkannte Kazuko. Warum drängten sie zur Macht? Hätten sie nicht zu Hause auf ihren Gütern bleiben können?

Dann bekam Kazuko ein Drüsenfieber und eine Kehlkopfentzündung. Ein Jahr mußte sie ihre Stimme schonen. Plötzlich schien ihr, es gebe nichts Schöneres als Singen, und als die Krankheit überstanden war, teilte sie ihren Eltern mit, sie wolle zur Oper. Die Eltern gaben zu bedenken, daß man nur in Deutschland von der Oper leben kann. Wieso? Nur in Deutschland gibt es fünfzig Opernhäuser, die das ganze Jahr über spielen, denk an Onkel Masato, der ist dort geblieben, Fagottist in Hildesheim, er vergißt bereits sein Japanisch.

Kazuko lernte Deutsch, ergatterte ein Stipendium und sang an der Kölner Musikhochschule vor. Wie schnell ist alles gegangen! Kazuko erinnert sich noch, als wäre es gestern gewesen, wie sie direkt nach dem Vorsingen auf der Straße eine Currywurst aß. Eine häßliche, dicke Currywurst, durchaus nicht geheuer, aber wie mutwillig und neugierig ist man doch in der Jugend, und wie anpassungsfähig dabei – also mir nichts dir nichts biß sie einfach in diese Currywurst. Und aß und wurde satt. Wurde in Köln angenommen. Gewöhnte sich an das Leben in Deutschland, mit dem vielen Regen und den vielen religiösen Festen von Ostern bis Karneval. Und bekam in Bielefeld ihr erstes Engagement.

Dort hat Kazuko es nicht leicht gehabt. Intrigen wie zu Hause in Tokio, vielleicht etwas gröber im Stil. Regisseure, die sie abwies, warfen ihr vor, sie sei nicht hübsch genug. Als sie trotzdem Erfolg hatte, nannten Kolleginnen sie »die Geisha« und verbreiteten überall, sie gehe mit den Regisseuren ins Bett.

Kazuko hat sich auf ihre Arbeit konzentriert, zunächst mit Erfolg. Die Stimme wurde voller, empfindungsreicher, weiblicher. Kazuko wechselte ins lyrische Fach und bekam einen besseren Vertrag, sie gab sehr gute Liebhaberinnen und verströmte auf der Bühne Erotik und Innigkeit. Sie hatte Verehrer. Ein Zahnarzt machte ihr einen Heiratsantrag, aber er war eifersüchtig und verlangte von ihr, die Bühne aufzugeben und Sprechstundenhilfe zu werden (»Du sprichst doch so gut Deutsch«); das war nichts.

Dann – Kazuko war eben fünfunddreißig geworden – kam eine sehr gute lyrische Konkurrentin ans Haus. Wenn Kazuko müde war, wurde ihre Stimme scharf; der Schmelz ging verloren. Kazuko spürte die Gefahr, versuchte, immer ausgeruht zu sein, und richtete sich in allem nach der Stimme. Sie ging nur noch selten aus und ließ vor Vorstellungen keinen Liebhaber mehr zu sich.

Sie wurde sechsunddreißig und erkannte, sie muß etwas tun. Den Sprung als Lyrische an größere Häuser hatte sie verpaßt, also mußte sie am selben Haus das Fach wechseln. Sie bereitete sich gezielt vor, nahm monatelang Gesangsstunden bei einer sehr teuren Lehrerin, sang dem Intendanten vor und wurde ausgelacht. Danach galt sie bei ihren Kollegen als Lachnummer, sie mußte fort, bewarb sich in anderen Häusern und bekam das Engagement in Neustadt. Ihre erste Rolle im neuen Fach, die Titelpartie in Puccinis *Schwalbe,* wurde ein Triumph. Ein Dirigent empfahl Kazuko für eine CD, aus dem Publikum bekam sie zwei Liebesbriefe. Die zweite Aufgabe, *Madame Butterfly,* war eine schwere Prüfung, weil Kazuko in der Premiere plötzlich, mitten in der großen Arie, die Luft ausging. Ein kurzer Schock, und dann war ihr, als spränge sie, Kazuko, aus sich heraus und organisierte wie ein Notsanitäter den Rest der Aufführung: Sie rettete sich mit Technik über den Abend, trotz Atemnot, trotz eines Schwächeanfalls in der Pause. Es wurde ein Achtungserfolg. Kazuko konnte den Fehler ermitteln und in den nächsten Vorstellungen vermeiden, trotzdem verfolgte die Erinnerung an den katastrophalen Ausfall sie noch wochenlang, begleitet von größerer Panik als damals in der Premiere.

Die Gräfin in *Figaros Hochzeit* ist ihre dritte Aufgabe. Sie hat sich darauf vorbereitet wie auf einen olympischen Wettkampf und fühlt sich technisch sicher. Wird sie auch über den Graben kommen? Nur Mut. Schließlich ist ein Mozart-Orchester kein Puccini-Orchester. Kazuko fühlt sich gewappnet.

Jetzt erholt sie sich beim Video »Sesamstraße« und lacht über das ziegelsteinmampfende Krümelmonster so sehr, daß ihr die Hornbrille von der Nase rutscht. Sie ist müde, zufrieden, sauber, satt; genießt das Bewußtsein von Kraft in sich, die klaren Nerven, die gesunde, balsamweiche Stimme. Sie streichelt die Katze Mimi und fragt sich, was zu ihrem Glück noch fehle. »Nichts!« hätte sie beinahe laut ausgerufen. Da klingelt es an der Tür.

Mimi krallt sich empört in Kazukos wollenen Hausmantel. Während Kazuko Kralle für Kralle aus den Maschen entfernt, überlegt sie, ob sie überhaupt öffnen soll. Es kann eigentlich nur einer sein: Kollege Erwin, der im selben Mietshaus eine Etage höher wohnt und oft zum Fernsehen kommt, weil er sich alleine langweilt.

»Kazuko!« Eine tiefe, metallische Stimme, Brustton.

»Wer?« fragt Kazuko bang.

Sie weiß es schon, während sie fragt.

Dave steht in der Tür, eine Geschenkpapiertüte im Arm, groß, massiv, verwegen, und fragt mit seiner schönen Stimme und unvermindert starkem amerikanischem Akzent: »Bin ich willkommen?«

»Natürlich! Komm rein!« Kazuko setzt verstohlen die Brille ab.

Sie gehen ins Wohnzimmer. Dave mustert mit Gutsbesitzerblick die schwere Polstergarnitur, Nußbaumcouchtisch, Spitzendecke, Geschirrvitrine, Kuckucksuhr. »Nicht schlecht gemacht hat sich mein klein Kazuko.«

Kazuko betrachtet ihn. Sein widerspenstiges Haar ist grau, das Gesicht von schweren Falten zerteilt. Er hat einen großen Kopf, kleine, etwas wäßrige Augen, einen breiten, runzligen Hals.

Ist er verlegen?

Er sieht sie verliebt an und holt tief Luft, bevor er ausruft: »Stell dir vor, ich habe mein Frau verlassen!«

»Soll ich gratulieren?« fragt Kazuko.

»Das wolltest du doch immer?«

»Vor ein paar Jahren.«

»Soll ich wieder gehen?«

Kazuko zögert. Den einzigen dauerhaften Schmerz ihres Lebens hat Dave ihr zugefügt; eine lange, qualvolle Sehnsucht mit Selbstzweifeln, Erschütterung, Haß und allem, was dazugehört. Lohnt es sich, das alles wieder aufzurühren? Folgt jetzt die Genugtuung? Oder sollen wir einfach als reife Leute mit gebotener Milde der alten Zeiten gedenken – *otskarai samá?*

Dave stellt seine Tüte auf die Kommode und umarmt Kazuko; mit seinen kräftigen Armen drückt er sie an sich, bis sie nachgibt. Er duftet nach seinem aufregendsten Rasierwasser, und er ist so stark.

»Hast du was zu trinken?« flüstert er in ihr Haar. Schon fällt es ihr schwer, sich von ihm zu lösen.

Dann sitzen sie nebeneinander auf der Couch, und Dave hält Kazukos Hand, während er unentschlossen den Wein im Glas hin- und herschleudert. »Also ich bin jetzt ein *freelance singer* - freiberuflich!«

»Nach so viel Jahren?« ruft Kazuko angemessen überrascht aus.

»Genau das war das Problem. Ich war vierzehn Jahre im selben Ensemble, noch ein Jahr mehr, und ich würde unkündbar. Da haben sie mich vorher *gefired*. Der Intendant sagte, er würde mir Gast-Jobs geben, aber er hat nicht.«

»Deine Familie?«

»Weißt du, die Kinder studieren ... Wir haben auseinandergelebt ... Seit du weg warst«, – Dave spricht jetzt mit Stütze – »habe ich so viel an dich gedacht ... Wir waren *perfect partners,* auch auf der Bühne. Hast du nicht immer gesagt: Was tut eine stark Persönlichkeit wie du unter diese Armleuchters?«

Kazuko streicht ihm nachdenklich über Haare, Wange und Hals. »Ich war so allein hier. Nie ein Wort von dir.«

»Wenn wir zusammenhalten«, sagt Dave apathisch, »alles wird gut.«

Zärtlichkeiten. Endlich.

Endlich.

Er liegt ermattet auf dem Rücken, sie neben ihm auf dem Bauch, lebhaft erzählend, an seine mächtige Schulter gelehnt. Immer wieder greift er ihren Kopf und küßt sie, das ist schön. Sie zupft an seinem drahtigen grauen Brusthaar. »Jetzt erzähl du mal!«

»Du weißt ja, in unserem Ensemble tat sich nie was. Außer, daß alle im vierzehnten Jahr sind ge*fired.* Bis auf Julio.«

»Trinkt der noch so viel?«

»Ja, er kann sich das leisten. Hast du von seinem *legendary* Auftritt in *Don Pasquale* gehört?«

»Nein. Ich hatte nie mehr mit jemandem von dort Kontakt.«

»Also er tritt auf als Ernesto mit einer Rose. Er schaut auf sein Hand – rülpst – die Rose hängt mit dem Kopf nach unten. Der GMD hört auf zu dirigieren, Stille. Julio versucht mit die Augen sein Partnerin fixieren, aber schafft nicht. Dann er schwankt langsam über die ganz Bühne hinaus und geht durch die Pforte über die Straße genau in die next Pizzeria, wo er ein Grappa bestellt.«

Kazuko prustet in Daves Brusthaar.

»Toby hatte Abenddienst als Inspizient. Weißt du, daß er war früher Tenor? Er kam in Blue Jeans auf die Bühne und sang aus den Noten die Arie. Julio haben wir später gefunden. Der Kellner wunderte sich über sein seltsam Kleidung und die angemalt Kotletten, aber er freute sich über die hoch Rechnung und sagt nix.«

»Und nicht mal da wurde Julio gefeuert?«
»Nein. Sein Familie ist verwandt mit die kolumbianische Mafia, und unser GMD hat dauernd Gastspiele in Kolumbien. Deswegen Julio wird nicht ge*fired*, und wenn er ist ge*fired*, man stellt ihm *the next* Tag wieder ein.«
Beide lachen, Kazuko herzlich und schallend, Dave, der die Szene sozusagen liegend nachspielte, heftig, mit Tränen der Angst in den Augen.

Morgen

Kazuko kommt singend aus der Dusche, Lockenwickler im Haar, und gießt sich frischgebrühten Kaffee ein. Dave ist in der Küche.
»Schon auf?« fragt Kazuko gutgelaunt.
»Ja, ich hab viel vor.«
»Magst du Kaffee?«
»Danke, hab schon.« Dave pustet in die Tasse, die er in den hohlen Händen hält. Als das Telefon klingelt, springt er auf und läuft hinaus. »Das ist wahrscheinlich mein Agent!«
Kazuko blickt auf die zurückgebliebene Tasse und überlegt, ob es korrekt ist, daß man Dave bereits unter ihrer Nummer zu erreichen versucht. Die Tasse ist mit einer wäßrigen Flüssigkeit gefüllt. Schnaps.
Die Sonne scheint herein. Fünf Stockwerke unter ihnen eine gestufte Innenhof-Landschaft aus Beton, mit Buchen und Kastanien bepflanzt. Es gibt wenige Kinder in diesem Haus. Die Bäume beginnen sich zu verfärben. Vögel. Einer von ihnen singt falsch. Weil in diesem Haus immer wieder Opernsänger wohnen und offenbar auch üben, hat der Vogel eine falsche Melodie übernommen, mit der er unverdrossen sein Glück versucht. Kazuko hat ihn liebgewonnen. Sie nennt ihn Erwin und würde ihn sogar füttern, gäbe es nicht die Katze Mimi.
Dave kommt wieder herein, Telefon und Hörer in der Hand.
»*For you, darling.*«

Erste Szenenprobe

Die Gräfin, eröffnet der Regisseur Glitter Kazuko, sei ein saufendes Wrack. Ja, er wisse, daß alle sie als sentimentale Gesellschaftsdame sehen, stets zu Liebe und Verzeihung bereit; aber das sei die Regenbogenvariante, das Leben sei anders. Und deswegen werden wir die Arie *so* gestalten.

Mozart habe aber kein saufendes Wrack komponiert, gibt Kazuko zu bedenken, freundlich, ruhig; nur ihre Grübchen zittern etwas.

»Mozart mußte die Erwartungen der Rokoko-Ära bedienen«, sagt Glitter »Im Publikum saßen betrogene Frauen, die sich identifizieren wollten mit einer Gräfin, die ihren Mann durch Großmut und kleine weibliche Intrigen zurückgewinnt. Heutzutage wissen wir mehr.«

»Hör mein Flehn, o Gott der Liebe, hab Erbarmen mit meiner Not! Gib mir meinen Gatten wieder, oder sende mir den Tod.« zitiert Kazuko deutlich. »Das ist der Text dieser Arie. Und Mozart hat genau das komponiert.«

»Wenn Mozarts Musik irgendwas wert ist, wird sie diese realistische Fußnote verkraften!« Glitter fixiert Kazuko aufmerksam, mit einem belustigten Funkeln in den Augen. Er scheint gern zu diskutieren. Babs, die schon viele Regisseure beobachten konnte, hat schlechte Erfahrung mit diesem Symptom: Wer quatscht, will nicht arbeiten. Probieren bedeutet auch: hinschauen, prüfen, Fehler erkennen, Möglichkeiten sehen, szenische Energie herstellen. Das ist anstrengend und, weil das Resultat günstigenfalls der Musik dient, undankbar für Leute, die Effekt machen wollen. Babs bricht über Glitter den Stab.

Kazuko hingegen hört höflich zu. Ihre Devise lautet: Kräfte sparen; bloß kein Widerstand zur falschen Zeit. Vielleicht wird sie auf den Proben ein bißchen torkeln müssen, na gut; in der Premiere macht sie dann, was sie will. Wie ein kühler Schatten taucht der Gedanke an Dave auf, und die bange Ahnung: Sie wird zum Thema Wrack in der nächsten Zeit einige

Beobachtungen machen können. Dann hätte Daves Erscheinen zumindest schon *einen* Sinn.

»Zur Bühne!« sagt Glitter. Er zeigt auf das riesige Ehebett, das einzige Versatzstück in dieser Szene. »Du stehst an den Bettpfosten gelehnt zu Beginn deiner Arie. Besoffen und mit gekreuzten Beinen. Eine leere Schnapsflasche in der Hand. Bring ihr die Flasche, Babs. Ja, so, herabhängende Hand. Fünf weitere leere Flaschen kullern um sie herum über den Boden, Babs, leg sie hin.«

Kazuko lehnt sich an den Bettpfosten und nimmt die Schnapsflasche in die Hand.

»Sogar das macht sie wie eine Dame«, spottet Glitter.

»Babs, wo ist das Probenkostüm?«

Babs reicht Kazuko ein fleckiges kurzes Negligé mit einem zerrissenen Träger. »Los, zieh's an.«

»Ich werde mich erkälten«, gibt Kazuko zu bedenken.

»Zieh's über dein jetziges Gewand. So. Der Busen wird raushängen, stell dich drauf ein. Und jetzt trällere los. Wenn ich dir ein Zeichen gebe, gehst du in die Knie und kriechst über den Boden nach vorn rechts. Oder links. Wo ich hinzeige. Vorspiel!«

Kazuko schüttelt plötzlich den Kopf.

Jan bricht ab, als er nach dem Vorspiel Kazukos Einsatz vermißt.

Kazuko spricht gefaßt: Erstens, Trällern sei nicht der angemessene Ausdruck für ihre Arbeit. Zweitens: Wenn sie als Gräfin so sein müsse, wie er sich das vorstellt, wie könne sie dann diese wunderschönen Töne singen?

Ein bedeutsamer und vielsagender Versprecher, lacht Glitter: schöne Töne! Sie meine ja wohl die wunderschöne Musik (obwohl ihm dieser Ausdruck zuwider sei). Aber die Musik und was wirklich hinter ihr stecke, nämlich menschliches Elend, habe sie offenbar nicht begriffen.

Kazuko, unerwartet in Verlegenheit: Natürlich habe sie die wunderschöne Musik gemeint, aber diese Musik brauche, um zu wirken, auch eine schöne Stimme, die mit Ausdruck singt.

Sie sei eitel und borniert, höhnt Glitter Sie wolle sich ja bloß auf der Bühne belecken, reizend sein, sich ranschmeißen; das sei eine Kunstauffassung des neunzehnten Jahrhunderts, also so was von verlogen, das zieht ihm die Schuhe aus. Ihn, Glitter interessierten die Tatsachen. Unter anderem die persönlichen, leiblichen Tatsachen, und wenn sie nicht wisse, was er meine, möge sie doch bitte in den Spiegel schauen. Als Kazuko antworten will, sagt er: »Was, schon elf, wir sind doch nicht zum Quatschen hier, geh jetzt gefälligst zurück auf die Bühne, oder gib die Partie zurück.«

Theaterkunst vollzieht sich im Ablauf. Um diesen Ablauf zu koordinieren, wird geprobt. Es geht da um Technik, Metrik, Choreographie; um Können, Konzentration, Kondition. Die Künstler aber sind Menschen mit Leidenschaften. Angst, Ehrgeiz und Neid sind oft stärker im Spiel als die Vision des Kunstwerks, die schwieriger zu erschließen ist und sowieso nicht allen zugänglich; deshalb wird oft schlecht geprobt. Damit wird Zeit vergeudet, die alle dringend für die eigentliche Aufgabe bräuchten, es ist also wie im richtigen Leben.

Kazuko geht auf die Bühne, aber als sie zu singen beginnt, bricht ihre Stimme. Sie erschrickt; ihr Gesicht hat plötzlich einen lila Ton. Kazuko kämpft um ihre Kontrolle, gewinnt sie, singt; aber die Stimme klingt dünn.

Helmut Glitter stubst Babs mit seiner ledernen Schulter und flüstert: »Schöne Töne! Hihihi!« Und dann, in einer Eingebung: »Verratene Frau in Not. Endlich wie im richtigen Leben!«

Gedanken über Glitter

Babs hat ein Buch gelesen mit dem Titel: *Erziehung zum Überleben – Zur Psychologie der Extremsituation*. Der Autor berichtet dort unter anderem, wie er seine Gefangenschaft in einem KZ überlebte, indem er versuchte, das Ganze als wissenschaftliches Experiment zu sehen. Diese innere Distanz rettete seinen Verstand und seine Würde.

Babs ist sich des Unterschieds zwischen KZ und Theater natürlich bewußt; schon, weil niemand ins Theater gezwungen wird. Aber den Tatbestand der Extremsituation sieht sie als gegeben.

Babs' Analyse des Regisseurs Glitter lautet etwa folgendermaßen:

Punkt eins, Verhalten zum Assistenten: annehmbar. Glitter legt großen Wert auf Babs' Anwesenheit, sucht ihre Zustimmung, nutzt ihre Ideen, die er als seine ausgibt. Er will jeden Abend nach der Probe mit ihr in die Kneipe, wo er viel Wein trinkt und sich beklagt, daß er seine Vorstellungen nur ungenügend verwirklichen könne, weil die Sänger so unfähig seien. Das deutet darauf hin, daß er Angst hat und sich absichern will, weiß Babs aus Erfahrung. Ihre Aufgabe besteht darin, dezent Einspruch zu erheben, worauf er die Einsprüche Punkt für Punkt so leidenschaftlich und einfallsreich widerlegt, daß am Schluß die Sänger noch schlechter dastehen als vorher und er, von seiner eigenen Überzeugungskraft überwältigt, noch eine Halbliterkaraffe Wein bestellen muß, während Babs, deren Gage für Kneipenwein nicht ausreicht, versucht, ihr Glas Mineralwasser über eine weitere Stunde zu strecken. Fazit: Glitter ist infantil und egoistisch, aber im Normalmaß. Es gibt schlimmere.

Punkt zwei: Arbeit mit Solisten. Hier wird's bedenklich. Glitter piesackt die Sänger und genießt die Wirksamkeit seiner Druckmittel. Wenn sie trotzen, zwingt er sie, exponierte Töne nach hinten zu singen. Er verbietet den Blickkontakt zwischen Protagonisten, wodurch die Bühnenhandlung ihren Sinn verliert. Die Sänger regen sich auf. Sie schwören in der Kantine, daß sie spätestens ab der Premiere alles anders (»richtig«) machen werden, und vereinbaren miteinander heimliche Blicke an dieser oder jener Stelle, um nicht im Spannungsvakuum zu ersticken. Leider gibt es Mißverständnisse, die Konfusion wächst, Angst breitet sich aus, die Sänger verkrampfen sich und bekommen Halsschmerzen. Die Achillesferse des Sängers ist die Kehle, weiß Glitter, der hochzufrieden registriert, daß ab der zweiten Probenwoche alle nur noch mit Schals um den Hals und waidwundem Blick herumlaufen. »Denen hab ich die provinzielle Selbstzufriedenheit ausgetrieben!« prahlt er. »Du wirst sehen, auf der Bühne werden sie kämpfen. Das ist gut, es erhöht die Intensität.« – Aber es ist eine falsche, eine kranke Intensität: Wenn man Leute quält, um Gefühl hervorzurufen, weil man anders Gefühle zu erzeugen nicht imstande ist, ist das Sadismus, stellt Babs fest.

Punkt drei: Arbeit mit Chor. Ebenfalls bedenklich. Der Chor ist besonders leicht zu ärgern, denn die meisten Choristen haben Sologesang studiert und auch zeitweise davon gelebt, schon die Chorarbeit an sich betrachten sie als Niederlage. Jeder würde gern als Individuum behandelt werden, statt dessen ist er Staffage. Er langweilt sich, wird mißgünstig. Um einen Chor gut zu inszenieren, muß sich der Regisseur genau vorbereiten und konzentriert und schnell arbeiten. All dies ist Glitters Sache nicht. Er läßt die Leute anderthalb Stunden herumstehen, ohne sie ein einziges Mal anzusprechen, und verhöhnt sie, wenn sie ihre gewerkschaftliche Pause fordern. »Flaschen!« schimpft er. »Reiten auf diesen kontraproduktiven Hausregeln rum, weil sie's im Leben zu nichts gebracht haben.« Einer Choristin, die ihn bittet, eine Anweisung zu begründen, sagt er: »Keine Begründung. Sie machen das, und basta.« – »Ich möchte es aber gut machen«, beharrt die Choristin, »und wenn ich nicht weiß, was ich mir dabei denken soll, kann ich's nicht gut machen.« – »Sie, gnädige Frau, denken am besten überhaupt nichts!« prustet Glitter. »Das steht Ihnen am besten!« Noch Tage später amüsiert er sich über diese Pointe. Er legt Wert darauf, möglichst viele Menschen für Versager zu halten, weil das sein eigenes Versagen relativiert, folgert Babs. Seine Spiele sollen von seiner Schwäche ablenken. Er achtet sich nicht (wie sollte er auch?), und er erniedrigt andere, weil er sich selber haßt (wie sollte er nicht?).

Punkt vier: Allgemeines Niveau. Einmal auf dem Weg zur

Kneipe sehen sie in einem Schaufenster für Jagd-Zubehör ein Foto mit großen erlegten Wildsäuen, vor denen ein Jäger steht. Glitter ruft aus: »Der Herrenchor des Neustädter Theaters nach dem Zweiten Weltkrieg!« Als sie, bei einem anderen Kneipengang, an einem verbogenen Einkaufswagen vorbeikommen, meint er: »Kinderwagen für Contergan-Kinder.«

Babs verzichtet auf ein Fazit.

Punkt fünf: Verhalten zu Technik, Deko, Requisite: unglücklich. Die technischen Abteilungen arbeiten solide, aber langsam, man muß Forderungen anmelden. Glitter setzt sich hin, schreit nach etwas und wütet wie ein Kind, wenn er es nicht bekommt. Je mehr er wütet, desto weniger bekommt er, denn auch die Technik hat ihren Stolz. Beispiel: Eines Tages findet Glitter auf der Bühne anstatt der geforderten vollständigen nur die markierte Dekoration vor. Er schreit nach dem Bühnenmeister Herrlich, der nicht kommt, und schickt Babs los, ihn zu holen. Bühnenmeister Herrlich hat gerade Pause, er trinkt im Bühnenmeisterzimmer über einer technischen Zeichnung Kaffee und denkt nicht daran, sich von Glitter auf die Bühne bestellen zu lassen. Die Techniker seien gestern vom Gastspiel zu spät heimgekehrt, weil der Techniker-Bus eine Panne hatte, erklärt er feixend. Da ihnen nach Gewerkschaftsregelung elf Stunden Ruhezeit zustehen, konnten sie heute morgen erst um neun anfangen. Babs kehrt mit dieser Erklärung zur Bühne zurück, wo Glitter eigensinnig vor sich hinknirscht, nachdem er die Sänger in die Kantine geschickt hat. Glitter antwortet: Herrlich sei ein Schlamper. Er hätte bessere Dienstpläne machen müssen, die ein bißchen Spielraum enthalten, er, Glitter, sei jedenfalls nicht gewillt, auf eine kostbare Bühnenprobe zu verzichten, Herrlich solle sich was einfallen lassen. Mit dieser Botschaft wird Babs wieder hinauf zu Herrlich geschickt, der spottet: Neustadt sei ein kleines Theater mit wenig Personal, wenn's Glitter nicht gut genug sei, müsse er wohl an größeren Häusern arbeiten. Babs, mit den jeweiligen Repliken hin- und hertrabend, denkt: Machtkampf zwischen

Männern, auf drei Kilometer werde ich da wohl noch kommen. In diesem Augenblick schreit Glitter er lasse sich nicht für dumm verkaufen, »jetzt reicht's, ich reise ab, die Probe ist beendet!« Babs geht zum Inspizientenpult und spricht durchs Mikro: »Die Bühnenprobe ist beendet.« Während Glitter im Sturmschritt die Bühne verläßt, zischt er Babs zu: »Mitkommen!« Babs rennt hinter ihm her, und ohne Zeit für ein Fazit zu haben, ist sie bei Punkt sechs angelangt: Politik.

Glitter steht im Vorzimmer der Intendanz. »Termin! Sofort!« Übrigens hat er seinen Furor gedrosselt, als die eiserne Bühnentür hinter ihm zugefallen war. Von Stockwerk zu Stockwerk wurde sein Gang geschmeidiger, und eine Art froher, fast lüsterner Spannung ergriff von ihm Besitz. Jetzt steht er herausfordernd vor der Sekretärin, dampfende Lederjacke, eine kleine Schaumblase im Mundwinkel.

»Sie können wohl nicht in ganzen Sätzen reden«, schimpft Frau Fugger, die Sekretärin. Frau Fugger ist sechzig Jahre alt, aufrecht, ein Dragoner. Es heißt, sie fürchte weder Tod noch Teufel (allerdings sagt man ihr unglückliche Lieben zu Intendanten nach). Ohne mit der Wimper zu zucken, erwidert sie Glitters Blick. Glitter stößt einen kalkulierten Wutschrei aus und stürmt das Intendantenkabinett. Die Tür fällt hinter ihm zu.

»Vierzig Dienstjahre habe ich hinter mir, ohne krank zu sein«, sagt Frau Fugger zu Babs. »Vierzig Dienstjahre hinter der Schreibmaschine. In der Zeit können drei Familien gegründet werden. Es ist doch – nicht zum Ausdenken!« ruft sie plötzlich verbissen.

Glitter steht wieder in der Tür. »Aber er ist ja gar nicht da?«

Frau Fugger schweigt.

Plötzlich beugt sich Glitter zu ihr hinab und flüstert: »Stimmt es eigentlich, daß Amadeus jetzt einen jungen schwulen Chauffeur hat?«

Frau Fugger prallt zurück: »Er hat keinen Chauffeur, und überhaupt, was geht Sie das an?«

»Berufliches und Privates muß man trennen. Ich hab ja

schließlich auch kein Verhältnis mit meiner Putzfrau«, lächelt Glitter und verläßt mit einem Hüftschwung das Büro.

Am Abend lädt er Babs zum Wein ein. »Es war ein Fehler, daß du gleich das Ende der Probe durchgesagt hast«, spricht er mild. »Du hättest mich überreden müssen, weiterzumachen. Eine von achtzehn Bühnenproben darf man nicht verschenken. So etwas muß man doch wissen als Assistent!« Babs, die weiß, daß faule Leute immer dann begeistert von der Arbeit sprechen, wenn gerade keine zu tun ist, wechselt behutsam das Thema. »Warst du wirklich bereit abzureisen?«

Glitter leert zügig sein Glas. »Selbstverständlich.«

»Und warum bist du nicht abgereist?«

»Taktik.« Er bestellt das nächste Glas.

»Was wolltest du Amadeus heut eigentlich sagen? Ich meine, was hättest du ihm gesagt?«

»Ach, Amadeus!« lacht Glitter. »Kleiner Scherz. Wir kennen uns seit zwanzig Jahren. Da trafen wir uns immer in der Sauna zum Quatschen. Noch'n Wein?«

»Ja gern!« ruft Babs und haßt sich auch schon dafür.

»Weißt du, ich finde dich eigentlich ganz nett«, sagt Glitter, inzwischen berauscht. »Schade, daß du kein schwuler Mann bist. Wir könnten zusammen in die Sauna fahren und mit Amadeus quatschen.«

»Aber – bist du denn schwul?« fragt Babs verwirrt.

»Nein!«

»Und was willst du dann in der – äh – Sauna?«

Glitter prostet ihr zu: »Politik machen.«

Unter Politik versteht Babs: Akquisition, Selbst-Repräsentation, Karriere-Taktik. Sie weiß nicht, welches Fazit sie hier ziehen soll. Fest steht nur: Glitter hat Erfolg.

Versuch einer Auswertung

Kurzum, er ist ein Riesenarsch«, faßt Babs das Resultat ihrer Ermittlungen zusammen. Eigentlich hat sie das Ganze mit ihrem Harry, dem Trompeter, besprechen wollen. Sie hat ihn aber im Orchesterkorridor vergeblich gesucht. Statt dessen traf sie auf Jan, der verstört wirkte und murmelnd im Spind nach seinem Schirm wühlte, den er in der Hand hielt.

»Wie?« fragt Jan mit Gruftstimme.

»Ich hab dir doch von meinem Experiment erzählt. Über Glitzer. Stell dir vor, er hat heute die Bühnenprobe geschmissen, weil –«

»Er ist völlig unwichtig!« blafft Jan.

»Ja, genau! Das Tragische ist aber, daß ich mir über ihn Gedanken machen muß, weil –«

»Du bist auch unwichtig!«

Gebremste Flucht

Jan hat diesen Abend im Ensembleprobenraum verbracht. Er hatte von einer freien Repetitorenstelle in Köln erfahren und fand plötzlich, er müsse unbedingt nach Köln (bessere Gage, höheres Niveau). Er bewarb sich und bekam einen Vorspieltermin. Den *Rosenkavalier* müsse er allerdings draufhaben.

Den ganzen Abend, während Glitter und Babs beim Wein saßen, hat er *Rosenkavalier* geübt. Er versuchte sich von Mozart auf Strauss umzustellen und hatte Schwierigkeiten. Er analysierte die Schwierigkeiten und kreiste Probleme ein, er genoß die Herausforderung, versenkte sich in die Arbeit und fand sogar Zeit zu bemerken, daß er Glück hat, mit Kunst sein Geld verdienen zu dürfen.

Der *Rosenkavalier* ist schwer zu spielen, schnell, vertrackt. Sechzehntel sind nicht wie bei Mozart der Kern, sondern Farbe und Bewegung. Der Klavierauszug kann die Vielschichtigkeit der Orchesterpartitur nicht wiedergeben: Da ist einfach alles zusammengepackt, der Pianist muß Harmonien und Bewegung sortieren, die wichtigen Klangfarben akzentuieren; virtuos spielen, um Leichtigkeit zu erzeugen, und dabei rhythmisch flexibel bleiben, um begleiten zu können; denn er wird begleiten müssen, damit der erwünschte schwelgerische Duktus entsteht.

Jan übt, erwägt verschiedene Varianten, fliegt raus, weil er das Stück nicht beherrscht, und übt weiter; es ist wirklich schwer.

Einmal versagt der kleine Finger der rechten Hand. Nicht der schwache vierte Finger, sondern der kleine. Ein Ton bleibt einfach weg, neuer Versuch (so schwer ist es auch wieder nicht), jetzt kommt der Ton kurz und schwach, Jan versucht und versucht es und ist plötzlich schweißnaß. Immer, wenn der kleine Finger nach oben schlägt, fehlt ihm die Kraft.

Die Krankheit. Er hat es geahnt. Er hat sich natürlich erkundigt, was passieren wird. Mit Lungenentzündung, Erbrechen, Pilzinfektionen, Hautgeschwüren ist zu rechnen; aber auch Hirnentzündung kommt vor, die zu Lähmungen führt. Hirnentzündung war das, was er am meisten fürchtete. Tritt nun ein, was er in beschwörender Koketterie immer wieder auszusprechen pflegte, daß nämlich jedem das widerfährt, was ihm am schrecklichsten ist?

Jan sagt sich, was er als Kind immer gesagt hat, um sich aus Alpträumen zu befreien: Reg dich nicht auf, ist ja bloß ein Traum.

Doch nun hört er nicht mehr auf zu träumen. Er sitzt wie betäubt vor dem Flügel.

Unsinn, denkt er, ich habe ja noch 482 Helferzellen! Normal sind 1000, aber die pathologische Grenze sind 200, so weit sind wir noch lange nicht. (Jan läßt das regelmäßig testen.)

Er faßt sich und prüft alle Möglichkeiten. Er memoriert seinen Tageslauf: nein, keine Lücken, keine Sprünge, es ist die Wirklichkeit. Er beißt sich in den Versager-Finger: schmerzt, das ist gut. Vielleicht Hysterie? Er spielt die Phrase noch einmal, diesmal langsam. Es klappt. Schneller: klappt. Im richtigen Tempo: klappt gerade so. Siedendheiße Erleichterung. Noch mal? Ja, ja. Nicht ganz, schließlich steckt ihm der Schreck noch in den Gliedern. Die Krise scheint überwunden. Jan merkt, daß es im Raum fast dunkel ist, er hatte vor lauter Üben vergessen, das Licht anzuschalten, kaum, daß er die Noten noch sieht. Nun packt er zusammen und schließt das Fenster. Draußen ist es warm, aber regnerisch, das erinnert Jan an seinen Schirm.

Unten am Spind schlägt er Babs in die Flucht.

Er läuft im Nieselregen durch den Park nach Hause, atmet die satte Luft ein, lauscht fast schmachtend dem Pochen des Regens auf dem Schirm. Die fünf Stockwerke zu seiner Wohnung nimmt er in Dreistufenschritten, oben reißt er die Fenster auf und stützt sich auf das Brett, der Duft des Regens, die rauschende Krone der Kastanie im Hinterhof, die Tropfen auf den Händen.

Jan bewohnt den ausgebauten Speicher eines fauligen Altbaus. Im vorderen der beiden Zimmer steht, mit schalldichten Platten umbaut, sein Klavier. Diese Kammer in der Kammer nennt er seinen »Sarg«, und alle im Theater wissen, daß er Telefon- und Hausklingel nicht hört, wenn er im Sarg übt. Den Sarg neben der rechten Schulter, die Feuchte der Nacht auf der Brust; nein, er kann jetzt nicht üben, er weiß nicht, wovor er sich mehr graust, vor dem Sarg oder vor dem Spiel.

Refrain

Vielleicht gehe ich nach Köln«, vertraut Jan zwei Tage später Babs an.

Jan will sich mit Babs vertragen.

»Das ist ja klasse!« ruft Babs scheu.

»Erst muß ich noch vorspielen. Drück mir die Daumen!«

Jan und Babs bilden eine Art Schicksalsgemeinschaft. Miteinander organisieren sie die Produktionen, bügeln Fehler aus, schlichten Streit. So, wie Babs unter den Regisseuren leidet, leidet Jan unter den Dirigenten. Die Assistenten wissen es besser, aber man läßt sie nicht ran, denn ihre Regisseure und Dirigenten hatten es einmal genauso schwer und denken nicht im Traum daran, Terrain preiszugeben. Anders scheint es nicht zu gehen: Die Jungkünstler quälen sich und werden gequält, sie schimpfen und halten alles aus.

»Wir sind die Verschleißschicht«, begreift Jan.

»Das ist nur eine Phase«, behauptet Babs.

Sie nennt diese Phase »Galeerenjahre«; er nannte es bis vor einem Jahr »negern«. Dann verliebte er sich in einen schwarzen Saxophonisten und taufte es um in »Nibelheim«, nach der unterirdischen Sklavenhölle in Wagners *Ring des Nibelungen*.

Wenn sie einander treffen (das ist mehrmals täglich: morgens vor und oft auch in den Proben, mittags im Betriebsbüro vor dem Dispo-Buch, nachmittags zu Umbesetzungsproben und abends zu Szenenproben oder Vorstellungen), berichten sie einander von der Galeere oder aus Nibelheim. Wenn sie etwas Luft haben, oder innehalten, oder angehalten werden, erörtern sie miteinander die aktuellen Zumutungen. Wenn sie Zeit haben (selten), kochen sie miteinander Spaghetti. Je größer die Zumutungen, desto mehr Knoblauch, das ist ihr Protest gegen die Welt. Dazu trinken sie eine Literflasche Soave vom Pennymarkt, und wenn sie gegessen, getrunken und gewütet haben, überlegen sie sich, wie sie ihre Karriere vorwärtstreiben können, um dem Elend zu entgehen. Das ist der Refrain.

»Ein bißchen riskant wäre Köln natürlich«, meint Jan, »denn dort käme ich erst recht nicht zum Dirigieren. Aber ich träfe gute Kapellmeister, und vielleicht nimmt einer mich mit. Anders geht's wohl nicht: man muß sich an einen der Oberindianer hängen, und wenn man Glück hat, schiebt der einen irgendwo rein. Den Provinzturnus kenne ich ja inzwischen. Wie sagte Janowski: Den Provinzturnus muß man durchmachen, aber man muß verdammt aufpassen, daß man nicht darin hängenbleibt. Von selbst führt kein Weg hinaus. Denn jeder Dirigent fängt notgedrungen an, seine Vision der Partitur auf die Möglichkeiten des Orchesters zu reduzieren; und schon klingen alle gleich. Deswegen ist in der Provinz jeder ersetzbar.«

Was soll man tun, was soll man tun?

»Von hundert Assistenten schaffen's höchstens drei in die Regie«, weiß Babs. »Aber wie! Um Aufmerksamkeit zu erregen, verstümmeln die jedes Stück, das sie in die Hände kriegen. Und werden belohnt; warum? Sind die Kritiker so abgewichst, daß sie außer Provokationen nichts mehr wahrnehmen?«

»Sie öden sich«, vermutet Jan. »Ihr Lebtag rezensieren sie immer dieselben fünfzig Opern. Und da ist ihnen jeder Spaß recht.«

»Das ist kein Spaß!« schimpft Babs. »Außerdem ist's im Schauspiel auch nicht anders, obwohl es da viel mehr Stücke gibt! Hast du unsere letzten Produktionen gesehen – *Tartüff, Antigone, König Lear*? Immer das gleiche: Wenn der Vorhang hochgeht, gibt's erst mal 'ne verkrampfte Pantomime. Ein paar Kretins wälzen sich kreischend und spuckend am Boden, und wenn nach fünf Minuten der erste Satz kommt, bist du bereits völlig verbiestert, abgesehen davon, daß du sowieso nichts verstehst, weil nur genuschelt oder geplärrt wird. Und das bei den besten Texten der Weltliteratur – dem Besten aus drei Jahrtausenden!« ereifert sich Babs.

»Theater ist kein Museum«, besänftigt Jan. »Die Künstler müssen die Texte an sich selbst neu erproben, und sie tun das eben so, wie es dem Ende des zwanzigsten Jahrhunderts entspricht.«

»Sie erproben doch nichts! Sie tun, was erwartet wird, Opportunismus nenn ich das. Sie folgen der herrschenden Mode, und die lautet: Manierismus der Schockeffekte! Schau dir diesen Glitter an...«

Jan lächelt. »Ein paar Sachen, die der macht, finde ich nicht schlecht.«

» Das ist nicht dein Ernst!« schreit Babs auf.

Karriere

Was läßt sich zusammenfassend über uns sagen? Wir sind egozentrisch, rücksichtslos und beschränkt. Wir sind einsam, denn niemand versteht uns außer den anderen Künstlern, die unsere Feinde sind, und normale Leute halten es mit uns nicht aus. Wir sind arm. Wir brauchen, um das mitzumachen, Besessenheit, Nervenstärke, Hingabe und unverschämten Mut. Wir sind Wahnsinnige, eine Mischung aus Gladiatoren und Rennmäusen. Deswegen liegen die Extreme hier so eng beieinander: Erhabenes und Lächerliches, Intensität und Intrige, Begeisterung und Neid, Hingabe und Gier«, faßt der Operettentenor Henry, ein studierter Philosoph, zusammen.

»Wenn es die Oper nicht gäbe, hätte ich nicht überlebt«, glaubt der junge Bariton Dietrich, ein hochgewachsener, gutaussehender, begabter junger Mann. Dietrich singt mit vierundzwanzig Jahren bereits Hauptrollen des schweren Fachs, womit er leider seine Stimme ruiniert. Alle bescheinigen ihm ein »Supermaterial«; er solle nur warten, raten sie ihm; wenn er sich jetzt beherrsche, gehöre ihm in zehn Jahren die Welt. Ihm aber kann es nicht schnell genug gehen. Er hatte eine schwere Kindheit. Er ist dunkelhäutig, als Adoptivkind bei einer komplizierten Bildhauerin aufgewachsen. Sie zerbrach Opernplatten auf seinen Fingern und kippte nachts Mülleimer über seinem Bett aus. Sein Vater war angeblich ein schwarzer Medizinstudent aus Ghana, inzwischen in die USA entschwunden. »Er hieß Smith. Find den mal«, sagt Dietrich und lächelt mit der ihm eigenen Anmut; Grübchen, weiches Kraushaar. »Aber in ein paar Jahren, wenn ich berühmt bin, wird sich in jeder zweiten Stadt ein Vater für mich finden.«

Während Dietrich durch seinen Gesang einen Vater finden will, wollte Peggy, die Neustädter Isolde, einem entkommen.
Peggy wuchs in Pittsburgh/Ohio auf. Ihr Vater war Auto-

verkäufer, ein jähzorniger Mann. Die Mutter arbeitete im Supermarkt, kaufte ein, kochte, räumte das Haus auf und betreute die beiden Kinder. Er half nie. Wenn er nach Hause kam, stellte er den Fernseher an, ließ sich gekühltes Bier bringen und sah stundenlang Sport; wehe, wenn einer im Zimmer zu reden wagte.

Als Peggy elf war, verlor er seine Arbeit. Er trank immer mehr und fing an, seine Frau zu schlagen. In diese Zeit fiel Peggys erster Opernbesuch: Ihre Mutter nahm sie mit in *Tosca*, direkt nach einer solchen furchtbaren Szene, um sie auf andere Gedanken zu bringen. In der Oper vergoß Mom Tränen über die Qualen des Malers Cavaradossi, während Peggy erregt war von Toscas Kraft. Alles war ihr sofort so vertraut, als hätte sie immer geahnt, daß es Opern gibt. Sie las im Programmheft den Namen der Primadonna und wußte, das ist ihre Kategorie. In Kehle und Lungen vibrierte die Musik nach; Peggy summte und brummte vor sich hin, füllte ihre Lungen, strahlte, weinte fast. Später, im Bus, schwieg sie aus Furcht, die Vision zu vertreiben, aber als Mom immer eindringlicher um Worte bettelte, öffnete Peggy doch den Mund und sagte, neugierig ihrer Stimme nachhorchend: »Lassen wir uns scheiden, Mom.«

Mom traute sich nicht. Zwei Jahre brauchte Peggy, bis Mom bereit war, den »arbeitslosen Autoverkäufer«, wie Peggy ihn nannte, hinauszuwerfen. Das machte ihr Leben äußerlich einfacher, allerdings hatte der Mann, der dadurch seiner Existenzgrundlage beraubt war, eine Wut auf Mom und drohte, sie umzubringen.

Mom besaß nicht Peggys besondere Sympathie. Sie war einfältig, bald dreist, bald zerknirscht, eine banale Person, konfus und nervtötend; stetig war sie nur in dem, was die Kinder anbetraf. Unter Vorwürfen, Lamentieren und Nervenzusammenbrüchen zwar, aber einfallsreich und unermüdlich folgte sie dem Plan der Gattung, sich selbst zu reproduzieren; brachte Peggy im Kirchenchor unter und Vic bei den Pfadfindern, beantragte Stipendien und belästigte Lehrer, nur damit das Leben so weitergehe wie bisher.

Dann geschah es, daß dem Vater wegen einer Krankheit alle Zähne gezogen werden mußten. Für ihn, dessen Selbstgefühl sowieso angeschlagen war, bedeutete das eine schwere Kränkung, und um sich zu rächen, drang er in sein ehemaliges Haus ein, packte Mom am Genick und fing an, ihr die Zähne aus dem Mund zu brechen. Leider passieren solche Sachen.

In dem Augenblick kam Peggy nach Hause, eilig und geistesabwesend zugleich, federnden Schritts, sechs Fuß hoch und schlaksig; die Hüften nur einen Fuß breit, die Arme dünn wie Rührlöffel; wie ein überdehntes Kind sah sie aus, dabei auf geheimnisvolle Weise unverwundbar: Seit sie ihre Stimme entdeckt hatte, gehörte sie einer anderen Welt. Als ihr Vater sie so sah, stieß er einen Igelschrei aus und warf sich ihr entgegen; er packte sie am Haar, griff ihr ans Kinn und schrie: »Du Miststück, du bist schuld!«

Peggy spuckte ihm ins Gesicht, trat ihm auf den Fuß, stieß ihm die Faust ins Auge und schrie so durchdringend, daß sofort das Telefon zu klingeln begann. Mom kroch zum Couchtisch und nahm gurgelnd den Hörer ab; Dad, die Hände vorm Gesicht, hielt vielleicht Moms Blut an diesen Händen für sein eigenes und taumelte zurück. Peggy aber sprang über die Schwelle hinaus und rannte die Straße entlang über das goldene Ahornlaub, lautlos, befreit, sie wußte, sie ist jetzt wirklich auf dem Weg zur Met, und nichts mehr hält sie auf.

Lauter Absagen

Immer wieder nach Proben oder Aufführungen unter schlechten Dirigenten verabredet man sich im Neustädter Orchester zu Kammermusik. »Endlich mal wieder *richtig* musizieren«, lautet die Sprachregelung; aber dann sind sie doch zu müde. Zu abgelenkt von ihren Aufgaben, oder von ihren Familien, oder vom Wetter, oder, oder. Vom Leben. Nur der Konzertmeister Laurent hatte ein stabiles Quartett zusammengestellt, das er zu immer höheren Leistungen antrieb.

Sein Leitstern ist Beethoven. Begonnen haben sie mit *Opus 18* (allen sechs Quartetten), fortgefahren mit *Opus 59* (Rasumowsky, alle drei). Von *Opus 74* haben sie eine Schallplatte gemacht. Jetzt steht *Opus 95* auf dem Programm – drei Proben hat Laurent sie schon damit gequält –, und so weiter. Als Krönung war natürlich die *Große Fuge* vorgesehen... Aber seit *Opus 95* machen die Kollegen Schwierigkeiten. Laurent hat das bemerkt und nicht ernst genommen. Er freut sich auf die nächste Probe. In der Sommerpause hat er das Quartettspiel vermißt.

Zwischen viertel und zehn vor drei treffen die Kollegen ein. Die Begrüßung ist sachlich. In Laurents Musikraum bereiten sie die Instrumente vor, so penibel und diszipliniert wie immer, aber etwas nervöser als sonst. Ihre Nervosität überträgt sich auf Laurent, den penibelsten und diszipliniertesten unter ihnen. Irgend etwas stimmt nicht, merkt er. Aber er fragt nicht nach; er fragt nie. Er will anfangen. Es ist jetzt Punkt drei.

Der Cellist Alex blättert noch in seinen Noten. Laurent beginnt sich zu ärgern. Alex blättert und blättert, und als er endlich bereit scheint und den Bogen hebt, setzt er ihn schon wieder ab und sagt heftig: »Aber eins, Laurent, muß ich doch sagen: Ich bin ziemlich erschüttert, daß du an meinem Vibrato herummeckerst.«

Laurent hatte ihm ein zu gleichförmiges, manieriertes Vibrato vorgeworfen; aber das war vor der Sommerpause. Hat er sich etwa wochenlang darüber geärgert?

»Wenn du meinst.« Laurent signalisiert, daß er jetzt spielen möchte. Aber Alex, ein schöner Mensch mit prächtigem Cello-Ton, setzt nach: Wenn Laurent sein Vibrato angreife, greife er ihn selber an. Tatsächlich hat seine Stimme ein ähnliches Timbre. Laurent korrigiert in ironischem Tonfall, es gehe nicht um das Vibrato an sich, sondern um das, was Alex daraus mache.

»Das kannst du mir überlassen«, schnappt Alex. »Schließlich betreibe ich nicht in meiner Freizeit Kammermusik, weil ich mich nach Orchestererziehung sehne.«

Laurent, scharf: Kammermusik bedeutet Eigenverantwortung. Was verantwortet Alex, wenn er immer alles gleich spielt?

Alex schlägt seine Noten zu und sagt: »Das reicht.«

Schon ist sie da, die Streichquartettkrise.

Laurents Hoffnung, bei den beiden anderen Unterstützung zu finden, erfüllt sich nicht. Beide fangen an, sich zu räuspern, der Bratscher legt sein Instrument ab, der zweite Geiger wendet das seine in den Händen hin und her. Es stellt sich heraus, sie alle haben eigentlich keine Lust mehr. Sie wußten nur nicht, wie sie es sagen sollen. (Kleiner, gehetzter Scherz: Vielleicht würden sie es immer noch nicht wissen, wenn Laurent auf Alex' Bemerkung etwas feinfühliger reagiert hätte?)

»Was 'eißt Lüst?« fragt Laurent nervös. »'atten wir nischt eine Perspektive?«

Genau das sei es, erklärt jetzt der zweite Geiger vorsichtig. Laurent habe vielleicht eine Perspektive, aber er, Georg, nicht. »Keine Streichquartettperspektive«, wiederholt er deutlich.

»Wieso? Wieso jetzt nischt mehr?« Laurent.

Es sei ihm peinlich, *damit* anzufangen, aber er habe zu Hause zwei heftig pubertierende Kinder, sagt Georg, er müsse sich kümmern, er könne sich nicht mehr so konsequent absetzen wie früher. Vor allem sei er nicht mehr überzeugt, daß es ihm zustehe. Denn seine persönliche Leistungsgrenze sei erreicht. *Opus 95*, leider. Er habe feststellen müssen, das gehe über seine Kraft.

Laurent widerspricht.

Es gehe nicht nur um die Technik, erklärt Georg. Sondern um die Kunst. Er werde es nie so spielen können, daß er selbst zufrieden wäre. Er stelle Ansprüche an sich und müsse als Profi erkennen, wann er sie nicht erfülle. »Komm, Laurent. Wir sind doch keine Dilettanten, die sich zu Kaffee und Kuchen treffen und anschließend die *Große Fuge* kratzen.«

Während Laurent noch nach Worten sucht, beginnt Franz, der Bratscher, zu sprechen. Ebenfalls eine Absage. Er sei nicht mehr genügend motiviert. Er entschuldige sich und danke für die vielen guten Stunden.

Warum will er weg, warum?

Franz hatte sein Damaskus-Erlebnis diesen Sommer im Bayreuther Festspielorchester. Er muß einfach zugeben, das ist für ihn das Eigentliche. Er will im Orchester sitzen und diese dicken Dinger spielen. Wagner – diese Sinnlichkeit... Wenn das Blech hinter ihm anfängt einen Akkord aufzubauen, und der an seinen Löffeln vorbeiströmt – das geht ihm in den Bauch wie im Thermalbad...

Lauter Absagen. Nur Alex, ausgerechnet, ist nicht grundsätzlich gegen das Weitermachen. Er ist empfindlich, es kam in den letzten Jahren immer wieder vor, daß er beleidigt war, manchmal wochenlang. Aber im Prinzip spielt er gern.

Eine Lösung findet sich nicht. Sie sitzen gut eine Stunde in Quartettformation, greifen nach den Instrumenten, setzen sie ab, reden, greifen wieder nach den Instrumenten... Laurent hofft die ganze Zeit, daß sie anfangen werden zu spielen. Wenn sie anfangen, werden sie weiterspielen, und die unsinnige Anwandlung wird vergessen sein. Aber sie fangen nicht an. Plötzlich, wie auf Verabredung, stehen die Kollegen auf, packen zusammen und verabschieden sich mit Worten des Bedauerns, aber sichtlich erleichtert.

Laurent bleibt allein zurück.

Er ist ziemlich betroffen.

Natürlich geht es hier weder um Beethoven noch um die Kammermusik an sich, muß er sich eingestehen. Schuld ist sein Anspruch; die Kollegen nennen es Rigidität. Seit langem ist die Probenatmosphäre schlecht, immer häufiger gab es Streit; ganz abgesehen von den ständigen Diskussionen über Färbungen, Tempo, Rhythmus. Streit, wer sich in *unisono*-Passagen anzupassen hat, vor allem bei expressiv intoniertem *unisono*; Streit, ob dieses oder jenes Intervall nicht zu scharf gegriffen wurde. Oft ging die Mißstimmung tatsächlich von Laurent aus. Laurent warf dem Bratscher vor, daß der das Vibrato vor Lagenwechseln vernachlässige, wodurch matte, tote Töne auch die schönste Phrase entstellen. Laurent beschimpfte nach dem letzten Konzert den zweiten Geiger Georg, weil der einen wichtigen Ton unglücklich angesetzt und nicht korrigiert hatte, so daß Laurent, ob er wollte oder nicht, die ganze Phrase anders intonieren mußte. Derartiges passiert einfach, man muß deswegen nicht streiten, aber Laurent war zu weit gegangen und mußte sich von Georg sagen lassen: »Vorsicht, Laurent. Der Ton macht die Musik.« Nach dem letzten Konzert waren alle vier so gereizt, daß sie drei Tage lang kein Wort miteinander sprachen. Das war ausgerechnet in einer fremden Stadt gewesen, fern von zu Hause; also ging jeder der vier zum Feiern in ein anderes Lokal.

Laurent zieht einen kleinen Kamm aus der Gesäßtasche und rammt ihn in seinen drahtigen Schopf. Kein Durchkommen. Hier ist einfach eine persönliche Grenze erreicht, das ist klar. Aber wessen Grenze, fragt er sich, während er nervös mit den Zähnen ein Haarbüschel vom Kamm reißt.

Nun. Sie alle haben sich in verschiedene Richtungen entwickelt, versucht er sich zu trösten. Ein Quartett ist wie jede Partnerschaft: Wenn die Ziele nicht mehr übereinstimmen, oder man einander zu genau durchschaut hat, oder die Neugier nachläßt, wird's gefährlich.

Laurent

Laurent ist achtunddreißig Jahre alt; schmächtig und bleich. Ein strenges, asketisches Gesicht, schmale Lippen, dunkle, nach innen gerichtete Augen.

Vor zwei Jahren hat ihn seine Frau verlassen, das war weniger schlimm. Er registrierte es beinahe mit Andacht und stürzte sich anschließend mit besonderer Wut in die Arbeit. Er kaufte in der Altstadt ein kleines Anwesen, einen ehemaligen Handwerkshof, dessen Schmiede er zum Musikraum ausbauen ließ. Er selbst nennt es »die Garage«. Dort übte er, wenn er nicht im Theater war, fünf Stunden pro Tag.

Dort spielten sie auch Quartett. Dorthin kamen sie zunächst gern.

Und dort steht er jetzt allein.

Aufgewachsen ist er, der aus einer südfranzösischen Familie stammt, in Paris. Sein Vater war Bankier, erfolgreich, wohlhabend und so geschmackvoll, daß er in zweiter Ehe eine angehende Konzertgeigerin heiratete – das jedenfalls wurde die Frau in der Legende der Familie. Es gab Fotos von ihr aus ihrer Studienzeit: tief ausgeschnittenes Konzertkleid, verträumter Blick, Geige, Blumen; sehr jung. Sie gab dem Haushalt des Bankiers einen Akzent von Kultur und Geistigkeit; darauf beschränkten sich ihre Aufgaben; als Laurent sie wahrzunehmen begann, war sie längst tablettensüchtig. Immerhin hat sie dem vierjährigen Laurent das Geigenspiel beigebracht, und zwar mit einer Leidenschaft, die ihm später unwirklich erschien wie eine Vision. Als er zehn war, spielte sie Duos mit ihm und sagte: »Die Musik muß man *gnadenlos* betreiben.« Das kam ihm damals schon vor wie ein Zitat – die Mutter war läppisch geworden, was er übrigens früher an ihrem Spiel erkannte als an ihrem Wesen.

Er selbst *war* gnadenlos. Und er war hochtalentiert... Hängt das zusammen? Laurent hätte, nach dem Wunsch seines Vaters, Bankier werden sollen. Aber sein Vater hat früh festgestellt, daß der Junge »irgendwie behindert« sei. Er interessierte sich für nichts als das Violinspiel. Seine Mutter holte ihm einen Lehrer ins Haus und zog immer die Jalousien herunter, wenn geübt wurde.

Der Lehrer, ein gescheiterter deutscher Konzertgeiger, war jähzornig und schlug dem kleinen Laurent die Noten auf den Kopf. Laurent wich nicht zurück, er erschrak mehr über seine Fehler als über die Strafe. Er hat sich, was das Geigenspiel anbetraf, nie einer Forderung entzogen. Der Meister *(Monsieur le Maître)* sagte, wenn Laurent mit fünfundzwanzig die klassische Konzertliteratur nicht vorwärts und rückwärts draufhabe, könne er's vergessen, also verzichtete der Junge auf Parties, Discos, Sport und Strand. Dafür besuchte er jedes Konzert. Seltener ging er in die Oper. Als er zum ersten Mal *Fidelio* hörte, mit dreizehn, weinte er fast vor Erschütterung und Glück. Auch in den drei nächsten Vorstellungen kämpfte er mit den Tränen, und einmal sah ihn dabei eine gleichaltrige Cousine, die sagte: »Du bist wohl nicht ganz normal, wie?«

Beethoven ist für Laurent der Größte geblieben. Die Kontraste, der weite Entwurf, das Ringen um höchste Erkenntnisse: Wenn es geistige Musik gibt, dann diese. Jedesmal, wenn Laurent *Fidelio* am Konzertmeisterpult spielt, wird er von einer Spannung ergriffen, die feiner und erregender ist als jede Begegnung mit einem anderen Komponisten. Die Handlung der Oper verwischt sich dann; im Orchestergraben erfährt er sie mehr harmonisch und physisch, aber nicht minder stark. Er braucht all seine Nerven, um sich nicht forttragen zu lassen, und bei manchen Wendungen ins *piano* zittert er am ganzen Leib.

Es gibt nur eine Steigerung: Das sind Beethovens Streichquartette. Sie sind der vollkommenste und edelste denkbare Entwurf. Ihn gemeinsam mit drei anderen Solisten klanglich zu realisieren, ist immer noch das Höchste, was Laurent sich vorstellen kann. Von einer Konzertgeiger-Karriere hat er nie geträumt. Seit seinem zwölften Lebensjahr studierte er Quartettpartituren. Weil er einsam war, spielte er mit sich selbst: zuerst nacheinander die beiden Violinstimmen, und manchmal lieh er sich eine Bratsche und spielte auch die.

Am Konservatorium zerstritt er sich nacheinander mit vier Quartetten. Bei der Erforschung dieser Vorgänge entdeckte er bei sich soziale Mängel. Er formulierte schroff seine Schuld, aber er wußte keinen Ausweg; das wurde seine erste Krise. Auch mit der Musik klappte es nicht mehr wie früher. Er kämpfte mit technischen Problemen, Haltungsproblemen; er hätte sieben Stunden am Tag üben müssen anstatt wie bisher fünf, aber dafür fehlte ihm die Konzentration. Eigentlich fehlten ihm die Visionen. Oder er hatte die falschen Visionen. Die Cousine – die, die ihn schon immer nicht ganz normal gefunden hatte – machte ihn verrückt. Sie sagte, er stehe durchaus auf ihrer Favoritenliste, aber bloß auf Platz fünf. Sie zeigte ihm die Liste. Er quälte sich. Er kämpfte. Schließlich bestand er gut, aber nicht exzellent, die Abschlußprüfung. Und bekam die Cousine, weil die vier Kandidaten vor ihm weggefallen waren. Aber was für ein Aufwand! Statt Wachsen und Vollendung plötzlich das ganz normale Leben, Anstrengung, Verwirrung, falsche Versprechungen. Er stellte fest, er war, wie alle, nur einer von vielen. Das hört man nicht gern, nicht einmal von sich selbst. Aber bevor man sich grämen kann, muß man schon wieder handeln, sich ernähren, eine Stelle suchen. Und weil kein Quartett in Aussicht war, suchte er sich eine Stelle als Konzertmeister und wurde auf Anhieb in Neustadt engagiert. Die Cousine ging mit. Das ist vierzehn Jahre her.

Mit der ihm eigenen Disziplin wühlte er sich in die Orchesterarbeit. Zweiunddreißig Dienste im Monat, dazu schwere solistische Aufgaben. Laurent tat immer mehr als nötig. Er übte bis zum Umfallen. Er nahm vor jeder ersten Orchesterprobe die Stimmen der ersten Geigen mit nach Hause, um sie mit seinen Bogenstrichen zu bezeichnen. Manche ältere Kollegen teilten seine Ansicht nicht, sagten, sie hätten das schon immer anders gemacht, und er mußte seine Vorschläge sehr genau belegen. Weil er das konnte, gewann er Autorität und riß sie – manchmal – mit; aber nicht weit genug, und nicht oft genug. Er litt an ihrer Trägheit. Vor jeder großen Produktion gab es mindestens fünfzehn Orchesterproben, und die Kollegen waren der Meinung, bis zur Premiere schleife sich schon alles ein. Laurent blieb für sich. Nie ging er, nachdem sie etwa miteinander die *Götterdämmerung* gewuchtet hatten, mit in die »Friedenseiche« ein Bier zischen. Er arbeitete und forderte. Manchmal legte er leidend die Stirn in waagerechte Falten und kniff die Augen wie unter Kopfschmerz zusammen. Das mochte die Streicher beeindrucken, aber manche Bläser, die solistisch nicht weniger gefordert sind und ebenso mit ihren Nerven kämpfen wie der Konzertmeister, fanden, er übertreibt.

Immerhin ist das Niveau des Orchesters etwas gestiegen, das hält sich Laurent zugute. Er nahm seinen Streichquartett-Traum wieder auf und traf auf Interesse bei den Kollegen.

Seine Frau, leider, erfüllte die Erwartungen nicht. Er dachte, er ernährt sie, und dafür darf er zärtlich sein, wenn ihm danach ist. Sie aber wollte Zuwendung und Ehrung. Die Ehe lief also schlecht.

Laurent konnte nichts als musizieren (aber was heißt *nur?* Musik ist schließlich die höchste der Künste). Privat wollte er seine Ruhe, er lächelte steif und hörte nicht zu. Souverän war er nur in seiner Arbeit; daheim fühlte er sich überfordert. Kinder lehnte er kategorisch ab. Gefühlsausbrüche ekelten ihn, während seine Frau davon zehrte, und so kam es, daß die Frau an seiner Seite vereinsamte, so wie er an ihrer; aber er hatte ja sein Quartett, er merkte es nicht. Sie lernte nur mühsam Deutsch, nahm Psychopharmaka, entwickelte verschiedene Krankheiten und gab an manchen Tagen in Boutiquen Tausende von Mark aus. Einmal entzog er ihr die Kontovollmacht. »Es war ein Frustkauf!«, rechtfertigte sie sich. Er sagte: »Eben.« Wenn seine Frau ihm Grausamkeit vorwarf, antwortete er, er verzeihe ihr immer noch zehnmal soviel wie sich selbst.

Ein Höhepunkt seines Lebens war, als er das Vermögen seiner Eltern erbte und für vierhunderttausend Mark eine italienische Geige von 1801 erstand. Ihr Klang besaß herrliche Fülle, Weichheit und Strahlkraft, er konnte sich nicht sattspielen an ihr und hat sogar von ihr geträumt. Damals war er auf der Höhe seines Könnens, technisch perfekt, vielseitig, präzise. Er dachte, mit diesem Instrument könne er vielleicht den Absprung ins Rundfunkorchester wagen oder an ein großes Haus: mit Anfang Dreißig war dafür gerade noch Zeit.

Während er wie ein Wahnsinniger übte, wurde seine Frau elend. Er wollte sich nicht ablenken lassen, aber ihn faßte das Erbarmen: vielleicht hatte er ihr wirklich zu viel zugemutet. Ihm wurde klar, daß er außer ihr niemanden hatte, deshalb kümmerte er sich um sie. Sie brauchte mehrere Operationen. Er besuchte sie pflichtbewußt im Krankenhaus, brachte Geld, stellte Fragen, deren Antwort er vergaß. Sie kehrte zurück. Gelegentlich versuchte er jetzt, einsichtig geworden, sie zu schwängern, bis sie ihn eines Tages schriftlich daran erinnerte, daß sie vor zehn Monaten totaloperiert worden sei. Er spielte an drei großen Häusern vor und wurde nicht genommen, ihm fehlte die Kraft; die häuslichen Leistungen waren offenbar zu hoch.

Für seine Frau waren sie zu gering. Eines Tages zog sie aus – totenbleich, tiefe Ringe unter den Augen – mit der Erklärung, sie wolle nicht allein sterben. Er war betroffen. Es tat ihm leid, daß sie sterben mußte und keine Musik mehr hören konnte, und er warf sich vor, nicht genügend von ihr profitiert zu haben. Er schrieb mehrere Briefe und sprach ihr Mut zu – eigentlich sprach er ihn sich selbst zu –, und als ihre Nachrichten ausblieben, nahm er an, daß sie gestorben sei, und arbeitete mit schlechtem Gewissen noch härter an seiner Kunst. Dann schickte sie ihm ein Foto: Im Bikini, braungebrannt, geht sie mit einem hochgewachsenen Gigolo am Strand entlang, die Hüfte an seinen Schenkel geschmiegt, den Kopf unter seiner Achsel, die Arme um seine lange, schlanke Hüfte geschlungen; aus seinen nassen Locken tropft das Wasser auf ihr Gesicht, und sie strahlt vor Glück. Laurent hätte sich beinahe übergeben. Er entwickelte die Philosophie, daß Liebe für die Kunst gefährlich sei. Der Künstler muß schließlich Spannung erzeugen, und wo soll er sie erzeugen, wenn nicht in sich selbst? In der Liebe aber, zumal der glücklichen, ist es ja so, daß man sich unablässig selbst entspannt.

Jetzt ist er allein, für den Absprung ist es zu spät, und voraussichtlich wird er den Rest seines Lebens in Neustadt am Rhein verbringen. Laurent, der Meister masochistisch radikaler Bilanz, überlegt: Musikalisch wird es hier kaum besser werden. Dafür bekommt er gewisse Freiheiten: Der GMD, mit seinem schlechten Klangempfinden, mischt sich in die Striche nicht ein. Das Konzertprogramm ist interessant durch die vielen modernen Stücke. Und schließlich: Wer sagt, daß der nächste GMD besser wird? Achtzig Prozent der Dirigenten sind Hochstapler, hat Laurent längst erkannt. An diesem akzeptiert er den starken Willen. Letztlich findet er, daß er die Interessen des Dirigenten vertreten müsse. Nur der Dirigent hat schließlich die volle Partiturkenntnis, die muß er vertreten, und wenn's schiefgeht, ist er selber schuld. Das ist nicht Laurents Sache. Laurent tut seine Pflicht.

Er habe ein Herz aus Granit, hat seine Frau einmal geschrien. Er antwortete mit beißendem Lächeln, daß das wohl als Kompliment aufzufassen sei, denn wenn er sich nicht irre, werde Granit unter genügend Druck zum Diamanten gepreßt. Ein diamantenes Herz, das sei doch eine attraktive Option. »Kohle!« schluchzte sie; »Kohle, nicht Granit wird Diamant!« – Na gut, dann müsse eben seine kohlschwarze Seele für den Diamanten herhalten, spottete er.

Jetzt ist ihm der Spott vergangen. Was ist das Leben außer der Arbeit? Was ist sein Leben? Konzertmeister in Neustadt am Rhein, sagt er zu sich. Manchmal hat es sich nach mehr angefühlt, aber unter dem Strich ist es genau das.

Beleuchtung

Bei der Produktion *Figaro* stehen inzwischen die Endproben bevor. In den nächsten beiden Wochen werden nacheinander Orchester, Kostüme und Maske, Technik und Licht dazukommen. Die Sänger, seelisch aufgerieben und musikalisch verwahrlost, dürfen zunächst ohne Szene mit Dirigent und Orchester probieren; Regie und Bühne ihrerseits richten ohne Sänger die Beleuchtung ein. Man erholt sich voneinander und begegnet neuen Problemen.

Die Regie muß – oder darf – in Beleuchtungsproben hauptsächlich warten. Glitter hat dem Beleuchtungsmeister Jensen seine Wünsche mitgeteilt und sieht vom Regiepult aus zu, wie Jensen sie umsetzt. Geplant sind von Ouverture bis Applaus achtundsiebzig Beleuchtungsstände, die Jensen nacheinander aus dem Licht von insgesamt fünfhundert Scheinwerfern zusammensetzt. Fünf Beleuchter (drei fertige, eine Aushilfe, ein Lehrling), von Jensen per Sprechfunk dirigiert, klettern durchs Bühnenhaus, wo sie Scheinwerfer umhängen, einstellen, ausrichten, Filter wechseln, Brenner ersetzen.

Zwei Tage sind für »Technik und Beleuchtung« angesetzt, traditionell Montag und Dienstag. Am Montag früh wird zum ersten Mal die komplette Dekoration aufgebaut. Technik und Deko beseitigen letzte Fehler, montieren Paletten, flicken Pappwände. Bis die Hauptscheinwerfer eingerichtet sind, wird es später Nachmittag. Dann baut man die ersten Lichtstände bis dreiundzwanzig Uhr, und am Dienstag geht's um neun Uhr früh weiter bis abends um sieben.

Draußen herrliches Spätsommerwetter, Vögel, Licht, ein leichter Wind. Drinnen ist es still und kühl. Glitter, Babs, der Beleuchtungsmeister Jensen und die Inspizientin Andrea kauern am Regiepult im mit Tüchern verhängten Parkett tief unter der dunklen Kuppel des Zuschauerraums. Nur eine Leselampe beleuchtet das Pult, auf dem Andrea und Babs mitschreiben. Während die Beleuchter metallene Galerien hinaufturnen, den Schnürboden queren, Kabel über die Bühne schleppen, legt sich Apathie auf das Szene-Team. Endlich steht ein Angebot, und alle starren auf die Bühne, die im sich verändernden Licht ein geheimnisvolles Leben zu führen scheint. Glitter diskutiert mit Jensen Änderungen. Fußrampen drei rechts vierzig oder fünfzig Grad? Vom Stativ Stufenlinse oder Ellipse? Tausender oder Zweitausender vom linken Turm? Alle sprechen gedämpft. Nach einigen Stunden verkrampft sich der Hals, die Augen brennen. Die Mittagspause verbringt Babs im Freien. Auf den Stufen zum Bühneneingang sitzend, lauscht sie den Vögeln, wittert durch Autoabgase die Würze des Herbstes und sucht mit der Wange die Wärme des Sonnenlichts. Eine halbe Stunde Sonne.

Dann zurück in die Gruft.

Weitere sieben Stunden.

Gelegentlich entbrennen kurze Machtkämpfe zwischen dem

Regisseur Glitter und dem Beleuchtungsmeister Jensen. Der kleine Jensen widerspricht kaum und macht, was er will. In sein Mikro murmelt er so leise, daß die Regie nicht mitbekommt, ob er Bitten ausführt oder nicht. »Was soll das Geflüster! Kriegste jetzt die Ecke hell oder nicht?« herrscht Glitter ihn einmal an. »Der Überhang is das Problem«, antwortet Jensen mit sanft hamburgischem Zungenschlag. »Leider wurde der Knick-Strahl-Scheinwerfer noch nich erfunden.« – In der Gartenszene wünscht Glitter Susanna in einem einzigen Lichtkegel auf ansonsten dunkler Bühne und fordert dafür einen bestimmten Scheinwerfer. Wieder setzt er sich nicht durch. »Das Licht und der Einfallswinkel von den 96er sind vielleicht 'n büschen besser, aber der 96er is ein unsicherer Kantonist. Kann sein, daß der plötzlich mitten im Akt verendet. Ich schlag Ihn' den 102er vor. Auf den könn' Sie sich man hundertprozentig verlassen, das is 'n richtiges Arbeitstier.« – »Dann stecken Sie doch um! Das Arbeitstier auf 96!« schnauzt Glitter. Jensen schüttelt seufzend den Kopf und geht auf die Bühne. »Sowas von renitent hab ich noch nicht erlebt«, knurrt Glitter. »Das kann sich der nur in der Provinz leisten, bei dieser Flasche Amadeus. Bei einer Granate wie Torre wär der sofort weg wär der da.«

Wieder Stille. Die Inspizientin Andrea malt mit bunten Stiften Pfeile in ihren Klavierauszug. Rote Pfeile bedeuten »Beleuchtung Achtung für Stand x.« Blaue: »Stand x. ab.« Die Kommandos für die Technik werden grün notiert, die für die Künstler schwarz. Alle Kommandos kommen notengenau. Während Andrea penibel vor sich hinkritzelt, schweigt Glitter. Man hört jetzt nur noch das Knirschen seiner Lederjacke und das Summen der Apparate. Die Bühne zieht sich im verlöschenden Licht zusammen – Gartenszene, Nacht. Nur noch mattes Streulicht aus dem Orchestergraben. Der 102er flammt auf. »S-timmt die Position?« hören sie von der Bühne aus Jensens unschuldige Stimme.

Glitter schweigt. Er ist überhaupt ruhiger geworden. Er hat sich aufgerieben in sinnlosen Kämpfen, angeblich um einer Konzeption willen, die nicht einmal ihn selbst überzeugt.

Seine einzige Vertraute war Babs, die ihm die Pest an den Hals wünscht; ihr gegenüber zeigt Glitter die Anhänglichkeit eines erschöpften Kampfhundes. Am Sonntag, als er einsam in seinem deprimierenden Gäste-Appartement saß, hat er ihr hinterhertelefoniert; sie hörte seine Stimme auf ihrem Anrufbeantworter, während sie mit dem Trompeter Harry feierte, und ging nicht ran.

»Warum bist du nicht ans Telefon gegangen?« fragt er jetzt.

»Ich habe gefeiert«, antwortet Babs.

Ihm gefällt, daß sie moralisch ist. »Willst du nicht weg von hier?« fragt er. »Soll ich dich nach Düsseldorf empfehlen?« Babs beginnt ihn zu mögen.

Orchesterproben

Erst jetzt kommt das Orchester dazu. Vier sogenannte Bühnenorchesterproben hat der Kapellmeister, um Orchester und Bühne aufeinander einzustellen. Szenische Probleme fallen jetzt doppelt ins Gewicht. Unlogische Arrangements behindern die Musik. Die Sänger verpassen Einsätze: Mit Orchester wirken alle Gänge länger, obwohl die Bühne dieselbe ist. Der Dirigent schimpft: »Warum drehst du dich da nicht um? Ich geb dir doch den Einsatz!« Der Regisseur ruft: »Wehe, du drehst dich um!« Die Sänger neigen der Musik zu, sind aber auf die Szene angewiesen; alle schmeißen, Unterbrechungen sind die Folge. Dann streiten Regisseur und Dirigent, und fünfzig Orchestermusiker lästern im Graben.

Jan, der musikalische Assistent, sitzt im Zuschauerraum in der ersten Reihe direkt hinter dem Dirigenten und notiert dessen Anmerkungen. Der Dirigent unterbricht immer seltener; es scheint, daß er resigniert. Er rackert. Schuppen rieseln von seiner Mähne auf Jans Block.

Er heißt Tom Svaräkki und hat hier die Position des Ersten Kapellmeisters: ein schläfrig wirkender Finne von unberechenbarem, ja furchterregendem musikalischem Temperament. Er intrigiert nicht und lebt für sich, nur beim Dirigieren geht er aus sich heraus. Letzte Spielzeit hat er Furore gemacht mit einem vitalen *Maskenball* und einem so explosiven Verdi-*Requiem*, daß im Theater drei Monate von nichts anderem gesprochen wurde. Das mißfiel dem GMD. Damit es sich nicht wiederholt, hat er Tom seitdem keinen Italiener mehr gegeben, sondern nur ganz filigrane Sachen (»Genug geschrubbt, soll mal Handwerk zeigen«). Der vierschrötige Verdi-Dirigent verbrannte sich gleich am ersten Stück (*Capriccio* von Richard Strauss) die Finger, er machte sich so lächerlich wie ein Athlet, der Spitzentanz übt. *Figaro*, Toms nächstes Stück, ist leichter zu schlagen, dafür künstlerisch schwer: da kann man nicht bluffen, alles, was man nicht fühlt und weiß, wird offenbar. Die Balance zwischen Anmut und Ironie, selbstvergessenem Musizieren und hochbewußter Artistik überfordert Toms Geduld. Statt dessen versucht er Mozart mit breitem Ton und wilden Rubati auf dramatisch zu trimmen. Chaos ist die Folge, die Sänger werden zugedeckt, im Orchester purzeln alle übereinander. Jan versucht, mit Tom darüber zu reden, aber Tom, der ahnt, daß er ins Messer läuft, ist entschlossen zur Flucht nach vorn.

Jan, der Toms Verdi-Ekstasen mit erschrockener Bewunderung und – sagen wir's offen – Neid gehört hat, leidet viel weniger darunter, als ihm lieb wäre.

Maske

Auf der Klavier- oder technischen Hauptprobe werden zum ersten Mal Kostüme und Maske getestet. Die Kostüme – eine Art groteskes Rokoko – sind den Sängern von Anproben her bekannt, aber in Maske sehen sie sich zum ersten Mal.

Sie sind entsetzt. Glitter hat sich bei der Gestaltung für einen forcierten Hogarth-Stil entschieden: Adelige und deren Parteigänger bekommen Fratzen. Der Graf ist ein suffnasiger Wollüstling mit halboffenem Hosenlatz, Basilio ein schlangengleicher, schuppiger Geck mit hohen Absätzen, Bartolo kriegt blaue, hängende Lefzen und einen Wanst wie Falstaff. Kazuko, die Gräfin, sieht aus wie ein Mops.

Endproben

Orchesterhauptprobe und Generalprobe sind die einzigen Komplettproben mit Orchester, Bühne, Kostümen, Maske und Licht. Werk, Spiel, Klang und Bild sollen sich da zu einem Kunstereignis verbinden. Natürlich geht das nicht ohne Pannen, Unterbrechungen, Geschrei. Seitenweise wird für Darsteller, Technik und Kapelle Kritik notiert und nach den stundenlangen Proben besprochen, alle hängen in den Seilen, alle fürchten sich und sagen, sie hätten immer schon gewußt, daß es so nicht geht.

Still ist nur Kazuko, obwohl sie die meisten Sorgen hat.

Inszenierung, Kostüm und Maske rauben ihr das Selbstbewußtsein, die langsamen Tempi den Atem. Sie erkennt ihre Grenzen und kaut an dieser Erkenntnis herum: schließlich geht es nicht um ein Mißgeschick, sondern um ihre Stimme, ihren ganzen Lebensentwurf, also um Schicksal.

Aber Kazuko, die gebildetste Sängerin des Neustädter Theaters, hat einmal den Satz aufgeschnappt: *Wo aber Gefahr ist, wächst das Rettende auch,* und diese Weisheit bewahrt sie vor Panik. Die Gefahr kam aus ihr selbst: sie hat sich verschätzt, sie hat etwas gewagt, das sie unter schlechten Bedingungen nicht durchstehen kann, und das darf man nicht, denn die Bedingungen sind immer schlecht. Aber dort, wo der Fehler entstand, wächst jetzt tatsächlich das Rettende, und zwar in Form einer Frage: Muß das alles eigentlich sein?

Figaros Hochzeit wird Kazukos etwa siebzigste Premiere, davon die dreißigste mit einer Hauptrolle. Alles, was passieren kann, hat Kazuko schon erlebt. Die Phasen der Opernproduktion sind ihr zum Lebensrhythmus geworden: die Euphorie bei der Vorbereitung, die Unsicherheit vor Probenbeginn, der konzentrierte Kampf mit den eigenen Mängeln, zunehmende Souveränität, Freude des Entdeckens und Aneignens. Nebenbei die üblichen Scherereien: eifersüchtige Kollegen, enthemmte Regisseure, überforderte Dirigenten, das, was ein Schriftsteller einmal den Unrat des Lebens nannte, der dazugehört wie die Mücken zum Sommer.

Nach wochenlanger Arbeit dann Endproben. Vorfreude und Angst, Nächte unruhigen Schlafs mit Serienerinnerungen an Mißgeschick und Blamage, in der Morgendämmerung Analyse der Katastrophen, die man überstand, der Krisen, an denen man gewachsen ist. Schließlich der Tag der Premiere: Aufbauen von Spannung, konzentriertes Hintreiben auf den Abend, Memorieren, innere Vorbereitung auf Schlüsselstellen. Später, im Theater, feierliche Hektik, demonstrative Solidarität der Kollegen, Küßchen und kleine Geschenke. Die Ruhe, die man beim Einsingen gewinnt. Bei schon völlig aufgewärmter Maschine noch einmal kurze, andächtige Passivität im Schminksessel – das zärtliche Puderkissen auf den Lidern. Die Ouverture, per Lautsprecher in die Garderoben übertragen, übernimmt den Puls. Einruf der Soli. Der magische Augenblick des Auftritts, eine Art Explosion aus maximaler Spannung und Hingabe. Adrenalin überflutet wie Licht Kopf und Körper. Die Nervosität ist verschwunden, man nimmt weder Hitze noch Kälte wahr.

Wenn es gut läuft, erlebt man höchstes Glück. Energie, Können, Geistesgegenwart, Ausdruck fließen ineinander, die Stimme kommt elastisch und geschmeidig, der Atem stimmt, im richtigen Augenblick ist die Kraft für die Bögen da, die Ausbrüche ergeben sich organisch aus Musik und Spiel. Leichte Rhythmus- und Intensitätsschwankungen fallen nicht ins Gewicht, weil anderes dafür um so besser klappt: Das ist Leben. Das ist Musizieren. Dafür nimmt man alles in Kauf. Musik nämlich ist die höchste aller Künste(!).

Wenn es nicht so gut läuft, passieren Fehler. Hier ist eine Phrase mißglückt, dort eine Appogiatur verhaspelt. Ein Texthänger in einem wichtigen Ensemble. Vor der Pause gab's ein Konzentrationsloch, und am Schluß ließ die Kraft nach. Jeder hat seine Schwierigkeiten, auch die besten Leute haben sie. Das Publikum merkt's meistens nicht.

Manchmal freilich geht alles schief. Indisponiert, vielleicht erschöpft; kurzer Atem, wunde Kehle; versungen, gekämpft, gemogelt, vom Orchester zugedeckt, eingegangen. Gott sei Dank ist man benebelt, man will nur durch, und wenn die Musik einen nicht weiterrisse, fiele man vor Scham tot um.

Am Schluß Applaus, Erschöpfung, Dankbarkeit. Bei der Premierenfeier lärmende Erleichterung; aber auch, je nachdem, Unsicherheit, Hadern, Verfolgungswahn. Man hat sein Bestes getan, das macht stolz; aber war das Beste gut genug? Warum hat dieser Kollege nicht gratuliert, jener nichts gesagt? Der Künstler will hinreißen, er fordert, durch die eigene Hochleistung, die Begeisterung des anderen. Gut reicht da nicht, Schweigen ist Strafe.

Ob gerechte Strafe oder nicht, kann man nicht wissen: Man hört und sieht sich ja nicht. Mal war man fabelhaft, kam aber nicht rüber; mal hat man laviert, und die Leute jubeln. Diese Unsicherheit ist eine ebensolche Gefahr wie Chance: die schönste Leistung kann einem verdorben werden, dafür gibt's selbst in der Krise die irrsinnige Hoffnung, daß man trotz allem wirkt.

Noch schlimmer sind vorsätzliche Attacken. Man hat wunderschön gesungen, und dann fragt ein Kollege (eine Kollegin): »Was war denn los bei der Arie, du Arme?« Schon ist man besudelt. Man kann nichts richtigstellen und nichts beweisen, die Vorstellung ist vorbei, verklungen, halb vergessen schon jetzt. Ebenso ausgeliefert ist man den Reaktionen von Chefs, Agenten, Presse. Nie hat man Boden unter den Füßen. Man braucht gute Freunde, die einen verstehen und einem die Wahrheit sagen, wenn man sie braucht und verträgt. Wer diese guten Freunde nicht hat, ist arm dran.

Freunde aber sind selten, erst recht in Zeiten der Krise. Um die Einsamkeit auszuhalten, muß man besessen sein. Kazukos

Besessenheit läßt nach. Sie verrechnet plötzlich den Einsatz mit dem Lohn. Was bedeutet der mühsam erkämpfte und erzitterte, auch bei höchstem Einsatz nur in glücklichen Fällen zuteil werdende Erfolg im Vergleich zu privatem Glück?
Dave.
Das ist sie möglicherweise, die rettende Idee.
Dave kommt vom Einkaufen zurück und findet Kazuko in der Hollywoodschaukel auf dem Balkon, in eine Angoradecke gehüllt. Er fragt, wie die Generalprobe war, und findet tröstliche Worte. Er nimmt Kazuko in den Arm. Dankbar schmiegt sie sich an seine Brust. Sie schläft auch an ihn geschmiegt und erwacht morgens frisch, wie aufgeladen. Seit er da ist, hält sie einiges aus.

Freilich, er hat es nicht leicht. Er kämpft gegen Mißerfolg und gegen Alkohol. Er ist tapfer, trinkt viel weniger, bewirbt sich überall, reist zu Vorsingen. Kürzlich sprang er als Monterone in Ulm ein, drei Vorstellungen, und legte ihr zweitausend Mark auf den Tisch. Er ist zwar ein Wrack, aber ein nettes Wrack. Solange er die Contenance bewahrt, will sie bei ihm bleiben. Sie ist sogar bereit, ihn zu ernähren.

Für kleine Empfindlichkeiten hat sie Verständnis. Zum Beispiel dafür, daß er keine der Endproben sehen wollte. Das halte er nicht aus, hat er gesagt, einen Schnulzenheini wie Erwin den Grafen singen zu hören, während er, der potente Charakterbariton, ausgestoßen hinten im Dunkeln sitzt. Für Kazuko wäre das gut gewesen: ein wohlgesonnener Fachmann, der sich auf sie konzentriert und Rückmeldung geben kann. Aber sie denkt, wie immer es wird, sie kann es schaffen. Draußen kommt sie allein zurecht. Wenn sie nur zu Hause jemanden hat, der ihr nahe ist.

»Zur Premiere mußt du auch nicht kommen. Lohnt sich nicht.« Kazuko streichelt zärtlich seine schwere, parfümierte Wange.

Er küßt ihr die Hand. Dochdoch, zur Premiere kommt er. Ehrensache.

Anruf eines Rezensenten

Leider, Amadeus, ich kann nicht!«
»Du hattest es versprochen.«
»Lieber, ich bin heute morgen aus dem Krankenhaus entlassen worden. Ich hatte einen Fahrradunfall. Operation am Ellbogenknochen, Verdacht auf Gehirnerschütterung!«
Amadeus ist der Intendant des Neustädter Theaters. Der, der ihn anruft, heißt Marian Mischer und ist ein renommierter Frankfurter Musikkritiker.
»Du scheinst dich zu freuen«, sagt Amadeus verstimmt.
»Na ja, entschuldige. Es wäre mein zweihundertster *Figaro*, und zu Neustadt muß ich wohl auch nichts sagen. Warum arbeitest du nicht in einer interessanteren Stadt?«
»Du hattest es versprochen.«
»Aus Sympathie, Amadeus, im ausnahmsweise etymologisch korrekten Sinn des Wortes. Trotzdem bin ich nicht absichtlich verunglückt, das darfst du mir glauben. – Wie wird's denn?«
»Regie interessant, diskutierenswert...«
»Der dumme Glitter?« Früher, als Amadeus größere Häuser leitete, hat sich Mischer respektvoller ausgedrückt.
»Er findet starke Bilder. Dadurch hat er seine Karriere gemacht, nicht zuletzt mit deiner Unterstützung; vergiß das bitte nicht.«
»Starke, aber immer die gleichen«, seufzt Mischer. »Ich glaube, man wirft mir zu Recht Gutmütigkeit vor. – Und weiter?«
»Die Sänger – Durchschnitt. Traurig ist die musikalische Leitung. Ein gekränktes Genie, das offenbar ausprobieren will, wie langsam man *Figaro* dirigieren kann, ohne daß er umfällt. Hör zu, ich bräuchte dringend einen Dämpfer für unsere ganze musikalische Abteilung«, sagt Amadeus leise.
»Du willst doch nicht etwa andeuten, daß dir der rabiate GMD zu schaffen macht?«
»Er ist dreist und hält sich nicht an Absprachen. Eine ob-

jektive Darstellung seines Wirkens hier wäre hilfreich und vor allem schonender als ein persönlicher Machtkampf.«

Mischer lacht brutzelnd. »Tja, deine Wachsamkeit hat nachgelassen. Das wär dir früher nicht passiert...«

»Und deine? Wie fällt man vom Fahrrad?«

»Oh, das ist ganz einfach, mein Lieber. Nach meiner Rückkehr aus Kuba war ich so begeistert, daß ich sogleich in eine Schwulenbar ging und mir einen Mexikaner anlachte. Ich lud diesen zauberhaften jungen Mann zu mir ein, und wir machten uns auf den Weg. Ich fuhr Rad, der Junge trabte neben mir her, und aus Vorfreude vergaß ich, auf die Straße zu schauen, und geriet mit dem Vorderreifen in eine Trambahnspur.«

»Oh«, sagt Amadeus schadenfroh.

»Es knallte, und dann wunderte ich mich, daß ich nicht aufstehen konnte. Leute, die aus der Bar auf die Straße liefen, erzählten mir später, ich hätte wie ein Käfer auf dem Rücken gelegen und mit den Flügeln gepurrt. Dann verlor ich das Bewußtsein und erwachte erst auf der Intensivstation, wo der junge Mexikaner mir die Hand hielt. Jetzt muß ich mit einem Krankengymnastiker Armbeugen üben.«

»Du scheinst trotzdem guter Dinge zu sein.«

»Bester. Bester Dinge, Amadeus. Ich habe schon meine nächste Kubareise gebucht. Nach Trinidad!« frohlockt Mischer.

» So.«

»Das ist eine Kolonialstadt, in der die Bücher so alt sind wie die Häuser, in denen sie stehen, so daß man dort das Logbuch eines badischen Kapitäns aus dem 18. Jahrhundert neben einer Erstausgabe von Racine finden kann!«

»Gratuliere.«

»Eine Art Freisemester, Lieber. Man muß das Kuba der sozialistischen Ära genießen, solang sie noch dauert; und genau das habe ich vor.«

»Klingt zynisch«, meint Amadeus, der aus dem Osten stammt.

»Keineswegs. Die Leute sind arm, doch alle sind gleich arm.

Insgesamt sind sie fröhlich. Sie wissen trotz gelegentlicher Depression, daß das eigentliche Elend mit dem Ende Castros beginnen wird. Und im Augenblick genießen sie in den Touristen die harmlose Seite des Geldes. Wenn du dich allein in ein Cafe setzt, bist du schon umringt von Musikern. Sie singen mit Engelsstimmen und schauen dir in die Augen, und wenn du ihnen ein paar Dollar gibst, sind sie glücklich. Gleich am ersten Abend fand ich einen hinreißenden 22 jährigen schwarzen Liebhaber.«

»Wirklich sehr schön.«

»Ohne Krampf, ohne Verhandeln. Ich saß im Restaurant und hatte gerade die Karte bekommen, da trat dieser junge Mann ein, stellte sich an die Theke und sah zu mir herüber. Bevor ich die Bestellung aufgeben konnte, kam er auf mich zu und bat um Feuer. Während ich ihm welches gab, berührte ich ihn, er leuchtete, und das war's. Er wich den ganzen Urlaub nicht von meiner Seite, wohnte mit mir in einem herrlichen Haus unter Bananenstauden. Wenn ich auch nur wagte, irgendwo ein paar Worte mit einem anderen Mann zu sprechen, geriet er in Wut, schnappte sich meinen Schlüssel und mein Buch und lief davon, und ich mußte ihm nach.«

»Liebe?«

»Nun, es ist natürlich eine Form der Liebe, die mehr unterhält als befriedigt. Aber es ist köstlicher Sex. In der Karibik entschließen sich die Leute viel leichter zum Sex als bei uns, und sie können es viel besser genießen. Mir scheint fast, sie haben wenig anderes im Kopf. Aber, ernsthaft: Was geht da verloren?«

Premiere

Nach der Premiere von *Figaros Hochzeit* notiert die Inspizientin Andrea im Vorstellungsbuch: »Um 10 min verspäteter Beginn wegen Andrangs an der Abendkasse (Kann man das nicht endlich besser organisieren?). Vorstellungsdauer 3 h 25, Verlauf ohne Zwischenfälle, 12 Vorhänge.«

Am Orchesterstammtisch stoßen die Musiker mit Sekt darauf an, daß sie immerhin bei zwei Einsätzen zusammen waren, trotz der wilden Brems- und Gaspedaleinsätze des Dirigenten Tom.

Der Dirigent Tom betrinkt sich.

Unter den Sängern war Erwin am glücklichsten. In der Grafen-Arie konnte er prunken, seine Stimme wird schwerer, das Tempo paßte genau. Und man muß noch etwas sagen: Bariton Erwin ist der einzige, der die Regie wirklich abgeschüttelt hat. Er arbeitete sich einfach zur Rampe vor und konzentrierte sich auf seine Töne. Er strahlte eine gewisse träge erotische Selbstsicherheit aus. Ein paar tolle Brunstschreie sind ihm gelungen; als er sich verbeugte, kreischten die Teenager auf dem Rang.

Hofmann, der Bassist, war glücklich, weil er immer glücklich ist, wenn er auf der Bühne steht. Während des Schlußapplauses sagte er zu Tom, der sich neben ihm verbeugte: »Was ist die Kreuzung aus einem Igel und einer Schnecke?« Tom verließ schwankend die Bühne. »Hundert Meter Stacheldraht!« rief Hofmann ihm nach.

Die Aufführung gerettet aber hat Carol.

Carol hatte den Premierentag in ihrer Wohnung verbracht, bitter an die Flanke des stummen Flügels gepreßt. Sie freute sich nicht auf die Vorstellung, die sie als Verrat an Mozart und an sich selbst empfand. Erst spät hatte sie die notwendige Erregung gespürt, aber als sich der Vorhang hob, faßte sie aus unerfindlichen Gründen Mut. Carol vergaß die Häßlichkeit ihres Kostüms und ihren breiten Hals und verteidigte Mozart mit ihrer ganzen verschmähten Seele. Da sie es hoffnungslos tat, wirkte es selbstlos und rührend. Im Briefduett mit der Gräfin versuchte Carol nicht wie noch in der Generalprobe, Kazuko zu übertönen. Kazuko hatte ihre Arie nur knapp überstanden, ohne Optimismus und ohne Ausstrahlung in den großen Bögen; sie war ausgepumpt, und es wäre ein leichtes gewesen, sie abzuschießen, zumal Tom sehr langsam dirigierte. Aber Carol sang so leicht und behutsam, daß

Kazuko sich erholte. Zum ersten Mal seit Probenbeginn harmonierten sie musikalisch und stimmlich. Carol vergaß ihre Komplexe und ihren Ehrgeiz, sie hörte auf, Carol zu sein, und wurde dadurch, daß sie nur noch Mozart sang, mehr Carol, als Carol je war.

Vor Überraschung vergaß sie, aufzutrumpfen (das wird sie, zu ihrem Schaden, erst in den nächsten Vorstellungen tun). Sie genoß, dankbar. In ihre große Arie glitt sie hinein wie in einen Traum. In den Proben hatte sie immer mit heller, fester Stimme eingesetzt und, wenn der Dirigent »*Piano!*« schrie, die Lautstärke gedrosselt. Vor Verkrampfung hatte sie falsch intoniert, war bei den empfindlichen Intervallsprüngen nach unten einen Viertelton zu hoch gelandet und so fort. Jetzt kamen alle Töne klar und sicher, in einem *piano*, wie es ihr vor bestimmt zehn Jahren zuletzt gelungen war. Ihr war, als öffne sich weit eine große, schwere Tür.

Die Arie leitet das Finale ein und ist der Höhepunkt eines Frauenkomplotts: Als Gräfin verkleidet, lockt Susanna Figaro, um des Grafen Eifersucht zu wecken.

KOMM, O TRAUTER,
LASS LÄNGER MICH NICHT WARTEN!
KOMM, O TRAUTER,
DASS ICH MIT ROSEN KRÄNZE DEIN HAAR!

Sie, die Zofe, gebraucht als falsche Gräfin gezierte Phrasen, um den zottigen Diener zu locken, aber die Worte des Betrugs verwandeln sich in eine Melodie der Liebe. Und Carol, die von solchen Augenblicken wahrscheinlich nur träumen darf, vertritt sie mit ohnmächtiger, fast atemloser Süße.

DEIN HAAR
MIT ROSEN.

Auf einmal war Gefühl in der Aufführung, das um so stärker wirkte, als niemand mehr damit gerechnet hatte. Carols aus Not geborene Seelenfülle griff auf das Ensemble über. Besinnung, Ergriffenheit, zuletzt unbändige Freude – im Finale wirkten alle wie befreit.

Das Publikum war dankbar. Einige Leute waren aus Protest in der Pause gegangen, andere fühlten ihre Geduld belohnt. Vielleicht ist ein Funke übergesprungen. Vielleicht hat an diesem Abend jemand im Publikum beschlossen, selbst Künstler zu werden.

Die drei Schwarzen

Nur zur Premiere verbeugen sich neben dem Dirigenten auch Regisseur und Bühnenbildner. Weil sie das traditionell im Frack oder in schwarzer Kleidung tun, steht in der Applausordnung »Die drei Schwarzen«. Auch Babs hat das verinnerlicht, so daß sie nach der *Figaro*-Premiere »die drei Schwarzen« zum Applaus rief, obwohl es nur zwei waren: Helmut Glitter, Regisseur und Bühnenbildner in Personalunion, und der Dirigent. Der Dirigent bekam ein Buh. Glitter freundlichen Applaus.

Glitter wirkte sehr erleichtert. »Also hat's doch funktioniert«, rief er erregt, »Ich hätt's ja nicht für möglich gehalten; war ein riskantes Konzept!« Von den Sängern verabschiedete er sich unerwartet freundlich, Babs umarmte er sogar. Nur zu Carol sagte er: »Trampel!«

Nach der Premiere

Kazuko und Dave kommen von der Premiere nach Hause, beide festlich gekleidet und mißgelaunt. Er, im schwarzen Anzug, sieht imponierend aus. Kazuko hält fünf Blumensträuße im Arm. Dave wirft sich in den Sessel und greift nach der Whiskey-Flasche, während Kazuko die Blumen in die Küche trägt, anschneidet, in Vasen stellt und in der Wohnung verteilt. Jetzt ist sie mit ihren Verrichtungen fertig und nähert sich der Couch.

Dave, breitbeinig zurückgelehnt, spricht mit rauher Stimme: »Du hast nicht schlecht gesungen, Baby, aber wenn ich wäre dein Agent, ich würde dich nie als Gräfin vermitteln!«

»Ich will nichts hören!« ruft Kazuko. »Heute nicht.«

» Du mußt, Baby, wenn du weiterkommen willst. *It was a nice Show,* aber du bist kein Gräfin! Bei die *lyric* Stellen, *okay,* aber bei die *dramatic* Stellen, du kommst nicht durch!«

»Wenn der die Arie so langsam dirigiert!« Kazuko, gepeinigt. »Ich höre das Vorspiel und weiß, so langsam war es nie, und mein Atem wird nicht reichen!«

Sie hat Tränen in den Augen. Dave dämpft plötzlich die Stimme und lächelt gönnerhaft mit seinen durchsichtig orangefarbenen Zähnen. »Komm zu mir, *darling.* Es war ja nicht so schlecht. Nur das falsche Fach.«

»Der Applaus! Die Blumen!« schluchzt Kazuko.

»Aber *darling,* wenn sie Blumen haben mitgebracht, sie werfen sie auch zu, sollen sie sie wieder nach Hause tragen?«

»Sadist!« schreit Kazuko. »Ich arbeite wie ein Pferd, und du sitzt immer hier rum und schläfst... Weißt du denn, was du für ein Rigoletto warst?« ruft sie wild, »Das ganze Theater hat sich über dich kaputtgelacht! Einsneunzig groß, und schwankt wie der Glöckner von Notre-Dame! *Lala – lala – lala – lala – lala –*« Sie tanzt humpelnd als Rigoletto-Quasimodo um Daves Sessel, bitter, höhnisch, provozierend. Dave sitzt, immer noch breitbeinig, wie versteinert da.

LEONORE, FLORESTAN: O namenlose Freude!
LEONORE: Mein Mann an meiner Brust!
FLORESTAN: An Leonorens Brust!
BEIDE: Nach unnennbaren Leiden so übergroße Lust!
LEONORE: Du wieder nun in meinen Armen!
FLORESTAN: O Gott! Wie groß ist dein Erbarmen!
BEIDE: O dank dir, Gott, für diese Lust!
LEONORE: Mein Mann, mein Mann an meiner Brust!
FLORESTAN: Mein Weib, mein Weib an meiner Brust!
Du bist's!
LEONORE: Ich bin's!
FLORESTAN: O himmlisches Entzücken! Leonore!
LEONORE: Florestan!
BEIDE: O namenlose Freude,
nach unnennbaren Leiden
so übergroße Lust!

Aus *Fidelio*
von Ludwig van Beethoven
Text: Joseph Sonnleithner
und Friedrich Treitschke

FIDELIO,
ODER: DIE LIEBE

Die Liebe? 108
Ein paar Worte über Peggy 113
Gäste 115
Refrain 118
Was Saskia erzählt 122
Zweifel 124
Lauter Zufälle 126
Bratsche und Cello 131
Arrigo und Saskia 134
Andrea und Charlton 136
Astrid 138
Köln 139
Telefongespräch 144
Erstes Zeichen 145
Zweites Zeichen 148
Saskias Erfolge 152
Beetz im Glück 156
Gastieren 164
Anhörung 167
Die sechste Vorstellung 172
Die siebte Vorstellung 173
Kantinengespräch 175
Nachtrag 178
Charlton bei Andrea 179
Peter 181
Kraft 184
Noch ein Telefongespräch 185
Repertoire 186

Die Liebe?

Kazuko sitzt vor dem Fernseher, die Hornbrille auf der Nase, die Katze auf dem Schoß. Neben ihr im Sessel Erwin, der *Figaro*-Graf. Erwin Huber aus Passau ist ein großer, träger Mann von Mitte Dreißig, der im selben Neubau ein ebenso überteuertes Junggesellen-Appartement bewohnt. Seit Kazuko Dave in die Wüste geschickt hat, kommt Erwin oft zu Kazuko. Er langweilt sich. Von selbst geht er nie. Er trinkt Bier und ißt Kartoffelchips.

Um elf Uhr steht Kazuko entschlossen auf. »Geh jetzt endlich.«

»Mitten im Film?« fragt Erwin ungläubig.

»Das ist schon der dritte Film, es reicht. Ich will schlafen.«

»Schlof doch!« ruft Erwin. »Mit mir!«

»Nein.«

Diese Diskussion führen sie oft.

»Du machst an Fehler! I bin guat! I bin zärtlich!«

»Du bist eine Flasche. Du bist ja nicht mal ein Playboy. Wenn du das wärst, würdest du mir das Gefühl geben, ich bin die einzige Frau auf der Welt. Hinterher könntest du mir einen Tritt geben, aber zuerst müßtest du mich überzeugen, daß du verrückt nach mir bist. Und was sagst du? Dir ist langweilig allein. Wofür hältst du mich?«

»Hast net des Publikums-Buch g'lesen im Foyer?« protestiert Erwin schleppend. »Auf der Seite fünfundsiebzig steht da: ›Ich gehe nur in *Figaro*, wenn Erwin Huber den Grafen singt. Ich finde ihn sexy!‹«

»Hat sie keine Adresse dazu geschrieben?« spottet Kazuko.
»Immerhin ihren Namen«, sagt Erwin stolz. »Rosa von Praunheim! Leider ohne Telefon.«
»Dann schau im Telefonbuch nach! Aber deinem!« Kazuko drängt den großen Erwin zur Tür.
»Und hast die Kritik von Tümmel über meinen *Barbier* g'sehn?« fragt Erwin, schon im Treppenhaus. »Auf Seite 16 steht: Erwin Huber hat« – Kazuko drückt die Tür zu, er raunt durch den Spalt – »ein warmes Organ!«

Babs und der Trompeter Harry trinken bei Babs zu Hause Tee. Da ist es eng und dunkel, nicht eigentlich anheimelnd, aber sie merken es nicht. Babs hat Dvořaks *Symphonie aus der Neuen Welt* aufgelegt, und sie berauschen sich daran; sie sind leicht zu berauschen.
»Da!« ruft Harry, »Trompete!« Er drückt mit den Fingern imaginäre Ventile. »Ganz heiße Stelle. Und jetzt kommt's gleich nochmal, 'ne Oktave höher, da drehen sich die Bratschen immer um, weil's so laut wird! Jetzt – jetzt – Ha! Yppiiie!«
Er reißt sich das T-Shirt vom Leib und steht vor Babs mit nacktem Oberkörper. Das gelbe Licht der Lampe, die man hier auch tagsüber brennen lassen muß, schimmert auf seiner glatten, braunen Haut. Babs blickt hingerissen auf seine breiten Schultern, die plastische Brustmuskulatur, den zarten Waschbrettbauch. Harry geht zweimal wöchentlich in den Kraftraum, wie sie glaubt, um ihretwillen. Er ist achtundzwanzig Jahre alt, wie sie, aber viel schöner. Sie ist dankbar, ihr wird warm. Sie greift den Gedichtband vom Nachttisch (ihre Einschlaflektüre, wenn Harry nicht da ist), und liest laut vor:

Gib mir, Liebster, zahllose Küsse,
so viele, wie ich Haare habe,
und tausend und hundert nach ihnen,
und danach hundert und tausend,

und nach denen,
... nach vielen Tausenden, drei!
Und weil niemand es merkt,
verwirren wir die Zahlen,
und dann... zählen wir rückwärts!

»Spanisches Gedicht! 17. Jahrhundert!« Sie stürzt sich auf ihn, beide prusten los.

»Mein süßes, bezauberndes Mehlöhrchen! Ich muß dir was sagen!« Harry tanzt durchs Zimmer: »Harry liebt Mehlöhrchen!« Er wirft sich aufs Bett, streckt die Arme nach ihr aus und klimpert werbend mit den Augendeckeln. »Sex?«

»Nix Sex. Ich muß arbeiten!« Babs in nur halb gespieltem Kummer.

»Och!« sagt Harry so geknickt, daß beide lachen. »Das war doch goldig, oder?« freut er sich.

Babs beugt sich andächtig zu ihm hinunter: »Du bist so schön, so... Mir fehlen die Worte.«

»Wirklich?« lacht Harry. »Kommt mir nicht so vor!«

Nächster Vormittag, Kantine; Probenpause. Der Schauspieler Siegfried Töpfer und die Tänzerin Gisa sitzen an einem Tisch. Sie ist einundzwanzig, schmal, und hat ein klares Gesichtchen mit einer kindlich gewölbten Stirn. Ihr Haar ist blond, sehr lang und nur für die Proben, damit es nicht stört, als Zopf um das Köpfchen gewickelt. Gisa kommt aus dem Training und trägt abenteuerliche Probenklamotten: ein umgedrehtes Sweatshirt, bunte, mehrfach geflickte Leggins. Ihre Ballettschuh-Bandagen schleifen hinter ihr her.

Siegfried Töpfer ist vierundsiebzig und spielt den alten Millionär in Strindbergs *Traumspiel*. Töpfer wurde schon vor Jahren pensioniert, aber weil er immer noch ein guter Künstler ist, engagiert man ihn zuweilen als Gast für besondere Rollen. Er ist klein und still. Weil er heute Hauptprobe hat, trägt er bereits sein Kostüm, einen eleganten beigen Anzug im Stil des ausgehenden 19. Jahrhunderts, Seidenweste, Zylinder, Gehrock. Das Monokel hat er aus dem Auge fallen lassen, als er Gisa sah.

Gisa setzt sich manchmal zu ihm, weil er ihr dann eine Limo spendiert. Er betrachtet sie zärtlich; er sieht ihre Zerbrechlichkeit und ihre Besessenheit und würde sie gerne beschützen. Aber er weiß nicht, wie. Er weiß nicht, wie sie ist; er bekommt nur mit Mühe etwas aus ihr heraus.

»Nö«, sagt Gisa. »Hab ich ewig nicht gesehn. Bloß meine Mutter, als ich in Berlin war.«

»Ihre Herren Eltern leben doch nicht am Ende etwa getrennt?« fragt er besorgt.

Sie schüttelt den Kopf und saugt durch den Strohhalm an der Limo.

Er beschließt zu schweigen. Da blickt sie ihn plötzlich mit ihren großen blauen Augen neugierig an, und er muß sagen, was ihm auf der Seele liegt. Er hüstelt ein bißchen und quält sich.

»Ich möchte mal sagen, daß... äh... mein ganzes Leben so viel – äh, Schicksalhaftes enthält...« Halt, denkt er, nur keine Bekenntnisse! Sie schaut ihn groß an, sie mag ihn irgendwie, und sie hat ihm manchmal Fragen gestellt. Der Augenblick, als sie ihn zum ersten Mal im Materialaufzug ansah, zählt zu seinen glücklichsten des letzten Jahres.

»Schicksalhaftes«, wiederholt sie andächtig.

Mit Rührung verfolgt er die Wirkung seines Wortes.

Jetzt muß er weitersprechen.

»... so viel Schicksalhaftes, daß mich manchmal Bedenken ergreifen, aus dem so mühevoll Geordneten könne noch einmal etwas hervorbrechen, das... wie bei... Ich weiß nicht, kennen Sie vielleicht die *Marienbader Elegie?*«

Sie schweigt und saugt am Strohhalm.

»...Goethe?« hilft er behutsam nach.

Gisa saugt und schüttelt den Kopf, schaut ihn aber immer noch aufmerksam an.

»Es geht darin um die Bewältigung der späten Leidenschaft des fast Achtzigjährigen für die junge Ulrike von Levetzow«, spricht Töpfer mild. »Goethe ließ sich damals sogar von einem Medicus auf seine Ehetauglichkeit hin untersuchen...« Er überlegt lächelnd, warum er das eigentlich sagen mußte.

Gisa hat den Trompeter Harry erblickt und beobachtet ihn gebannt. Es ist, als stünde sie plötzlich unter Strom, und Töpfer merkt es und kann doch nicht anders, als weiterzusprechen.

»Ich selbst bin immer wieder Anfechtungen ausgesetzt gewesen«, sagt er unwillig, »zuletzt während meiner Arbeit an *Rheinpromenade* vor zwei Jahren... Haben Sie das übrigens gesehen?«

Gisa schüttelt den Kopf: »War ich noch gar nicht da.«

»Nun, äh, jedenfalls war es eine gewisse Versuchung, die da in Person meiner Partnerin – an mich herangetragen wurde... ein talentiertes Mädchen übrigens, hat jedoch leider in der Zwischenzeit menschlich sehr verloren. – Wie dem auch sei, ich hatte immer ein ausgeprägtes Gewissen und habe mir in... äh... dieser Hinsicht nichts vorzuwerfen.«

Gisa hat nur noch Augen für Harry. »Bitte entschuldigen Sie mich – ich muß zur Probe...« Sie springt auf, die Bandagen schleifen hinter ihr her.

In gänzlich verändertem Tonfall spricht Siegfried Töpfer zur Bratschistin Lülü, die sich mit einem Butterbrot an seinen Tisch gesetzt hat: »Ohne Frauen gäbe es keinen Krieg.«

Lülü verschluckt sich. »Wie bitte?«

»Ja – denn«, spricht er düster, »weshalb haben wohl die Männer zu allen Zeiten Krieg geführt, wenn nicht wegen der Frauen?«

»Wir haben euch weiß Gott nicht darum gebeten.«

»Haben Sie je etwas Eitleres gesehen als einen Mann?« hadert Töpfer. »Sie lächeln? Nein, ich stimme Ihnen nicht zu. Vanitas im ursprünglichen Sinne des Wortes ist nur dem Manne eigen. Der Putz der Frau dient ja im Grunde nur der Fortpflanzung und ist daher nicht eigentlich leer.«

Lülü schweigt verblüfft.

»Sie sehen, mit etwas Dialektik geht alles.« Töpfer erhebt sich und geht gebückt, aber würdevoll hinaus.

Ein paar Worte über Peggy

Peggy verläßt Neustadt. Eigentlich hätte sie hier noch *Fidelio* singen sollen, aber nach ihrem Triumph als Isolde bekam sie ein so gutes Angebot aus Hamburg, daß sie sich aus dem Neustädter Vertrag freikaufen konnte.

An diesem Abend hat sie ihre letzte Repertoirevorstellung *Tristan* gesungen. Sie hat sich abgeschminkt, in der Garderobe geduscht und mit ihren Fans eine Flasche Sekt getrunken; jetzt sitzt sie allein in ihrem Wohnmobil auf dem Theaterparkplatz und versucht, zur Ruhe zu kommen.

Wie sieht diese Ruhe aus?

Peggy ahnt, daß sie vom größten Teil des Neustädter Ensembles gehaßt wird. Sie ahnt es schon deswegen, weil jeder dem anderen die Gefühle unterstellt, die ihn selbst beherrschen.

Aber sie hat auch objektive Gründe.

Die männlichen Kollegen fürchten Peggys Zorn und ihren Einfluß auf den GMD. Die weiblichen Kollegen sehen sie als Über-Konkurrenz, als eine, die einfach dank ihrer lauten Stimme so viel Effekt macht, daß überall nur von ihr geredet wird; ganz abgesehen davon, daß sie für dieses Gebrüll die vierfache Gage bekommt.

Man verteidigt seine Selbstachtung, indem man Peggy schmäht. Die musikalischeren Sängerinnen werfen ihr mangelnde Musikalität vor, die schöneren Grobheit, die sentimentalen Gefühlskälte. Die meisten hätten Peggy jeden Reinfall gegönnt; nun aber ist etwas eingetreten, das alle unterwirft, und das ist der Erfolg. Erfolg läßt sich nicht berechnen, Erfolg ist auch Glückssache. Je willkürlicher er auftritt, desto größer ist seine Magie.

Auch das Publikum hätte, im Fall ihres Versagens, Peggy gestraft. Verehrung und Rachsucht sind die beiden Seiten derselben Medaille. Jeder weiß das, und wer diese fatale Veranlagung der Menschheit scheut, bleibe im Hintergrund. Peggy scheut sie nicht. Sie hat den Kampf aufgenommen und gesiegt, sie hat alles riskiert und alles gewonnen, und nebenbei hat sie noch Tausende von Menschen glücklich gemacht.

Vielleicht schon Zehntausende? überlegt sie. Wer noch kann so etwas von sich behaupten? Und das ist erst der Anfang!

Aber als Peggy mit diesen Gedanken zwischen lauter Blumensträußen in ihrem Wohnmobil sitzt, einen Schal um den müden Hals, vor sich eine Tasse Kamillentee, überfällt sie Einsamkeit. Durch die dünnen Wände des Wagens lauscht sie den startenden Autos. Es regnet stark, das Wasser zischt leise unter den Reifen. Alle fahren vorsichtig. Langsam rutschen die Orchestermusiker, Chorsänger, Bühnenarbeiter über laubbedeckte Alleen nach Hause zu ihren Familien. Nur auf Peggy wartet niemand.

Wie schlimm ist das? überlegt Peggy.

Manchmal ist es ziemlich schlimm.

Ob sie sich einen Hund anschaffen soll?

Sie versucht, sich an ein paar Hunde zu erinnern, die sie bei Kollegen kennengelernt hat. An Giacomo etwa, den Zwergterrier der Mailänder Primadonna Marelli. »Giacomo wie Aragall?« hatte Peggy gefragt. – »*No! Come Puccini!*« hatte sich Marelli entrüstet. Der Terrier Giacomo war schrill und infantil. In Marellis Badezimmer war man über seine Spielzeuge gestolpert, er hatte mehr davon als jedes Kind. Er hat schamlos das schlechte Gewissen der Marelli ausgenutzt, unterstellt Peggy. Nein, einen berechnenden kleinen Hund kann sie nicht brauchen, sie will einen großen, andächtigen. Nicht zu groß natürlich, denn sie muß ihn in einem tragbaren Plastikcontainer in Flugzeuge mitnehmen können.

Was für einer war noch mal Erich gewesen?

Erich war der Lebensgefährte der Sängerin Soja Szerenyi. Mit Soja hatte Peggy die Garderobe in Freiburg geteilt. Soja hatte eine abwechslungsreiche Karriere zwischen Budapest, Hamburg und Paris hinter sich und war jetzt über Siebzig, aber noch sehr gut in Schuß: schlank, geliftet, intensiv. Sie hatte Peggy immer schmachtend angelacht, mit schiefgelegtem Kopf und weit offenem Mund – so lacht sie jeden erfolgreichen Menschen an. Eigentlich lacht sie den Erfolg an, und der Erfolg – wie grausam, sprunghaft, herablassend auch immer – bleibt ihr treu. Soja ist dreiundsiebzig. »In meinem Alter von dreiundsechzig«, sagt sie kokett, und niemand rechnet nach. Peggy verstand sich mit Soja sofort. Sie profitierte von Sojas Beziehungen und protegierte Soja dafür.

Meistens redete Soja von Gastspielen und Erfolgen, aber ab und zu hat sie auch von ihrem Erich erzählt. Was sie unternommen hatten, wo sie spazieren waren. Abends nach der Vorstellung freute sie sich auf ihn: »Ich möchte meinen Erich nicht so lange warten lassen.«

Dann wurde Erich krank. Sie waren mit Blaulicht ins Krankenhaus gefahren, und als er entlassen wurde, mußte sie ihm zwei Wochen lang Diät kochen. »Jetzt, Gott sei Dank, ist er wieder obenauf.«

Erich, stellte sich heraus, war ein Cockerspaniel.

Cockerspaniel, nickt Peggy. Cockerspaniels gelten als gemütvoll, treu und sehr still. Das ist das richtige. Und heißen soll er *Richard*. Wie Wagner. Und Strauss...

Gäste
─────

An Peggys Statt wird für *Fidelio* die Sängerin Saskia Merlin engagiert. Außerdem holt man, da der Haus-Tenor Karl an einem Zeckenstich laboriert, den Schotten Charlton Potter als Florestan, und für die Rolle des Pizarro Arrigo Leipzig, der im Elsaß lebt. Drei Gäste für eine Produktion: Das leistet man sich, weil *Fidelio* ein Chef-Stück ist. Der GMD selbst studiert es ein.

Saskia Merlin ist als Kind mit ihren Eltern aus Rumänien gekommen; ursprünglich hieß sie Cäcilie Meier. Sie ist mittelgroß und schlank, bewegt sich schnell, dreht ihr kräftiges blondes Haar zu einem Zopf und hat Grübchen. Mit den hervortretenden blauen Augen, der leichten Knollennase und den roten Bäckchen hat sie auf den ersten Blick etwas Koboldhaftes, das rasch dem Eindruck von Charme und Vitalität weicht. Eine jugendliche, leuchtende Stimme; kraftvolles, instinktives, nicht immer geschmackssicheres Spiel. Saskia existiert mehrfach. Sie träumt durchs Haus, zupft entrückt an ihrem groben Fidelio-Kittel, springt auf den Proben Pizarro an die Gurgel, umklammert Florestans Beine, schüttet sich aus vor Lachen über einen derben Witz. Sie singt auch, wenn sie redet. *Eine richtige Künstlerin,* lautet die Sprachregelung im Haus. Alle sind verzaubert. Das halbe Ensemble ist in Saskia verliebt.

Charlton Potter, der schottische Tenor, wird neben ihr kaum zur Kenntnis genommen. Es macht ihm nichts aus; er vertraut auf andere Qualitäten. Er ist ein stattlicher Mann mit fuchsroten Locken über faltigen Schläfen. Ein ruhiger, intensiver Darsteller, musikalisch sicher; im Umgang zurückhaltend. Für Charlton interessiert sich nur die Inspizientin Andrea.

Für Arrigo Leipzig, den Darsteller des Pizarro, interessieren sich verschiedene Frauen. Arrigo hat ein rassiges bronzenes Gesicht mit edler Hakennase, schwarz gefärbtem Haar und einem sorgfältig gestutzten Kinnbart. Eine unerhört erotische Stimme: locker, kraftvolldunkel, glitzerndes Vibrato, sehr ausdrucksvoll. Arrigos erster Auftritt – zu einer musikalischen Ensembleprobe – geschieht in schwarzer Lederhose, schwarzem Seidenhemd, goldorange gemusterter Batik-Krawatte. Am behaarten Handgelenk, unter dem weichen Ärmel hervor, schimmert die goldene Uhr. Weiter: Armani-Brille, Siegelring, Krokodillederschuhe. Er steht selbstversunken abseits, ein kompakter Mann und melancholischer Narziß, läßt ein paarmal die Stimme aufdröhnen wie ein potentes Motorrad und verläßt den Ensembleprobenraum schließlich ohne Blickkontakt zu irgend jemand, mit gemurmeltem Gruß. Die Frauen stürzen ihm hinterher. Er schreitet mit steifem Rücken und erhobenem Kinn über das Linoleum des Ganges im dritten Stock zum Lift.

Dort holen sie ihn ein.

»Hast du 'ne Rückenverletzung?« fragt Saskia.

»In der Tat.« Er spricht leicht gestützt, mit gerolltem R. »Das ist aus meiner Zeit als Leistungssportler.« Ein exotischer, etwas geleierter Tonfall, den er später als tirolerisch deklarieren wird.

Babs sagt erfürchtig: »Oh.«

»Gewichtheben?« fragt Saskia.

»Radrennen. Ich war im Nachwuchskader der italienischen Nationalmannschaft.« Der Lift sinkt knirschend in die Tiefe.

»Und da bist du auf den Rücken gefallen?«

»Nein. Das kommt vom Ringen. Ich war oberitalienischer Ringermeister im«, er hüstelt, »-damals noch – Weltergewicht.« Er stellt das rechte Bein vor und spannt die Muskeln an, unter dem Leder erkennen die Frauen ergriffen die Umrisse des Quadrizeps.

»Schluckst du Anabolika?« fragt Saskia, als sie den Lift verlassen.

Er lacht mit klingendem Baß, ein bißchen drohend, ein bißchen fröhlich. »Sieht man mir das an?«

Jetzt ist er auf dem Weg in die Kantine, Saskia folgt ihm auf dem Fuß. »Und das Bärtchen? Die gefärbten Haare? Die albernen Schuhe?«

»Das«, spricht er über die Schulter, »kommt davon, daß ich zu oft Scarpia gesungen habe. Eines Morgens, als ich mich rasiere, sehe ich im Spiegel Scarpia statt meiner. Die Rolle ist an mir festgewachsen. Jetzt werde ich sie nicht mehr los.«

Er biegt in die Kantine ein, vorbei am wie immer daddelnden Sohn der Wirtin, die hinter der Theke steht mit wie immer sorgenvollem Gesicht, und spricht klangvoll: »Bitte ein Glas Milch.«

Refrain

Jan durchleidet inzwischen alle Korrepetitorenqualen. Das pädagogische Hacken am Klavier, das plärrende Singen, das Töne-Einklopfen. Nach den ersten Ensembleproben mit dem GMD kriegt er Atembeschwerden, ihm ist buchstäblich übel vor Haß.
Warum?
»Das spastische Gefuchtel. Die zynischen Sprüche. Die Dreistigkeit«, erklärt Jan seiner Leidensgefährtin Babs. Der GMD fühlt nichts und will deswegen den Künstlern Gefühle verbieten; er läßt niemanden blühen und atmen, sondern zwingt allen sein Tempo auf. Dieses Tempo ist unmusikalisch und geistlos, es ist keiner Idee und keinem Werkverständnis verpflichtet; sein einziger Sinn ist, daß niemand es erfühlen kann und deswegen alle gezwungen sind, panisch auf den GMD zu starren.
»Ich bin ein Tempofetischist«, behauptet der GMD mit Haifisch-Lächeln.
Ja was für ein Tempofetischist bist du denn, wenn du jedesmal ein anderes Tempo spielst? knirscht Jan. Man kann ein saukalter Musikbeamter sein oder ein aalglatter Blender, der auf Nummer Sicher dirigiert. Aber man braucht einfach ein ganz sicheres Tempobewußtsein, das ist die Grundlage. Beetz hat das nicht, und das ist sein Politikum. Der nackte Provinzkaiser proklamiert seinen Tempofetischismus als Herrschermantel. Arthur Beetz heißt der GMD, und Jan hat zwei Bonmots in Umlauf gebracht: »Bei Arthur Beetz reihern Sie in den ersten Sitzen!« und: »Gib Beetz keine Chance!« Aber niemand außer den Gästen hat gelacht. Alle unterwerfen sich.

Schlimm ist auch, daß Jan ein Gesprächspartner fehlt. Babs ist für musikalische Themen ungeeignet, außerdem derzeit stark abgelenkt. Sie hat ja noch ihren Trompeter Harry, obwohl sie manchmal klagt, daß dessen geistige Talente seinen körperlichen nicht entsprächen. Harry, fügt sie errötend hinzu, sei dazu da, Frauen glücklich zu machen: eine nützliche und ehrenwerte Aufgabe (Jan vermerkt, daß sie *Frauen gesagt* hat). Und überhaupt, fährt Babs fort, ist Glück nicht besser als Gespräch? Ein Gespräch macht nicht glücklich, es tröstet nur. Zwar fordert das Leben in der Tat öfter Trost, als es Glück bietet, aber lohnt es sich nicht gerade darum, Glück auszukosten? Jan spürt den übertrieben forschen Ton und hätte beinah gesagt: zu viel Pedal! Etwas weniger al fresco, ich würde gern die Sechzehntel hören!

Andererseits: Interessiert er sich überhaupt für Babs' Sechzehntel? Er weiß ja, worum es geht. Er winkt ab und läßt Babs ziehen. Recht hat sie, denkt er. Ich würde ja auch gern. Statt dessen sinkt er wieder auf seinen Klavierschemel im Korrepetitorenzimmer und klimpert verzagte Modulationen.

Babs hatte ihm noch wie zur Beruhigung eine Banalität hingeworfen: »Er weiß es halt nicht besser!« (Sie meinte den GMD Beetz.) ›Nein!‹ ruft lautlos der zurückgebliebene Jan, die Fäuste auf der Partitur. ›Der ahnt, was ihm fehlt, und agiert, um uns zu täuschen! Er will die Kunst unter seinen Willen zwingen, aber die Kunst läßt sich nicht zwingen. Willkür schafft keine Kunst. Kunst ist Essenz des Lebens, wer das Leben nicht empfindet, kann es nicht gestalten. Verleugnung der Empfindung ist obszön!‹ brüllt Jan im stillen und schlägt den Klavierdeckel zu.

Vom Kirchturm läutet es zwei. Ihm fällt ein, daß er zu Haus nichts mehr zum Essen hat. Gestern nach der Vorstellung fand er das letzte Stück Käse in seinem Eisschrank verschimmelt, das gab ihm den Rest.

Drei Minuten vom Theater entfernt befindet sich ein Penny-Markt. Es ist eine Schande, denkt Jan auf dem Weg dorthin. Täglich sieht er das wunderbare Meisterwerk *Fidelio* von einem Seelenkrüppel exekutiert. »Anmaßung!« hätte er beinah dem Pförtner zugerufen. In den Händen des GMD wird Beethovens berühmtes Pathos zur Parodie: hohl, gewaltsam, falsch. Was ist mit dieser *anderen Seite,* ohne die jene pathetische weniger wäre als eine – tönende Schelle? fällt ihm plötzlich ein. Er betritt den Penny-Markt. Während er im Sturmschritt durch die Gänge zieht und Schmelzkäse, Angebots-Schinken, Aufback-Brötchen, Honig und jede Menge Kekse, Schokolade und Bonbons in den Einkaufswagen schleudert, denkt er: *Herzlichkeit.* Er vergegenwärtigt sich die leeren Oktaven, die den zweiten Akt *Fidelio* einleiten, und es trifft ihn wie ein Schlag... Wie eine Stimmgabel vibriert seine Brust noch minutenlang nach.

Er liebt immer das Stück, an dem er gerade arbeitet, auch wenn er manchmal darüber spottet. Noch vor zwei Wochen hat er sich über Beethovens Abschluß-Schwierigkeiten lustig gemacht und seine geniale Art, damit fertig zu werden. Zum Beispiel bei dem fast abrupt endenden Quartett im ersten Akt. »Er war kein Melodiker, der gute Beethoven«, hat er gestern gesagt. »Er arbeitet mit Spannung. Man weiß nicht so genau, wie er's macht. Wenn etwas funktioniert, gibt's immer etwas, das über das Funktionale hinausgeht.«

Jetzt, im Penny-Markt, angestachelt von seinem Haß auf den GMD, wird Jan von Beethoven-Verehrung geradezu geschüttelt. In heiliger Empörung rammt er die Tiefkühltruhe. Diese Energie, denkt er. Die phantastische Spannung, die der erzeugt, indem er Gegensätze konzentriert: dramatische Logik und Empfindung, Unerbittlichkeit und Hingabe, äußerste formale Strenge und unirdisch entrückte Zartheit – dabei nirgens Verdunkelungen, keine Tricks. Beethoven schafft Visionen von höchster Klarheit, Geistigkeit und Glut. Wenn man's ohne Herz spielt, ist es Lärm, aber wenn man sich unterwirft mit Herz und Hirn, erlebt man das Höchste, was Musik bietet. Es zerreißt einen. Das Zittern, wenn man's geschafft hat. Die Erschöpfung. Der Jubel.

O GOTT, WELCH EIN AUGENBLICK!

Das Ensemble im Finale des zweiten Aktes – getragen, *gesteigerter Ausdruck* – treibt ihm die Tränen in die Augen.

Vor der Kasse stauen sich wie immer die Wagen. Jan greift hinter die Brillengläser, um sich die Tränen abzuwischen. Ein

Stück Pappe, das er wegen einer Druckstelle immer unter den rechten Brillenbügel klemmt, flattert zu Boden wie ein winziger Schmetterling. Er kniet nieder, um es zu suchen.

»Trudiii! Halloo!«

Eine geschulte Stimme etwas weiter hinten, offenbar die einer Schauspielerin. Ja. Sie gehört der Schauspielerin Ute. Ute ist fünfzig, eine gepflegte Frau und gute Künstlerin. Die andere Stimme, etwas rauh, etwas gequetscht, kennt er nicht.

»Du, ich muß dir was sagen«, flüstert Ute. »Wegen – also, die Liebesszene...« Schauspielerinnen beherrschen die Kunst, so zu flüstern, daß man es bis in den Rang hört. »Mit Heinz in diesem neuen Stück... also das ist wirklich rein beruflich.«

Niemand aus der Schlange kramt noch in seinem Einkaufswagen. Aufmerksamkeit vom Zuckerregal bis zur Kasse.

»Ist schon o.k.«, sagt Trudi, die andere Frau. »Er hat beim Abendessen davon erzählt. Auberginenpaste. Hast du das Rezept schon mal probiert?«

»Ach, es macht dir nichts aus?« Erleichterter Stoßseufzer. Ute ist eine delikate Frau, die sich immer Sorgen macht. »Da bin ich vielleicht froh! Ich dachte, vor der Premiere muß ich's dir noch beibringen, damit du nicht vom Stuhl fällst.«

»Wegen 'ner Ehebruch-Szene? Sowas spielt er doch seit dreißig Jahren!« lacht die rauhe Stimme.

»Na ja, die Inszenierungen werden deutlicher«, windet sich Ute. »Es ist – du wirst ja sehen – eine reine Stöhn-Szene geworden. Aber ich empfinde wirklich überhaupt nichts dabei!«

Jan, in seiner Ohnmacht, skandiert lautlos Pizarros Worte aus dem Allegro-Quartett im zweiten Akt:

GETEILT
HAST DU,
GETEILT HAST DU MIT IHM DAS LEBEN,
SO TEI-
LE NUN,
SO TEILE NUN DEN TOD MIT IHM, DEN TOD

MIT IHM!

(Erschrocken wirft er noch eine Schachtel Dr. Fromm's in den Wagen; für den Fall, daß plötzlich John vor der Tür steht, oder so.)

Beethoven, fällt Jan ein, Beethoven mit seiner eisernen Disziplin und seinem unerhörten Mut nannte die Huren, zu denen er ging, »Festungen«. Die *Fidelio*-Fanfare zuckt wie ein kleines Tier in Jans Brust: ein kleines Gespenst des Gewissens, sprühend von Hoffnung.

Beethovens Musik, denkt Jan, als er hastig seine Einkäufe vom Fließband klaubt, ist das Maximum dessen, was man dem kurzen, peinlichen Taumel unseres Lebens abringen kann an Bedeutung und Würde.

Was Saskia erzählt
───────────────

Beethoven? Warum denn nicht?« fragt Saskia. »Weil's so sauschwer ist«, meint Kicki, die Soubrette.

»Wieso? Wenn man die Stimme dafür hat?«

»Ja, aber hat man sie?« fragt Kicki zweifelnd.

Das ist natürlich eine Provokation.

Saskia läßt sich nichts anmerken. Die Kolleginnen, die wissen, daß das ihre erste Leonore ist, hocken bei Bühnenproben in der letzten Reihe und lauern auf Fehler. Saskia hat eine tragende, leuchtende, manchmal etwas süße Stimme, aber keine Röhre. Wie will sie durch die Arie kommen (zwei Oktaven mit Koloratur, schwieriger Adagio-Teil)? Und wird sie die notwendige dramatische Gewalt haben für das *Töt' erst sein Weib!* – diesen ungeheuren Empörungsschrei aus hohem Tempo heraus in die Orchesterpause hinein? Bisher hat sie an der Stelle immer markiert.

Saskia also läßt sich von den Kolleginnen nicht in die Karten blicken. Natürlich findet sie, daß *old Beethoven* ziemlich rücksichtslos mit den Gesangsstimmen umgegangen sei, aber warum soll sie's nicht probieren, wenn ihr die Partie sozusagen nachgeschmissen wurde?

Saskia ist nämlich fast immer alles zugeflogen. Sogar die Stimme. Sogar die Musik.

Sie habe ihre Karriere als Schauspielerin begonnen, erzählt Saskia. Doch, Gesang habe sie schon interessiert, aber für die jahrelange Ausbildung fehlten ihr Geduld und Geld. Für die Schauspielschule übrigens auch. Sie habe einfach nach dem Abitur beim Theater ihrer Stadt vorgesprochen, das war's. Natürlich bekam sie zunächst nur kleine Rollen, aber in großen Produktionen. Sie durfte sogar mit auf Gastspiele, weil der Intendant hinter ihr her war. »Dornbusch aus Hannover«, präzisiert sie. »Sicher kennt ihr den. Kein Draufgänger, eher 'ne Flasche. Aber auch 'ne Flasche will eben manchmal hinlangen. Während des Gastspiels wedelte er um mich herum, und einmal ging er mit mir im Park spazieren. Unter einer Trauerweide wurde er deutlich. Heikle Situation, ich war doch erst neunzehn! Und wollte ihn nicht beleidigen, ich stotterte also, ich liebte einen anderen – ich dachte, das sagt man so. Da wurde er wieder undeutlich und brachte mich zurück ins Hotel. Beim nächsten Termin erhielt ich die Kündigung. Ich müsse mich wohl erst in der Provinz freispielen, meinte er.«

»Und wie bist du zum Gesang gekommen?«

»Ein Opernkollege hatte gehört, wie ich vor mich hin sang – es war ein Dreispartenhaus. Der Kollege hat mich drei Jahre lang gratis unterrichtet, wirklich sehr nett. Ich bin gar nicht erst in die Provinz gegangen.«

Als Sängerin hatte Saskia sofort Erfolg. Sie kam nicht mal dazu, eine Partien-Wunschliste anzulegen. Eine tolle Aufgabe folgte der anderen. Saskia war talentiert und fleißig, sie war intensiv. Nach dem, was sie schon alles gesungen hat, muß sie mindestens vierzig sein, obwohl sie sagt, sie sei fünfunddreißig. Später stellt sich heraus, sie ist vierzig, aber was bedeutet das bei dieser umwerfenden Jugendlichkeit?

Auch hier hat Saskia eben Glück. Sie weiß das und freut

sich darüber. Sie freut sich an allem. »Wagner? Na klar, hab ich gesungen. Gerhilde aus der *Walküre* und Wellgunde aus *Rheingold*. Auf die Hauptrollen war ich bereit zu verzichten, als plötzlich ein Angebot aus Neapel kam – Isabella im *Liebesverbot*. Kennst du das?«

»Nee«, meint Kicki. »Bißchen langweilig, oder?«

»Todlangweilig. Neun Vorstellungen hab ich abgerissen, zusammen mit Arne Schumm. Allein die Isabella hat über eine Stunde zu singen, massenhaft hohe C's. Wir sangen's auf deutsch, die Italiener lasen die Übersetzung auf einem Spruchband mit und konnten nicht fassen, wie öd das war. Wir selbst konnten's kaum fassen. Um uns wach zu halten, sangen wir einander Zoten zu: *das Klo von Isabella*, statt *das Kloster von Isabella, er steht mir*, statt *es steht hier* und so. Na ja, wir hatten unseren Spaß. Arne Schumm ist wirklich ein unsägliches Schwein, einfach köstlich, er hat mich gerettet. Inzwischen stellte sich leider heraus, daß jemand alle Vorstellungen mitgeschnitten hat. Demnächst erscheint die CD.«

Zweifel

Entschuldige bitte, Laurent, aber von Beethoven hab ich im Augenblick die Nase voll. Ewig und drei Tage Beethoven, ich kann nicht mehr. Alex, Sonntag, der 13. Oktober, elf Uhr dreißig.« Das ist die erste von drei Nachrichten auf dem Anrufbeantworter von Laurent, dem Konzertmeister. Die zweite Nachricht lautet: »Ich meine natürlich den 13. September, nicht den 13. Oktober. Elf Uhr zweiunddreißig. Dies ist eine Absage.«

Die dritte Nachricht lautet: »Nochmal Alex. Man könnte ja schließlich auch mal Haydn spielen. Hundertvier Streichquartette hat der geschrieben, und von den letzten fünfzig ist jedes einzelne ein Meisterwerk. Aber, ach was. Hat auch keinen Zweck. Nein, lassen wir's.«

Laurent hatte, ebenfalls über Anrufautomat, bei Alex angefragt, ob man nicht doch noch mal einen Quartettversuch starten solle. Es hat ihn ziemliche Überwindung gekostet. Und nun das.

Laurent vermißt sein Quartett. Er ist zu vernünftig, um zu sagen, er vermisse es entsetzlich, aber er vermißt es entsetzlich. Gerade war ein miserables Sinfoniekonzert, und Laurent fragt sich, was er eigentlich hier mache. Er übt nur noch das Nötigste, und in der freien Zeit, die er auf einmal hat, denkt er nach. Das ist das Entsetzlichste.

Sein Beruf besteht darin, mit äußerster Präzision, um nicht zu sagen Pedanterie, ein Höchstmaß an Gefühl zu erzeugen. (Denn Musik *ist* für ihn höchstes Gefühl, erhabener und intensiver als alle breiten, vagen und unsauberen Gefühle des Alltagslebens. Das macht ihren Adel aus und ihre Verlockung. Das macht aber auch ihre Verpflichtung aus.) Wenn man mit aller professionellen Präzision kein Gefühl mehr erzeugt, ist die Balance empfindlich gestört. Und das ist Laurents Situation als Konzertmeister in Neustadt am Rhein. Er hat es bisher nur nicht mit dieser Schärfe empfunden, weil er noch sein Quartett hatte, mit dem er, trotz allem, schöpferisch war.

Jetzt macht er sich Gedanken über seinen *gnadenlosen* Beruf und sein *gnadenloses* Leben. Wenn er die Zeitung liest (manchmal), stellt er sich Fragen über die Rolle der Musik in einer perversen Welt. Wie kann man musizieren – Zweiunddreißigstel umdrehen, hatte seine Frau es genannt –, während in Algerien und so weiter? Oder muß man vielleicht gerade deswegen musizieren? Die Musik als Behauptung der Menschlichkeit gegen den Wahnsinn der Welt? Gut; aber wem nützt diese Behauptung? Der Musiker als Sachwalter des Edlen und Schönen? Gut; aber wie verwaltet er es, und um welchen Preis? Hat nicht Laurent selbst, als Verfechter der reinen Kunst, alle verstört und erniedrigt, die auf ihn angewiesen waren? Ist er, der Verächter aller Perversionen, nicht in einer durch und durch perversen Lage? War er es nicht von Anfang an? Der Eitelkeit eines Bankiers

und der Verantwortungslosigkeit einer Musikstudentin verdankt er seine Existenz. Dafür kann er noch nichts. Aber wieso hat er sich nicht mal mit Hilfe der Musik daraus befreien können? Oder hat ihn erst die Musik zu dem, was er ist, gemacht?
Was ist überhaupt Menschlichkeit?
Und so weiter.
Es ist eine wahrhaftige Krise.
Aber eines Abends fragt ihn der Geiger Adrian, ob sie nicht miteinander ein Streichquartett gründen sollen, und alles ist wieder gut.

Lauter Zufälle

Adrian, der aus Bukarest stammt, wurde vorletztes Jahr beinahe zufällig nach Neustadt engagiert. Er hatte einen Vorspieltermin und diesen so gut wie verpaßt, da er mit seinem dreizehn Jahre alten Lada aus Rumänien anreisen mußte. Auf der Reise riß zuerst ein Keilriemen, dann platzte der linke Hinterreifen, dann hielten ihn Wegelagerer an. Endlich in Deutschland, wurde Adrian dreimal von Zollkontrolleuren nach Zigaretten gefilzt, und beim dritten Mal hielt ein Polizist die in einen Kartoffelsack gewickelte Violine für Schmuggelgut und nahm Adrian samt seiner Violine fest. Da die Wegelagerer ihm die letzte Mark abgenommen hatten, konnte er sich nicht in Neustadt abmelden. Die Reise dauerte fünf statt drei Tage, und Adrian kam mit dem letzten Tropfen Benzin fünf Stunden zu spät in Neustadt an.

Die Neustädter aber hatten den Vorspieltermin für die Geigenvakanz verschoben, weil sich für das am gleichen Tag vorgesehene Solocello-Vorspiel so viele interessante Bewerber gemeldet hatten. Mit anderen Worten: Das Orchester war da, ein Vorspiel fand statt, aber keins für Tuttigeiger; Adrian war also umsonst gekommen.

Die Cello-Ausscheidung wurde ein Marathon. Zwei Drittel des Orchesters hörten genau zu; sie hatten in einem erbitterten Kampf dem GMD die Entscheidung abgerungen und wollten keinen Fehler machen. Orchestermusiker sind im Gegensatz zu Solisten nur schwer zu kündigen. Viele bleiben bis zu ihrem Lebensende im selben Haus, das heißt, sie sitzen jahrelang miteinander im selben Graben. Deswegen sind Orchestervorspiele langwierig. Es gibt drei Vorspieldurchgänge: ein Pflichtstück, das die formale, klangliche und rhythmische Disziplin des Bewerbers zeigen soll (in dem Fall Haydn D-Dur); dann ein Wahlstück, in dem die Bewerber ihre Virtuosität und Gestaltungskraft demonstrieren (meistens ein romantisches Konzert), zuletzt Orchesterstellen. Bei allen Durchläufen ersetzt ein Pianist (Jan) das Orchester, während die Kollegen angestrengt lauschend im Zuschauerraum sitzen.

Bei diesem Vorspiel hatte man nach dem Pflichtstück vier, nach dem Wahlstück drei weitere Bewerber heimgeschickt. Zwischen den beiden übriggebliebenen Cellisten wurde es ein Kopf-an-Kopf-Rennen.

Der eine war jung und hatte einen schönen, frischen Ton, war aber in den schnellen Läufen intonatorisch etwas großzügig. Der andere war älter, solider, artistischer, sein Ton groß und markant, allerdings etwas gebolzt; ein Cello wie ein Lastwagen. Im Orchester waren sie sich nicht einig. Zuerst schien der Ältere vorn zu liegen, denn sie kannten ihn, er hatte hier studiert und schon öfters in Konzerten ausgeholfen. Andererseits fanden sie jetzt, da sie ihm so lange und kritisch zuhörten, daß ihm das persönliche Timbre fehle: die Nuancen, das Unfaßbare, das Lebendige, das, was Kunst eigentlich ausmacht.

Orchesterstellen vorspielen bedeutet enorme Anspannung. Es geht um die exponiertesten Takte aus Werken verschiedener Epochen, Passagen, auf die man sich sonst einen Abend lang vorbereitet, aber hier folgt eine auf die andere. Beide Konkurrenten hatten Nerven wie Drahtseile, sie machten kaum Fehler, aber sie wurden immer blasser. Ihre Erregung übertrug sich auf das Orchester. Jan, der die Konzerte am

Flügel begleitete, verspielte sich mehrfach mit der rechten Hand, und da bekam das ohnehin nervöse und trotzige Orchester eine Wut auf ihn, denn wenn einer von ihnen dreimal dieselbe Stelle schmeißt, wird er vom GMD zu Hackfleisch gemacht. Laurent mußte daran denken, daß Jan auch als Dirigent nicht immer genau ist: in Bedrängnis kann man bei ihm manchmal die Eins nicht von der Drei unterscheiden, und Laurent, der das dann ausbügeln muß, riß sich vor Erregung mit dem Kamm ein Büschel Haare aus. Inzwischen saß das Orchester die dritte Stunde im Zuschauerraum, teils apathisch, teils kämpferisch, teils ratlos und gepeinigt, und dann ging der GMD ungeduldig nach Hause mit dem Votum, er ziehe den älteren der beiden Kandidaten vor, worauf sie eine solche Wut auf diesen, eben den Lastwagen, bekamen, daß sie ihn – nun, nicht gerade mit Schimpf und Schande davonjagten, aber doch beschlossen, nichts mehr von ihm wissen zu wollen und ihn auch nie mehr als Aushilfe zu holen, ja sie konnten ihn kaum noch sehen.

In diesem Augenblick meldete der Orchesterwart, daß der rumänische Bewerber für die Tuttigeigerstelle eingetroffen sei. Sie winkten hysterisch ab, und da trat Adrian auf die Bühne: stämmig, bärbeißig, mit gesträubtem Nußknackerbart, nach Benzin riechend, und forderte sein Vorspiel.

Er sprach kein Deutsch, aber der aus Siebenbürgen stammende Posaunist übersetzte dem Orchester die ganze Misere.

Laurent ließ ausrichten: Das Vorspiel sei abgesagt worden, man werde ihm einen anderen Termin geben, Adrian tue sich keinen Gefallen, wenn er in diesem Zustand spiele.

Adrian aber wollte spielen. Er habe die Absage nicht bekommen. Vielleicht war der Brief zu lang unterwegs gewesen, oder sie hätten ihn abzuschicken vergessen. Jedenfalls habe er die Tortur dieser Reise nicht gemacht, um ohne Vorspiel wieder nach Hause zu fahren.

Der Orchestervorstand zog sich zu einer Beratungspause in die Kantine zurück. Die Inspizientin Andrea brachte Adrian Butterbrote und Kaffee, dann lief sie zum Bühnenmeister

Halm, um zu fragen, ob überhaupt noch für ein Vorspiel Zeit sei; denn die beantragten vier Stunden waren abgelaufen. Die Bühne war an diesem Abend nicht belegt, aber es war denkbar, daß der Bühnenmeister Halm, der keine Überstunden mehr machen durfte, nach Hause wollte.

Der Bühnenmeister Halm saß betrunken in seinem Büro. Er ist der ältere von den beiden Meistern, nicht so flexibel und zynisch wie Herrlich, dafür zuverlässiger. Seine Zuverlässigkeit belastet ihn, und manchmal, wenn wirklich gar nichts passieren kann, leistet er es sich, mit Hilfe einer Flasche Schnaps unter der Last seiner Verantwortung zusammenzubrechen. Halm saß also im Bühnenmeisterbüro über den Plänen des nächsten Bühnenbildes, das er technisch fürs Neustädter Große Haus einrichten sollte, wie immer nach der Regel der fünffachen Sicherheit. Fünffache Sicherheit bedeutet: Wenn im Stück eine Person über ein Brückchen geht, muß Halm das Brückchen so bauen, daß es fünf Personen trägt. Sollte etwas passieren, ist allein Halm schuld. Das macht ihn fertig. Als Andrea an seiner Tür klopfte, brüllte er: »Wenn's sein muß!«

Andrea grinste ihn scheinheilig an. »Brauchst du noch ein bißchen Zeit?«

Da stand sie, die personifizierte fünffache Sicherheit, vor ihm, und er betrachtete sie mit blutunterlaufenen Augen und hätte am liebsten einen Hammer nach ihr geworfen.

»Pah!« lallte er.

Andrea kehrte zum Orchestervorstand zurück mit der Meldung: »Alles in Ordnung, ihr Lieben.«

Im Orchestervorstand hatten sich inzwischen, den Geiger Adrian betreffend, drei Positionen verfestigt:

1. Das fehlte noch, daß einer vom Balkan unser Reglement umwirft (der grimmige Kontrabassist Hans, überdies durch eine Entzündung des großen Zehs gereizt).

2. Das ist ja kein balkanesischer Cafehausgeiger, sondern – siehe Biografie – das erste Pult der Nationaloper Bukarest, und wenn er so gut ist wie mutig, haben sie sich ein ganzes

langes Tuttigeigervorspiel mit zehn Bewerbern erspart (Lülü, die warmherzige Bratsche).

3. Man kann versuchen, in der nächsten Woche einen Extra-Termin für ihn zu bekommen, dann haben wir ausgeruhte Ohren und er faire Bedingungen (Laurent).

Nächste Runde:

1. Übrigens glaube ich das mit dem Brief nicht. Vielleicht hatte er hier einen dubiosen Dienstauftrag – Autos stehlen oder Zigaretten schmuggeln – und schiebt das deshalb vor (Kontrabassist Hans).

2. Offenbar hat er überhaupt kein Geld. Wo soll er hier bis zum nächsten Vorspiel bleiben? (Lülü).

3. Wenn er zu gut ist, bleibt er nicht, dann war die ganze Mühe umsonst (Laurent).

Nachschlag:

Vielleicht stimmt nicht mal das mit dem ersten Pult? Und überhaupt, was bedeutet schon Bukarest? (Hans).

Atmosphärischer Liegeakkord zu diesem Prozeß, mit stetem *crescendo*, das schlechte Gewissen zumindest eines Teils des Orchesters, weil sie so schlecht mit dem älteren Cellisten umgesprungen waren. Wer in einem B-Haus eine solche Ausscheidung mit so viel Anstand bis zu dieser Stufe durchsteht, gehört schließlich zu den Besten. Zurück konnten sie nicht, aber sie verfluchten den Entscheidungsstreß. Lülü lachte: »Sowieso sind wir Entscheidungen nicht gewohnt, lieber schimpfen wir hinter unseren Pulten!« Ein Bedürfnis, Milde walten zu lassen, machte sich bemerkbar.

Andrea hatte Adrian inzwischen ein weiteres Kännchen Kaffee gebracht. »*Croyez-vouz, qu'on va m'écouter?*« fragte er. Sie verstand kein Französisch, hatte aber Sympathie für ihn und bedauerte, daß er einen Ehering trug. Mit Gesten schlug sie ihm vor anzufangen. Sie knipste das Rampenlicht an. Er stimmte seine Geige, präludierte. Und begann schließlich vor dem leeren Zuschauerraum zu spielen, allein. Partita E-Dur von Bach.

Andrea schaltete Bühnenmikros und Mithöranlage ein. In

der Kantine merkten sie auf. Laurent kam als erster in den dunklen Saal, blaß und kauend.

Bratsche und Cello

Adrian hat sich gut in Neustadt eingelebt. Er ist ein hervorragender Instrumentalist mit klarem, energischem Ton. Soeben hat er mit dem Stimmführer der zweiten Geigen, der »aus nervlichen Gründen« zurückgesetzt werden wollte, die Plätze getauscht: nach einem internen Vorspiel vom Orchester ohne Gegenstimme akzeptiert. Die neue Position bedeutet eine bessere Gage und größere Befriedigung. Aber das Quartettspiel vermisse er, sagt Adrian. In Rumänien hatte er ein Quartett. Die Nachricht, daß Laurent frei wurde, inspiriert ihn.

Ein neues Quartett? Laurent, insgeheim frohlockend, zieht jetzt alle Register professioneller Skepsis. Will Adrian denn überhaupt hier bleiben? Ja, sagt Adrian. Er hatte damals alles auf eine Karte gesetzt wegen irgendeiner Ausländerrechts-Sache. Er sei ausreichend froh, hier zu sein, brummt er. Seine Frau, die er inzwischen nachgeholt hat, habe in Neustadt Verwandte, deswegen habe er hergewollt. Inzwischen kann er sogar leidlich Deutsch.

Laurent ist von Adrian überzeugt. Adrian ist wach, konzentrationsfähig, phantasievoll, dabei ein intellektueller, sehr bewußter Interpret. Und – er liebt Beethoven. Das bekennt er fast grimmig. Laurents Herz macht einen Sprung.

Aber – Quartett? Wer wird Bratsche und Cello? Sie müssen künstlerisch den beiden Geigern entsprechen. Sie müssen zuverlässig sein. Ein neues Quartett bedeutet dreifache Arbeit. Drei Monate muß man intensiv üben, bis man an das erste Konzert denken darf. Und wenn einer abspringt, fangen die übrigen von vorne an.

»*Pour l'alto Erik?*« Laurent fängt an zu phantasieren. Der stellvertretende Solobratscher Erik, ein junger Däne, stand immer auf seiner Wunschliste, er hatte ihn nur nicht angesprochen, weil Erik erklärtermaßen nicht in Neustadt bleiben wollte. Sein Traum war ein Rundfunkorchester, aber soeben ist er zum dritten Mal beim Vorspiel gescheitert, er scheint zu resignieren. Seine Nerven sind schuld. Im ersten Satz des Pflichtstücks drückte er bei einem *crescendo zu* fest auf die Saite, der Ton wurde häßlich, und das Vibrato blockierte. Das war's. Jahrelange Arbeit, exzessives Training und eine so kurze Exekution: ein anonymes Vorspiel (beim Rundfunkorchester spielt man den ersten Durchgang hinter einem Vorhang), ein Aussetzer von vier Sekunden. Ein Orchesterwart, der sagte: »Die Nummern zwei bis vier, sechs und zehn können sich ihre Spesen abholen.« Abreise. Man bekommt nicht mal einen Kommentar. Aber vielleicht ist das gut so, denn wie hätte der ausfallen müssen? *Intonationsprobleme, kann sein Vibrato nicht kontrollieren?* Das wäre arg gewesen, zumal es das Eigentliche nicht trifft. Das Eigentliche lautet: Erik hat mit seinen achtundzwanzig Jahren bereits drei Kinder, darunter Zwillinge. Seine Frau schafft es nicht allein, und eine Woche vor dem Vorspiel wurden die Zwillinge krank. Eriks gelegentliche Nervenschwäche und seine kraftraubende Jungfamilie sind das Glück von Neustadt. Und von Adrian und Laurent.

Erik bringt seine Bratsche zum Klingen wie kein anderer im Orchester. Er phrasiert interessant, hat Kraft, eine gute Technik und Humor. Die scheinbar langweiligsten Begleitfiguren kann er mit Zärtlichkeit und Leben füllen. Seine neue Bratsche aus Dresden hat einen großen, satten, tragfähigen Ton ohne jedes Näseln. Nur wirkt sie noch wie ein Gesicht ohne Falten. Erik gebraucht alle Tricks, um ihr Persönlichkeit zu geben. Während Laurent und Adrian über Eriks Bratsche diskutieren, merken sie, daß die Entscheidung schon gefallen ist.

Fehlt das Cello. Der junge Solocellist ist ausreichend gefordert mit seinen Diensten, der Stellvertreter hat »keine Zeit« für Kammermusik.

»Astrid«, schlägt Adrian vor.

»Eine Frau?« fragt Laurent unwirsch.

Astrid ist in der Cellogruppe Stimmführerin: kultiviert, zurückhaltend, dabei durchaus persönlich. Solo-Aufgaben hat sie immer gut gemeistert. Solistische Langstreckenqualitäten? Wird man sehen müssen. Ausdauer jedenfalls hat sie. Laurent fällt ein, daß er sie einmal ein modernes Stück üben hörte. Eine schwierige Stelle von fünf Takten übte sie dreißigmal hintereinander, erst langsam, dann immer schneller, ruhig und zielstrebig: das fand er professionell. Temperament hat sie auch. Einmal wurde ihr in einem Konzert eine wunderbar begonnene Solophrase vom Dirigenten zerhackt, und als Erik ihr hinterher gratulieren wollte und noch nach Worten suchte, um Leistung und Malheur richtig zu bezeichnen, sagte sie laut: »Ja, Scheiße.« Ihr Cello hat einen starken Baß mit dunklem Klang, eher baritonal als tenoral, und sie spielt darauf mit äußerster Delikatesse. Astrids Bewegungen sind fließend. Laurent versteht sich musikalisch mit ihr, ihm gefällt, wie sie atmet. Persönlichen Kontakt haben sie nie gehabt. Künstlerisch kommt sie in Frage, räumt er ein. Aber wenn sie als einzige Frau jetzt alle durcheinanderbringt? Man kennt das.

Sie ist alt, beruhigt ihn Adrian in seiner direkten Art.

Astrid ist fünfundvierzig. Ältere Spieler gelten als weniger intensiv, weniger nervenstark, weniger motiviert als jüngere. Vielleicht sind sie nicht schlechter veranlagt, aber sie haben sich auf den falschen Feldern abgenutzt. Astrid zum Beispiel war einmal verheiratet und hat zwei Kinder großgezogen. Sie ist eine gepflegte Frau, aber sie hat auch etwas Wehmütiges, Resigniertes an sich, das Laurent gefällt. Zwei zarte Falten von der geraden, schmalen Nase zu den Mundwinkeln; feine, ausdrucksvolle Lippen. Ein distanzierter, etwas verschleierter Blick. Platinblond gefärbte Haare. Diskretes Makeup. Ein gutes Parfüm. Was heißt alt? Adrian meint: Sie ist zu alt, um uns durcheinanderzubringen. Aber sie ist eine gute Musikerin, genau die Richtige für uns.

Bald darauf sieht Laurent im Traum Astrid beim Cellospiel.

Astrid, um den braunen Körper ihres Cellos gewunden, mehr muß man dazu nicht sagen: Es sind die billigsten einschlägigen Phantasien über Frauen und Celli, und das ausgerechnet ihm, Laurent, der Astrid jahrelang kaum zur Kenntnis genommen hat; und vielleicht war es nicht einmal ein Traum. Laurent ist erschüttert.

Arrigo und Saskia

Auf der Bühne wird immer noch *Fidelio* geprobt. Die Kollegen haben festgestellt, daß Saskia sich immer mehr für Arrigo Leipzig, den Pizarro, erwärmt. Aber sie interessiert sich auch für Jans Korrepetitoren-Kollegen Detlev, und außerdem für Vigo Termann, den Regisseur.

Mit Arrigo hat sie während der Bühnenhandlung nur kurz zu tun, nämlich während des Quartetts im zweiten Akt, wenn Leonore sich dem Mörder Pizarro entgegenwirft. Saskia bittet also immerzu um Wiederholung dieser Sequenz und läßt sich ständig neue Manöver einfallen. Auch Arrigo ist ein starker Schauspieler von erlesen dämonischer Ausstrahlung. Er markiert natürlich, das heißt, er singt nicht aus, sondern deutet nur die Gesangslinie an, um die Stimme zu schonen; das muß er, sonst steht er sechs Wochen Bühnenproben nicht durch. Markieren ist eine Kunst für sich, denn es muß musikalisch und physisch stimmen. Nur sehr gute Sänger beherrschen diese Kombination aus hochtechnischem Singen und intensivem Ausdruck.

Arrigos souveränes Markieren macht Saskia rasend. Da Arrigo sich in der probenfreien Zeit absondert und niemand weiß, wo er zu finden ist, läßt sie auf der Bühne nicht von ihm ab. Im dramatischen Quartett im zweiten Akt geht sie ihm tatsächlich an die Gurgel.

ICH BIN SEIN WEIB, GESCHWOREN HAB ICH
IHM TROST, VERDERBEN DIR!

Arrigo packt sie an den Unterarmen und markiert im *piano* Pizarros *fortissimo*-Ausruf

WAHNSINNIGER!,

bevor er sie mit überhaupt nicht markierter Kraft quer über die Bühne schleudert. Das beteiligte Opernensemble genießt ab der vierten Probenwoche eine prickelnde Mischung aus *daily soap* und handfester Erotik. Alle sind stimuliert. Man schließt Wetten ab, ob Saskia es wohl schafft, und sieht sich nach Liebespartnern um. Saskia zeigt Babs beeindruckt ihre blauen Flecken, aber Arrigo weist die Urheberschaft zurück: »Die kenne ich, das sind Tenor-Flecken!«

Man weiß nichts über Arrigos Privatleben, außer daß er im Elsaß wohnt, wo er auch geboren wurde (sein schleppender Elsässer Akzent macht keinen geringen Teil seiner Exotik aus). Als er eine Woche frei bekommt, fragt Babs, wo man ihn im Fall der Fälle erreichen könne. »Ich hab 'n Hund, bei mir ist immer jemand zu Hause«, antwortet er sachlich.

»Meinst du, er ist schwul?« fragt Saskia Babs.

»Keine Ahnung. Da mußt du Jan fragen«, antwortet Babs.

Saskia fragt Jan. Jan ist bedenklich.

Arrigo strahlt abwechselnd effektvolle Düsternis und fröhliche Weltläufigkeit aus. Er konkurriert nicht: über keinen Kollegen hört man ihn je lästern. So italienisch geschmeidig er Pizarro singt, so akademisch urban gibt er in der Kantine jüdische Witze zum besten. Er stilisiert sich durch bis zur Lächerlichkeit. Nimmt er sich ernst? Einmal hört Babs ihn auf einem Weg durchs leere Foyer mit seinem herrlichen Bariton singen:

DAS ZEBARA AUS AFRIKA,
MAN KANN ES KAUM BEGREIFEN,
AM GUMMIBAUM, MAN GLAUBT ES KAUM,
RADIERT ES SEINE STREIFEN.

Saskia, immer noch nicht zum Zuge gekommen, fordert jetzt den Regisseur heraus. »Tu doch was!«
»Was soll ich tun?« fragt er.
»Eine entschiedenere Personenregie! Mach was aus dem!« Sie meint Arrigo. »Und mach was aus mir!«
Der Regisseur ist, ähnlich wie Helmut Glitter, ein ehemaliger Bühnenbildner. Aber im Unterschied zu Glitter entwirft er Bilder, die die Magie des Werkes stützen und deshalb von ihr profitieren; findet Babs, die ihn für einen »Zauberer« hält und, seit er da ist, auf »Wolke sieben« schwebt. Vigo Termann ist Mitte Fünfzig, ein seriöser Herr mit Anzug und Schnurrbart. Sein Konzept ist zwingend, und was er in der Regie an Organisation und Umsetzung nicht vermag, überläßt er Babs.
»Ich suche eine Form!« schmachtet Saskia. »Ich will von mir befreit werden! Die Regie soll mich über meine Grenzen hinausführen! Sonst bräuchte ich keine Regie!«
Einmal, in der Hitze des Gefechts, hängt sie plötzlich an Termanns Kragenrevers und ruft: »Quäle mich!«
»Ich? Aber warum denn?« fragt Termann verblüfft.
Seine steife, schnurrbartbewehrte Oberlippe zuckt. Dann lächelt er, er lächelt wirklich, ungläubig, aber vornehm und ohne Spott, und Babs bewundert ihn maßlos.

Andrea und Charlton

Andrea, die Inspizientin, und der schottische Tenor Charlton sind miteinander schon einen Schritt weiter. Sie liegen auf der Matratze von Andrea und besprechen die letzte Bühnenorchesterprobe.
»Der Dirigent ist ein wahnsinnig schlechte Musiker und braucht sein ganze Kraft, um auf Saskia aufpassen, damit sie bleibt bei ihm. Leider das geht auf Kosten von der Tenor.«
Charlton hat nicht unrecht. Saskia läßt sich vom Schlag des GMD nicht beirren, sie singt einfach ihr Tempo. Sie hat dem GMD erzählt, sie müsse flüssig singen, damit ihre Stimme

weich bleibt für die bevorstehende *Freischütz*-Agathe in Berlin. Der GMD wollte nicht riskieren, daß sie in Berlin schlecht von ihm spricht, und lenkte ein. Er versucht sogar zu begleiten und nennt Saskia mit grimmiger Bewunderung die »Zirkusprinzessin«. Alle wissen, daß er sie nie mehr engagieren wird. Saskia fliegt vorbei wie eine Sternschnuppe, unbekümmert um die Gesetze der Erde, und die meisten Neustädter freuen sich über sie und wünschen ihr Glück.

Charlton freilich ist der Leidtragende. Die Herrschsucht des GMD konzentriert sich auf ihn. »Er will mich die Luft wegnehmen!« berichtet Charlton panisch. »In der unisono-Stelle im Terzett, vor dem schönen Bogen, darf ich nicht atmen.« Er singt ihr leise mit seiner schweren, warmen Stimme vor:

ACH, DASS ICH'S EUCH NICHT LOHNEN KANN,
NICHT LOHNEN KANN...

»Vor dem zweiten nicht *lohnen kann* muß ich atmen, sonst ich schaffe den Bogen nicht! Beetz sagt: Bei Beethoven steht da keine Pause, und außerdem Sie machen ein *ritardando*. Das stimmt nicht, ich mache kein *ritardando*. Aber Luft brauche ich. Alle meine berühmte Kollegen haben da geatmet – Vickers, Windgassen...«

Charlton ist sechsundvierzig Jahre alt, ein ernster, anspruchsvoller Sänger. Er lebt auf dem Lande in einer Weingegend in der Pfalz mit einer deutschen Frau und vier Kindern. Das älteste studiert, das jüngste ist erst drei. Er hat es gezeugt, um seine Ehe zu kitten, und außer dem GMD quält ihn sein Gewissen.

Andrea ist neunzehn Jahre jünger als Charlton, rundlich, gesund, hat ein volles Gesicht mit dicken Lippen und eine große Seele. Mit ihrer orangefarbenen Punk-Mähne sieht sie verwegener aus, als sie ist: Sie hat jahrelang im Kirchenchor gesungen und ist nur aus Musikliebe zum Theater gegangen. Jetzt freut sie sich, daß sie Charlton Gutes tun kann. Sie verehrt Musiker, und einen Tenor mit einer so großen Stimme hat sie noch nie gehabt.

Astrid

Halb elf Uhr abends. Die Cellistin Astrid fährt mit dem Aufzug hinab, in Gedanken versunken nach einem Konzert, bei dem sie sehr gut gespielt hat. Sie streicht einige feuchte Strähnen aus der Stirn und hofft, niemanden mehr zu treffen, vor allem nicht den autistischen Konzertmeister, der sie seit zwei Wochen mit strengen Blicken verfolgt.

Der Trompeter Harry steigt zu, mit knarrendem Walkman auf dem Kopf, zuckend im Vierviertaltakt. Als er Astrids Mißbilligung spürt, stellt er die Musik ab und spult das Band zurück. Sie stehen im engen Lift.

»Wenn Sie entschuldigen –«, sagt Harry. Er setzt Astrid behutsam den Kopfhörer auf und schaltet den Walkman ein. Astrid vernimmt zu ihrer Überraschung ein elektronisches Streicherimitat, rauschende, auf- und absteigende Kaskaden, in die unvermittelt eine saftige Pop-Percussion bricht. Astrid zuckt zusammen. Unter der Glocke dieser dreisten Musik hervor sieht sie sein lachendes Gesicht. Sie reißt sich den Kopfhörer herunter.

»Auch nicht schlecht, was?« Harry wickelt zufrieden das Kabel um seine kräftige Linke. »Jetzt geht's in die Disco. Kommen Sie mit?«

Die meisten Musiker duzen sich, Astrid ist eine der wenigen, die das Sie behaupten. Astrid und Disco, das ist wohl eher ein Spott. Trotzdem rührt die Idee etwas auf, eine ewig zurückgewiesene Verheißung, vielleicht wie in einer warmen Nacht der Anblick von blinkenden Lampions am anderen Ufer des Sees.

Die Lifttür öffnet sich. Astrid tritt verwundert in den Gang hinaus.

Harry fragt ritterlich: »Warten Sie auf jemanden?«

»Ich hatte eigentlich gehofft, meine Kinder würden kommen. Sie wollten in den Semesterferien noch mal... Ich hatte Steuerkarten beantragt... sind aber nicht abgeholt worden. Vielleicht ein Stau... Autobahn?«
»Ich wollte Sie nicht kränken. Darf ich Ihr Cello tragen?«
»Wissen Sie, ich trage mein Cello seit dreißig Jahren selber...« Astrid strebt dem Bühnenausgang zu, Harry folgt ihr, vergnügt-ironisch mit erstaunlich guter Stimme sein Pop-Lied singend. Vor dem Bühneneingang setzt Astrid das Cello ab und schaut nochmals nach den Kindern aus. Trostlos, nach einem solchen Konzert allein nach Hause zu gehen.

Sie dreht sich nach Harry um, aber er ist schon fort.

Von der anderen Straßenseite nähert sich Laurent. Ziemlich schnell, entschlossen, bleich, der Mund eine federnde Klammer.

Köln

Jan fährt zu seinem Vorspiel nach Köln. Um nicht müde antreten zu müssen, reist er am Vortag an. Als er gegen zweiundzwanzig Uhr aus dem Bahnhofsgebäude tritt, schießt steil der breite schwarze Südturm des Doms vor ihm empor, und er prallt zurück.

Während er in den Geschäftsstraßen der Fußgängerzone nach seinem Hotel sucht, ergreift eine sonderbare Stimmung von ihm Besitz, voll Wehmut und Erregung. Er kennt Köln nicht. Es ist heiß hier, ungewöhnlich heiß für September, bestimmt über zwanzig Grad, schwül. Auch im Hotel, das eingekeilt zwischen hohen Häusern liegt, ist es stickig. Direkt unter ihm ein geteertes Zwischendach. Im Bad kein Abzug, Schimmel in den Fugen der engen Dusche. Dampf schlägt ins Zimmer. Jan hält es nicht aus und läuft, inzwischen ist es elf, noch einmal auf die Straße hinaus.

Er läßt sich aufsaugen von der Stadt. Warum erst heute, warum von dieser Stadt? In Ostia bei Rom hat er einmal

Strauss' *Vier letzte Lieder* dirigiert, das war in einem kalten, sonnigen Dezember vor vier Jahren. Weihnachten im gleißenden Licht zwischen Ruinen, am nächsten Tag Probe und Aufführung, das war der Höhepunkt von Jans Dirigentenkarriere. In San Sebastián in Spanien hat er als Pianist Beethovens *Tripelkonzert* bestritten, das war sein pianistischer Höhepunkt. Er erinnert sich an an jede Wendung, jeden Lauf, fast jeden Ton und – mit Unbehagen – an jeden Fehler. Aber nicht an die Stadt.

Seine Weltreise war eine Farce. Die Städte, in denen er bisher engagiert war, waren nur Kulisse für ihn. Warum? Theaterkünstler arbeiten, wenn andere Menschen frei haben, und haben frei, wenn andere arbeiten. Zentrum ihres Lebens ist die von jedem natürlichen Licht abgeschirmte Bühne. Wenn sie aber mal dienstfrei haben, müssen sie üben, weil sie immer zu Recht fürchten, im Rückstand zu sein. Was weiß Jan noch von Kiel, der Stadt seines ersten Engagements? Spießige, hellhörige Häuser. Einmal begann er kurz vor fünfzehn Uhr zu üben, und schon stand die Nachbarin vor der Tür: »Würden Sie bitte bedenken, daß zehn vor drei noch Mittagsruhe ist?« Einmal spielte er im Rausch nachts, da rannte sie unter Tränen zum Hausmeister. In Augsburg war es etwas besser, da wohnte er über einer Zahnarztpraxis neben einem Schwerhörigen und konnte endlich nachts den Trauermarsch aus der *Götterdämmerung* spielen. In Neustadt schließlich mußte er seinen Sarg bauen, der ihm Panik verursacht.

Dabei ist Neustadt ein angenehmer Ort mit liebenswürdigen Bewohnern. Niemand maßregelt einen, die Verkäuferinnen und Friseure sind nett. In der Zeitung hat er einmal gelesen, Neustadt habe einen Freizeitwert von fünfkommasieben, darüber hat er gerätselt, bis ihm klar wurde, daß ihm sowieso kaum Freizeit blieb.

Ist Köln sein Schicksal? Das Leben hier wirkt schärfer, lebendiger, verwegener. Sogar nachts ist noch was los. In einer Passage zwei Gruppen nackter Schaufensterpuppen, vervielfältigt durch verschiedene Spiegel. Mädchen in Latzhosen malen die Schaufenster mit roter Farbe aus. In den Gassen Bettler, die dort wohl übernachten, mit melancholischen Hunden. Ein junges Mädchen, Ledermini, barfuß, tritt aus dem Dunkel auf Jan zu: »Haste mal 'ne Mark für was zu essen?«

Großstadt. Licht! Die Scheibe eines aufwärtsgerichteten Scheinwerfers, bestreut mit Sand aus verschmorten Mücken. Gegröhle in einem Straßencafe. Beim Heraustreten aus der Hohen Straße sieht Jan wieder den Dom vor sich, einen steilen, schwarzen Berg. Zwischen Dom und dem Römisch-Germanischen Museum flitzen Jugendliche auf Rollschuhen hin und her, Hände, Ellbogen und Knie mit Gummipolstern geschützt, auf sirrenden Rädern schwer atmend, schweigend.

Jan macht sich Gedanken über den Dom, der vor über siebenhundert Jahren von einem Meister Gerhard entworfen und erst vor gut hundert Jahren vollendet wurde. Woher nahm dieser Gerhard seine Kraft, nachdem er doch wußte, daß er den fertigen Bau niemals sehen würde? Ihm ging es um das Ewige, überlegt Jan, uns geht es um den Augenblick. Der Baumeister entwarf Formen, die nichts Menschliches mehr haben, nichts Zweckmäßiges, nicht mal entfernten Anklang an eine Behausung. Sie erinnern an hohen Wald, an Felsen, Himmel. Uns dagegen geht es um die vergänglichsten Gefühle. Unsere Kunst ist die Kunst des richtigen Zeitpunkts. Wie oft tun, denken und sagen wir in Wirklichkeit das Falsche; oder wir tun das Richtige, aber zu früh, zu spät. Im Theater, denkt Jan auf dem Rückweg ins Hotel, wird Schicksal auf den Punkt gebracht, mit hoher Bedeutung und reinem Gefühl. Im Miterleben fremden Schicksals sind wir plötzlich von unserer privaten Zerrissenheit und Unzulänglichkeit befreit. Giftige Pointe: Um dieser fremden Kunst-Augenblicke willen opfern wir Künstler Jahre und Jahrzehnte eigenen Lebens. Um den großen, überwältigenden Kunst-Augenblick zu beschwören, nehmen wir im echten Leben tausendfaches Verpassen und Versagen in Kauf.

Bis drei Uhr nachts liegt Jan wach. In seinem nach Wasch-

und Mottenpulver riechenden Hotelbett memoriert er, heiser vom lautlosen Singen, die Musikstücke, die er morgen wird zeigen müssen. Den *Rosenkavalier*. Den dritten Akt *Walküre* (für den er jetzt, im Liegen, die ganze Wotan-Partie durchnimmt). Aus den *Meistersingern* Beckmesser (das war ein inoffizieller Tip von vorgestern, Jan hat sieben Stunden gebraucht, sich das zu erarbeiten, danach verschüttete er hintereinander drei Gläser Wasser). Schließlich fällt er in einen kurzen, tiefen Schlaf.

Am anderen Morgen – er ist so schwül wie der Abend zuvor – trödelt Jan zum Opernhaus. Die Pförtnerloge ist im Vergleich zu Neustadt riesig: Dort nur ein in einen Windfang gequetschtes gläsernes Kabuff, ist sie hier eine meterlange Theke vor einem hellen Treppenhaus. In singendem Tonfall meldet die Pförtnerin, daß Jans Termin sich auf sechzehn Uhr verschoben habe. Nein, ein Übungszimmer werde erst nachmittags frei.

Jan gibt seine schwere Notentasche ab und streicht durch Köln: einerseits konzentriert, um die musikalische Überwachheit nicht wegsinken zu lassen, andererseits die Stadt aufnehmend, um die Nerven zu beschäftigen, die durch die Terminverlegung in Aufruhr geraten sind.

Zum drittenmal steht er vor dem Dom.

Wieder ist er überwältigt. Er beschließt, den Nordturm zu ersteigen, zahlt Eintritt und geht, bewußt langsam, um sich nicht zu verausgaben, die ersten Stufen empor.

Natürlich gerät er außer Atem: fünfhundert Stufen. Zwei Drittel davon führen als Wendeltreppe durch einen steinernen Kamin, zwischen bekritzelten Wänden und verschmierten schmalen Fenstern hinauf. Dicke Luft, Schweißgeruch, keuchende Touristen. Im Glockengeschoß schlägt es dröhnend elf. Ein kleiner Junge hält sich die Ohren zu, vergräbt den Kopf im Schoß der Mutter und schreit: »Nein! Nein! Nein!«

Die letzten hundertfünfzig Stufen sind aus Stahl: eine mehrstöckige Eisentreppe durch das hohe, weite Steinverlies der sogenannten »Oberen Kammer«. Hallige Schwüle, ungleichmäßig zwischen steinernen Streben einfließendes Licht.

Noch zehn Schritte hinaus auf die Turmgalerie. Tag über der Stadt. Der Aussichtsbalkon ist rundum in Gitter gefaßt wie ein Käfig, damit niemand hinabspringt. Ein jugendlicher Aufpasser liest, in einem Verschlag sitzend, Karl May.

Jan muß feststellen, daß er nicht schwindelfrei ist. Fluchtartig zieht er sich wieder ins Innere des Turms zurück. Sein T-Shirt, am hohen Kragen getränkt von Schweiß, klebt am Hals. Wieder die eiserne Treppe. Durch die gebrochenen Flächen der Stufen sieht man auf den Steinboden der Oberen Kammer hinab. Wieder dröhnt ein Glockenschlag. Jan reißt den Blick so schnell hoch, daß er um sein Gleichgewicht fürchten muß, und greift nach dem Geländer; aber es ist, als hätte er nichts in der Hand. Ein taubes Gefühl und Kribbeln in Händen und Füßen, Atemnot. Taubes Kribbeln auch um den Mund. Um Luft ringend geht Jan in die Knie. Jetzt kauert er am Geländer und spürt die Stufen vibrieren von der achtzig Meter tiefer gelegenen Stadt.

Beginnendes Nervenleiden. Die befürchtete Lähmung. Vor drei Wochen hat er in der Klinik ein Computertomogramm seines Schädels machen lassen, und da wurde »etwas entdeckt«. Ein hübscher Arzt mit langen Wimpern, der ihn schonen wollte, sagte: »Natürlich wächst es, sonst wäre es ja nicht da. Aber das kann lange dauern.«

Wie lange? Was sollte die kindische Ignoranz, in den entscheidenden Augenblicken ja doch immer wieder durchbrochen von Hysterie? Er wird sich jetzt auf den Rückweg machen, Stufe um Stufe hinab. Hinab, denkt er auf seiner eisernen Treppe. *Ha, da mit eins durchzuckt er mich / Wie Wetterschein! wie wenn schwarzgefiedert ein tödlicher Pfeil / Streifte die Schläfe hart vorbei, / Daß ich, die Hände gedeckt aufs Antlitz, lange / Staunend blieb, in die nachtschaurige Kluft schwindelnd hinab.* Der nasse T-Shirt-Kragen um seinen Hals beißt wie Stacheldraht. Los, denkt Jan. Wenn er heil unten ankommt, wird er leben. Hier noch drei Etagen, dann die stickige steinerne Wendeltreppe, der hallige Vorraum, und draußen der helle Tag mit Obstständen und surrenden Rollschuhläufern.

Jan kauert immer noch auf der vibrierenden Stiege. Durch die meterhohen spitzen Fenster blickt er ins gotische Gestrüpp des Nachbarturms. Erkennt unten den scharfen Grat des graumetallenen Steildachs mit den gezackten goldenen Lilien. In der Tiefe das Rauschen der Stadt, oben der heiße, diesige Himmel. *Bis du es endlich, endlich weißt/ daß dich des Todes Pfeil getroffen.*

Telefongespräch

Charlton steht schwitzend in einer Telefonzelle und spricht mit seiner Frau, die zusammen mit dem Schwiegervater zur *Fidelio*-Premiere kommen will. Von Andreas Wohnung aus, wo er die Nacht verbringen wird, wollte er nicht anrufen, also lügt er, er sei noch mit Kollegen aus, während er sich vorstellt, wie Andrea das Bett macht. Er fühlt sich mies, denn er lügt nicht gern. Der Strom seines Schicksals riß ihn in ein vermeintliches Kraftfeld aus Kunst und Liebe, aber Kunst und Liebe erwiesen sich nur als die Spreizringe einer Reuse. Einer dieser Ringe ist seine Frau. Das wirft er ihr vor. Ein anderer ist Andrea. Das wirft er sich selbst vor.

»Also soll ich jetzt zur Premiere kommen oder nicht?« fragt sie durchs Telefon. Im Hintergrund Kindergeschrei.

»Natürlich. Ich freue mich«, sagt er lahm. »Aber ich habe nur eine Freikarte. Die zweite Karte ich muß kaufen, und kann nicht garantieren, daß neben deiner ist.«

»Dann kauf zwei Karten nebeneinander.« Sie klingt gereizt. »Mein Vater bezahlt das.«

»Du mißverstehst!« spricht er deutlich. »Ich habe nur gesagt, daß die Karten sind vielleicht nicht nebeneinander...«

»Schon gut! Und ich sagte, Kaufkarten. Zwei Kaufkarten. Nur zurücklegen. Mein Vater zahlt.«

»Was soll der Unsinn.« Charlton in der Rolle, in der er sich zur Zeit noch am wohlsten fühlt: zu Unrecht bezichtigt. »Natürlich ich bezahle die Karten.«
Erika sucht nach Worten.
Charlton spürt ihre Schwäche und beschließt, ein Gentleman zu sein. »Laß mich einfach bezahlen.« Erikas Schwäche entspringt schließlich auch ihrem geschwächten Vertrauen in ihn, in ihn als Ehemann *und* als Ernährer. Dabei müßte sie wissen, daß sie sich zumindest in letzterem Punkt auf ihn verlassen kann. Er könnte auch beleidigt sein.
»Was fällt dir ein, mir Befehle zu erteilen?« bricht Erika aus.
»Ich erteile keine Befehle. Ich sagte nur, ich bezahle die Karten.«
»Du hast mir nicht vorzuschreiben, was ich zu tun oder zu lassen habe!«
»Ich meine: Ob ich bezahle oder du bezahlst, sowieso es ist mein Geld«, versetzt Charlton. Geduldige Aussage, verächtlicher Ton.
»Was soll das heißen?« schreit Erika auf. »Weil du das Geld *verdienst?* Weißt du, wo du stündest mit deiner verdammten Singerei, wenn ich dir nicht den Rücken freigehalten hätte auf Kosten meiner eigenen Karriere?«
»Okay, lassen wir diese alten Geschichten. Tu was du willst«, sagt Charlton grob.
»Ich denke, diesen Ton habe ich nicht verdient.«
»Ich auch nicht. Ich weiß nur, ich bin wahnsinnig müde, und du bist eine dumme Kuh.«
Erika legt auf.

Erstes Zeichen

Eine halbe Stunde vor Beginn der Premiere schließt Andrea das Inspizientenpult auf und raunt in die Sprechanlage: »Einen schönen guten Abend, meine Damen und Herren.

Ich gebe Ihnen die Zeit: Es ist jetzt neunzehn Uhr, noch eine halbe Stunde bis zum Beginn der Premiere *Fidelio*. Ich wünsche allen Beteiligten ein herzliches toi, toi, toi.« Der Countdown beginnt. So rauh der Umgangston während der Proben oft war, so förmlich, ja feierlich sind die Ansagen. Durchs Mikrophon wird niemand geduzt.

Der Requisiteur überprüft anhand einer Liste noch einmal die Requisiten, die links und rechts vom Portal auf zwei Regalen aufgereiht liegen. Ein Bühnenarbeiter besprüht die Bühne mit Wasser, damit der aufgewirbelte Staub sich legt. Ein anderer zieht auf Geheiß von Andrea den Schallschutzhänger hinter dem Hauptvorhang hoch. Einzelne Darsteller, bereits in Kostüm und Maske, streben zum Guckloch, um einen Blick in den Zuschauerraum zu werfen.

Alle Künstler kommen zumindest kurz auf die Bühne, auch wenn einige sich gleich wieder in ihre Garderoben zurückziehen werden. Jede Premiere einer großen Oper ist für die Beteiligten eine Herausforderung an das Schicksal. Ihr Verlauf entscheidet bei den Gastsängern über Gage und Karriere, bei den Ensemblesängern über Ansehen und Aufgaben.

Neben dem Requisitentisch steht schweigend, in sich gekehrt, Arrigo Leipzig, in der schwarzen Lederkluft des Gouverneurs Pizarro, im Gesicht mit breitem Pinsel gemalte Furchen der Grausamkeit, unter der Stirn dicke künstliche Augenbrauen, nach außen geschwungen wie Flügel.

Zu ihm gesellt sich Jonathan, der den Rocco singt. Jonathan wartet eine Minute, bis Arrigo ihn zur Kenntnis nimmt, und orgelt dann in tiefem Baß: »Die Applausordnung ist falsch.« Er hält Arrigo ein Papier unter die Nase.

Ohne einen Blick darauf zu werfen, spricht Arrigo: »Bitte keine Änderungen nach der Generalprobe.«

»Es ist nicht richtig, daß du den Applaus nach mir bekommst«, beharrt Jonathan.

Bei den Einzelvorhängen verbeugen sich traditionell die wichtigsten Darsteller zuletzt. Entweder Babs oder der Regisseur hat auf der gedruckten Applausordnung Rocco vor

Pizarro gesetzt. Nach der Generalprobe wurde das geübt, aber Jonathan war da zu sehr mit sich beschäftigt, um zu protestieren.

»Klär das bitte mit der Regie«, wehrt Arrigo ab. »Ich habe nichts damit zu tun.«

»Wieso müssen wir uns mit diesen Ärschen abgeben, wenn sowieso alles klar ist? Wir können das doch unter uns abmachen.«

»So klar ist das nicht. Du hast schließlich die kleinere Rolle.« Arrigo wird ungeduldig.

»Im Klavierauszug ist Rocco die wichtigere Partie, er steht vor Pizarro.«

»Pizarro ist der Bösewicht, er hat das Recht, erst vor den beiden Helden zu erscheinen.«

»Okay, Bösewicht. Aber er hat doch kaum was zu singen!« ruft Jonathan.

»Was?« echauffiert sich Arrigo. »Hast du mal ernsthaft meine Arie gehört? Sie ist viel länger und schwerer als deine, und außerdem singst du deine gar nicht.«

»Was kann ich dafür, daß man sie mir gestrichen hat?«

Sie streiten erbittert mit ihren schönen Stimmen.

Neben sie kommt Hofmann zu stehen, der Bassist, der so gerne tingeln geht. Bekümmert hört er zu. Hofmann selbst hätte zu gern Rocco gesungen, statt dessen ist er nur der zweite Gefangene. Er gab sich Mühe, singt sogar, ohne es zu müssen, die Baßstimme im Gefangenenchor mit, hat so sauber intoniert wie seit langem nicht. Letzte Woche ist er fünfzig geworden. In den vergangenen Jahren hat er vieles lax genommen. Er ging in seinen Operettenspäßen auf, weil er sich für unentbehrlich hielt. Plötzlich wird ihm klar, daß seine Opernkarriere vielleicht hier endet, und er ist überrascht, wie sehr ihn das schmerzt. Ich würde mich gern als Unwichtigster verbeugen, denkt er. Oder überhaupt nicht. Wenn ich bloß singen darf.

Zweites Zeichen

Achtung!« spricht Andrea leise ins Mikro. »Dies ist das zweite Zeichen. Es ist jetzt neunzehn Uhr fünfzehn, neunzehn Uhr fünfzehn. Noch eine Viertelstunde bis zum Beginn der Premiere.«

Noch eine Viertelstunde. Manchen wird übel vor Erregung. Mancher streichelt mit zitternden Händen seine Maskottchen. Das Lampenfieber gebiert einen kurzen Exzeß der Versöhnlichkeit. Die Künstler spucken einander dreimal über die Schulter und flüstern »Toitoitoi«, was bedeutet: Wir alle hängen vom Glück ab, ich gönn dir das deine, wünsch du mir das meine.

»Ich schäme mich dieser Diskussion«, sagt Arrigo Leipzig zu Jonathan, dem Bassisten. »Du hast recht, verbeug dich nur nach mir.«

Jonathan antwortet: »Eigentlich ist es mir egal. Ich gehe gerne vor dir raus, ehrlich.«

Arrigo: »Neinnein, machen wir's ruhig so, wie's im Klavierauszug steht.«

Jonathan: »Eigentlich ist das lächerlich. Der Bösewicht darf immer als vorletzter raus.«

Arrigo: »Ich könnte mich über Applaus an dieser Stelle gar nicht mehr freuen.«

Jetzt reden sie gleichzeitig und verneigen sich fortwährend gegeneinander wie zwei Chinesen.

Und während sie sich versöhnen, zu diesem selben zweiten Zeichen, passiert es, daß sich zwei Chortenöre verfeinden bis an ihr Lebensende, mindestens jedoch über das Ende dieser Geschichte hinaus.

Schuld ist wahrscheinlich Willi, aber Fritz hat ihn schon länger gereizt. Willi ist einundfünfzig, ein großer, hagerer Mann mit grauem Schnurrbart und Platte. Er hat Autorität und gilt als gescheit, die Regisseure fürchten seinen Zynismus. Der unselige Helmut Glitter hatte ihm sogar angeboten, den Proben fernzubleiben, worauf Willi mit einer knappen

Verbeugung »Herzlich gern« sagte und ging. Eine Viertelstunde später stürzte sich der Chorleiter auf Glitter und schrie: »Sind Sie wahnsinnig? Der Willi ist unser bester Tenor, ohne den geht hier gar nichts!«

Willi ist ein zuverlässiger Sänger, vor allem rhythmisch eine entscheidende Stütze. Leider hat er eine häßliche Stimme, das ist seine Tragik. Er sieht aus wie ein Gutsherr, er ist musikalisch, er macht was her: Wäre seine Stimme ebenso wohlklingend wie stark, hätte er Karriere als Solist gemacht, vielleicht sogar im schweren Fach, die Regisseure würden vor ihm kuschen, und die Frauen wären hinter ihm her. So aber ist er ein vom Schicksal Gefoppter, ein Don Quijote des Chorgesangs, ein frustrierter Frauenheld. *Fidelio* führt ihn stimmlich an seine Grenze, fordert ihn rhythmisch zu wenig, provoziert ihn durch seinen Text.

Die Oper endet mit einem fünfminütigen Chorsatz auf die Worte: *Nie wird es zu hoch besungen, Retterin des Gatten sein!* Das ist erstens falsche Grammatik und zweitens inhaltlich eine Zumutung, wie Willi selten klarzustellen versäumt. Beethovens exaltierte, fast verzweifelt insistierende Sehnsucht hängt nur an ihm, an Willi. Jetzt, vor der Premiere, skandiert der ironisch, wie um es seinem »Eunuchen-Chor« einzuhämmern:

WER EIN HOLDES WEIB ERRUNGEN,
STIMM' IN UNSERN JUBEL EIN,
NIE,
NIE,
NIE WIRD ES ZU HOCH BESUNGEN,
RETTERIN,
RETTERIN, DES GATTEN SEIN,
RETTERIN,
RETTERIN, DES GATTEN SEIN!
PREIST,
PREIST MIT HOHER FREUDE GLUT
LEONORENS EDLEN MUT.

WER EIN SOLCHES WEIB ERRUNGEN,
STIMM' IN UNSERN JUBEL EIN,
NIE,
NIE,
NIE WIRD ES ZU HOCH BESUNGEN,
RETTERIN,
RETTERIN, DES GATTEN SEIN
RETTERIN,
RETTERIN, DES GATTEN SEIN.

Die Kollegen sehen ihn unglücklich an. »Beethoven, der mußte es ja wissen!« spottet Willi, der schon drei Ehefrauen verschlissen hat und es besser weiß. Welcher Ehemann verträgt auf Dauer eine Retterin? Beethoven hat wohlweislich jede Ehe vermieden, er begehrte nur unerreichbare Frauen. Hätte er eine von ihnen gekriegt, hätte er diese Musik nicht geschrieben, da ist Willi sicher.

Willis dritte Ehefrau ist fünfzehn Jahre jünger als er und will nichts mehr von ihm wissen. Sie ist die Souffleuse, unter anderem in dieser Produktion: Soeben hat sie im Souffleurkasten Platz genommen, wo sie in ihrem Klavierauszug herumkritzelt und ab und zu vorwurfsvolle Blicke auf die Bühne wirft. Er lächelt ihr von der Seitengasse aus höhnisch zu.

Das Treiben auf der Bühne verdrießt ihn, trotzdem setzt er sich ihm zu jeder Premiere aus: die bereits kostümierten und grell geschminkten Solisten, die über die Bühne schwirren, durch den Vorhang spicken und einander um den Hals fallen. Er verachtet ihre Wichtigtuerei, ihre Kindlichkeit, ihr Temperament, das erotische Getümmel. Letzteres ganz besonders.

Natürlich weiß er, was die Leute treibt. Der körperliche Einsatz beim Singen, die körperliche Nähe beim Spiel; die Sinnlichkeit der Stimmen und der Musik, die Leidenschaft der Handlung. Das Entzücken an eigener und fremder körperlicher Präsenz. Das Adrenalin. Willi weiß alles. Er hat zu Beginn seiner Karriere drei Jahre als Solist bei einer Tournee-Operettentruppe gearbeitet; da genoß er ganz andere Zugriffsmöglichkeiten. Jetzt, als Chormitglied in Neustadt, sitzt er auf dem trockenen. Die Solisten erregen und paaren sich, Willi paßt auf und bemerkt alles: Saskia, die Arrigo Leipzig belauert; Andrea, sichtlich hingerissen vom alten Charlton mit seiner fleischigen Nase. Willis Rolle in dieser Oper entspricht dem wahren Verhältnis zwischen ihnen: Sie sind Helden, er ist Gefangener; sie sind bunt, er ist grau; sie leben, er schaut zu.

Willi pflegt ein kleines Ritual, das seine Lage mildert (er bildet sich ein, er habe ein Recht darauf). Dieses winzige Ritual – »kleiner Scherz« nennt er es – erlaubt er sich vor den Premieren, und zwar kurz nach dem zweiten Zeichen, wenn die Spannung den Siedepunkt erreicht. Dann schnappen die Künstler über, umarmen und küssen einander, ängstlich, dankbar: In den vergangenen Wochen hat man fachlich und moralisch oft genug versagt, jetzt packt einen die Ehrfurcht vor dem Schönen, dem Meisterwerk, der Großen Aufgabe, die man nur gemeinsam in Demut zu bewältigen vermag.

In diesem Augenblick greift Willi an.

Er stolziert auf die Bühne, etwas hochmütig, etwas gönnerhaft, wünscht ebenfalls Toitoitoi, umarmt und küßt; und sein kleiner Scherz besteht darin, den Frauen bei diesem Kuß seine Zunge in den Mund zu stoßen. Nicht jeder Frau natürlich; manche kennen ihn schon und passen auf, andere fürchtet er. Die Erfolgsquote ist höchstens eins zu zehn, aber jeder Treffer befriedigt ihn tief. Er stellt sich vor, wie seine Frau grün vor Ärger vom Souffleurkasten aus zuschaut.

Heute, vor *Fidelio,* geht leider alles schief. Von der Soubrette Kicki bekommt er einen schmerzhaften Tritt, Saskia gibt ihm eine Ohrfeige, und Lisa (2. Alt) beißt ihn. Jetzt nähert er sich der immerzu verstörten Fanny (1. Sopran), die sich seiner noch nie zu erwehren vermochte. Fanny hat eine zauberhafte Stimme, aber sie ist somnambul, untüchtig, ein Opfer. Er schreitet langsam, unbeirrbar auf sie zu, steifes Gutsbesitzerkreuz, der Gang eines Jägers. Sie blickt ihm mit entsetzensweiten Augen wie hypnotisiert entgegen.

»Toitoitoi!« lächelt er und faßt ihre Schultern.

Gehauchter, silberner Sopran: »Hilfe! Fritz! Fritz!«

Willi muß lächeln ob dieser Unbeholfenheit, sie stimuliert ihn sogar. Aber plötzlich steht der Chorkollege Fritz zwischen ihnen.

Fritz ist Willi seit langem ein Dorn im Auge. Willi hält Fritz für strohdumm, komplett unmusikalisch und außerdem faul. Aber Fritz hat einen schönen, leichten Tenor, er singt ersten Tenor, während Willi zweiten singt; wenn er mit zarter Kopfstimme und unbekümmert hessischem Akzent *O Sole mio* anstimmt, bekommen die Frauen feuchte Augen.

Fritz ist ein Kauz, aber wegen seiner Sanftmütigkeit beliebt. Zum Beispiel weiß jeder, daß Fritz seine Glatze verheimlicht; aber alle schonen ihn. Fritz hat drei Perücken – eine kurze, eine mittellange und eine lange –, die er abwechselnd trägt. Wenn er die lange lang genug getragen hat, bemerkt er so deutlich, daß der ganze Chor es hört: »Ui, so lang, jetz mus isch awwer ma widder dringend zum Frißör!«

Und dieser lächerliche Fritz, dieses Weichei, baut sich als Schutz vor Fanny, Willis persönlichem Freiwild, auf?

»Nun, Kollege? Sind wir denn inzwischen textsicher?« fragt Willi beißend.

»Du – du ... Ssiddestrolsch!« stößt Fritz mit seiner leichten Stimme hervor.

Willi reißt Fritz die Perücke vom Kopf.

Saskias Erfolge

In der Premiere pfeift Saskia das *Tö't' erst sein Weib!* über das Orchester, scharf, gleißend, in wahnsinniger Exaltation. Leonore ist nicht ihr Fach, das wurde klar, aber Saskia *spielt* und meistert die Partie, sie stürzt sich auf die Bühne, als ginge es um ihr Leben. Im ersten Akt wirkt sie tapfer und bedrückt zum Gotterbarmen; sie ist einsfünfundsiebzig groß und wiegt siebzig Kilo, aber auf der Bühne sieht sie aus wie ein Strich.

Bei der Arie scheint sie in Hoffnungsglut zu zerschmelzen, im grandios spröden, bedrohlichen Finale des ersten Akts bietet sie eine ergreifende Studie von Angst und Empörung. Der GMD hat sie zweimal mit dem Orchester zugedeckt, aber sie läßt sich auf keinen Wettkampf mit ihm ein, sie weiß, wo sie ihre Trümpfe auszuspielen hat. Im zweiten Akt explodiert sie vor Intensität. Wenn sie singt:

WER DU AUCH SEIST, ICH WILL DICH RETTEN!
ICH WILL, DU ARMER, DICH BEFREIN!

bekommen sogar Babs und Jan eine Gänsehaut, und das Publikum, mitgerissen von der Vision eines besseren Ich, stöhnt auf vor Edelmut. Saskia beherrscht die Bühne, sie beherrscht das Leben und die kühnsten Träume der Liebe. Sie macht die Neustädter glücklich.

Peggy hat das Publikum besiegt, Saskia reißt es mit. Peggy hat dramatische Wucht, Saskia Zauber. Peggy ist eine Naturgewalt, Saskia eine Sternschnuppe.

Alle lieben Saskia.

Und Saskia hat noch mehr zu bieten. Die zweite Vorstellung spielt sie so kraftvoll wie die erste, während ihre Kollegen das berüchtigte Zweitvorstellungsdebakel liefern: Nach der Premiere ist die Luft raus. Charlton Potter, der Florestan, kämpft mit seinem kurzen Atem, Arrigo Leipzig, der Pizarro, steht mit blaugeränderten Augen abseits, als wüßte er nicht, wo er ist. Der Chor schleppt. Das Orchester spielt stumpf. Drei falsche Einsätze bei den Bläsern. Nur Saskia, wie gesagt, strahlt.

Die dritte Vorstellung wird für die meisten Beteiligten besser, diesmal aber zum Nachteil Saskias, die vom Orchester zugeprügelt wird. Saskia schnappt nach Luft. »Euer Scheiß-GMD ist ein Mörder!« stößt sie hervor, als sie mit Seitenstechen von der Bühne taumelt.

Eine Stunde später, in der Kantine, ist sie wieder munter. »Er ist dahintergekommen, daß das mit Berlin geschwindelt war!«

Sie hatte immer laut von ihrem bevorstehenden Engagement in Berlin geredet, wenn der GMD in Hörweite war, und er hatte deswegen Rücksicht auf sie genommen. Jetzt rächt er sich. »Mußtest du nicht damit rechnen, daß er das rauskriegt?« fragt Babs.
»Früher oder später schon, aber ich hoffte auf später. Insgesamt ging's ja gut: Ich hatte selten so 'ne gute Presse. Und wenn nicht gestern diese Rezension von Marian Mischer in der *Frankfurter Rundschau* erschienen wäre, die mich gegen ihn ausspielt, wäre er vielleicht auch nicht ganz so wütend.«
»Aber wenn er so schlägt wie heute, wie stehst du dann die Serie durch?«
»Gar nicht«, antwortet Saskia. »Ich werde krank und sage ab. Lieber verliere ich ein paar Abendgagen als die Stimme. Übrigens glaube ich nicht wirklich, daß es so weit kommt: Beetz ist schließlich Karrierist, er wird sich's auf Dauer mit Mischer nicht verderben wollen.«
Saskia behält recht. Die nächsten Vorstellungen laufen wieder besser. Der GMD schenkt Saskia ein Haifischlächeln und läßt seinen Zorn an Charlton und Arrigo aus.
»Und weißt du was? Nicht zuletzt dank diesem *Fidelio* habe ich jetzt tatsächlich einen Stückvertrag mit Berlin!« jubiliert Saskia.
Babs bewundert Saskia.
»Das ist aber noch nicht alles!« Saskia dämpft die Stimme und gibt, kichernd wie ein Teenager, im Flüsterton preis, daß sie nun endlich Arrigo Leipzig erobert habe. »Und er ist *nicht* schwul! Ehrenwort!«
Ehrenwort?
Er sei am Abend nach der Generalprobe unangemeldet zu ihr gekommen und habe sich ihr zu Füßen geworfen. Er sei unerhört lieb und hingebungsvoll gewesen und vierundzwanzig Stunden nicht von ihrer Seite gewichen.
Arrigo, der Unberührbare?
»Er ist überhaupt nicht unberührbar, also, im Gegenteil! Und noch nie hat jemand so viel für mich getan!

Saskia gastiert nicht nur in Neustadt, sondern quer durch Deutschland und Europa; so wie Arrigo.

Nach der zweiten *Fidelio*-Vorstellung zum Beispiel flog sie nach Lyon, um die Amelia im *Maskenball* zu singen. Bei ihrer Rückkehr holte Arrigo sie am Flughafen Frankfurt ab und chauffierte sie sieben Stunden (Stau) nach Weimar, obwohl er einen Tag später in Basel sein mußte, wo er in *Frau ohne Schatten* den Barak gab. Er kehrte nach Straßburg zurück, stieß aber wieder zu Saskia, als die in der Alten Oper Frankfurt auftrat, und fuhr mit ihr nach Neustadt, drei Stunden Stau. Mit jedem Kilometer wächst Saskias Glauben an die Romanze. Sie ist gerührt von Arrigos Leistungen, begeistert von seinen Gefühlen und beeindruckt von ihrer eigenen erotischen Durchschlagskraft. Babs vertraut sie an, daß sie bisher nicht gewußt habe, wie schön das Leben sei.

»Wie wird es weitergehen?« fragt Babs.

»Naja, es ist natürlich sehr anstrengend für ihn. Bei all diesen Mammutstrecken schleppt er immer drei Koffer mit sich rum«, erzählt Saskia. »Einen nur mit Müsli, Tofu, Fruchtsäften und Kraftfutter – er ißt nie im Restaurant, weißt du, weil er sich nicht vergiften will. Einen Koffer nur mit Gymnastikgerät – Hanteln und so, und Kosmetika. Und der dritte Koffer... das sage ich dir nicht.«

»Wie lebt er? Hat er eine Familie?«

»Natürlich«, räumt Saskia ein. »Aber ach – eine Misere! Die Frau hat ihn verlassen, sagt er, weil er angeblich trinkt; aber das tut er gar nicht. Also, sie leben zusammen unter einem Dach, aber nicht wie Mann und Frau. Ein Sohn ist dem Militär beigetreten und will von Arrigo nichts wissen, einer schluckt Ecstasy. Und die Tochter ist magersüchtig, weil sie Salome getauft wurde, obwohl sie lieber Jeannie heißen würde...«

Beetz im Glück

Der GMD bekommt einen Anruf von seinem Agenten: »Anfrage aus Berlin, Herr Beetz. Zwei Vorstellungen *Lohengrin*, Deutsche Oper.« Beetz steht im Flur seiner Altbauwohnung und notiert mit kalten Fingern die Termine. Als er den Hörer auflegt, fühlt er sich, als stünde er plötzlich mitten im Licht.

Ein Nachdirigat zwar, aber Berlin! Das ist die Bestätigung für seinen jahrelangen Kampf. Der Beweis, daß er, Beetz, mehr ist als ein Provinzdompteur, nämlich: im Begriff, die verschmockte Kunst-Bastion, gegen die er seit zwei Jahrzehnten anrennt, wirklich einzunehmen.

Er wirft sich auf die Ledercouch und ordnet die Triumphe der letzten Tage. In wenigen Minuten wird seine Frau nach Hause kommen, um den Mittagsimbiß zu bereiten, und »Endlich!« rufen, denn sie fiebert mit ihm. Sie ist sein erster Fan und seine beste Getreue, seine Karriere ist auch ihr Verdienst. Wegen dieser Karriere haben beide auf Kinder verzichtet, und beide haben gelitten, als es eine Zeitlang nicht vorwärtsging. Beetz springt auf und zieht die *Lohengrin*-Partitur aus dem Regal. Er stellt sich vor, wie er das Berliner Orchester durch seine Tempoforderungen beeindrucken, wie er ihnen ihren Knappertsbusch austreiben wird.

Mit diesem einen Anruf sind Beetz' Aktien sozusagen um hundert Punkte gestiegen. Er gehört plötzlich in eine andere Liga. Dem Frankfurter Kritiker Mischer, der seinen *Fidelio* auseinandergenommen hat, wird er entgegnen können: »Für die Deutsche Oper Berlin, Herr Mischer, bin ich jedenfalls gut genug.«

Er wird endlich die Kündigungen durchdrücken können, um die er seit Wochen mit dem Intendanten feilscht; im Geist setzt er noch ein paar Namen auf die Liste.

Er wird dafür sorgen, daß das schwarze Brett hinter Glas kommt, in einen abschließbaren Kasten. Am schwarzen Brett zwischen Bühneneingang und Lift hängen die Rezensionen. Beetz hatte die Neustädter Kritiker im Griff, konnte aber nicht verhindern, daß immer wieder kritische Leserbriefe ans Brett gepinnt wurden, wahrscheinlich von Orchestermusikern, die diese kritischen Briefe vielleicht sogar selbst unter Pseudonym verfaßt hatten. Jetzt ist Schluß mit dieser Vulgärdemokratie, jetzt kommt nur noch ans Brett, was ihm nützt.

Beetz ist ehrgeizig, tüchtig, effizient; er verfügt je nach Bedarf über Charme oder Arroganz. Er sieht gut aus: groß, schlank, schmalhüftig, braunlockig; funkelnde graue Augen, spöttisch herabgezogene Mundwinkel, volle Lippen; er entspricht einem Phantommischbild aus schneidigem Jung-Manager und Eisprinz, er ist, kurz gesagt, genau das, was Politiker sich unter einem Künstler vorstellen. Beetz hat noch jeden Kulturausschuß für sich eingenommen. Mit zweiunddreißig Jahren wurde er GMD, jetzt, mit neununddreißig, herrscht er bereits über ein B-Haus.

Hier war dann leider vorläufig Schluß. Das macht ihn böse. Quer durch die Republik sieht er Jüngere an sich vorüberziehen, die bei weitem nicht so fleißig sind wie er: die ihre Pflichten vernachlässigen, den Frauen oder Knaben nachstellen, ihre schlechte Vorbereitung durch nebulöse Kunstinstinkte rechtfertigen und so fort. Die Killerphrase lautete immer wieder, daß Beetz kein Künstler sei. Einmal mußte er sich fragen lassen, warum er überhaupt Oper mache, wo es in der Oper doch hauptsächlich um Gefühle gehe. »Ich glaube nicht an Gefühle, ich glaube an Strukturen!« hat er geantwortet. »Die Opern, die ich dirigiere, leben nicht von ihren Gefühlen, die meistens banal sind, sondern von ihrer Struktur. Und von Kunst quatschen am lautesten diejenigen, die Ungenauigkeiten rechtfertigen wollen.«

Daß seine Künstler ihn hassen, spornt ihn an. *Oderint, dum metuant* ist der einzige lateinische Satz, den er sich aus seiner Schulzeit gemerkt hat. Freilich wird sein Parforceritt immer gefährlicher, je länger der große Erfolg ausbleibt. Und natürlich wäre er manchmal lieber wegen seines Erfolgs respektiert als wegen seiner Brutalität gefürchtet. Vielleicht ist jetzt die Wende da.

Ein paar unangenehme Sachen wird er jetzt um so sicherer über die Bühne bringen. Eine davon betrifft den unmittelbar bevorstehenden Prozeß gegen einen Sänger. Juristisch hat Beetz nichts zu fürchten, aber sentimentale Leute werfen ihm vor, aus Willkür und Unvermögen diesen Sänger ruiniert zu haben. Nachdem Beetz den Fall mit einem Anwalt vom Deutschen Bühnenverein besprochen hatte, konnte er sich nicht verkneifen zu fragen: »Wer ist schon dieser Sänger?« Der Anwalt hatte gelächelt: »Ja, aber wer sind Sie?« – Einen Gastdirigenten der Deutschen Oper Berlin wird niemand mehr so etwas fragen.

Den Prozeß hat der Sänger angestrengt, den Beetz letzte Spielzeit als Tristan engagiert hatte – für jene *Tristan und Isolde*-Produktion, in der später Peggy Triumphe feierte und mit der – wahrscheinlich er selbst, Beetz, sich für Berlin empfahl. Der besagte Sänger ist dieser Produktion zum Opfer gefallen, und mit dem Prozeß wird er sich finanziell ruinieren, so, wie er sich vorher schon stimmlich ruiniert hat: schlecht beraten der Mann, ein richtiger Verlierer.

Der Reihe nach.

Beetz hatte seit langem eine fixe Idee. Er wollte *Tristan und Isolde* spielen, eine Oper der Schwergewichtsklasse, die Neustadt eigentlich überfordert. Er wollte Effekt machen; kann man ihm das vorwerfen? Ein großer Teil aller Kunstleistungen ist aus solchen Motiven zustande gekommen.

Tristan und Isolde war schon deswegen zu schwer, weil das Neustädter Orchester dafür nicht groß und nicht gut genug war. Man mußte zusätzliche Musiker engagieren, und zwar Profis, nicht irgendwelche Studenten von der Hochschule. Die Profis mußten angekarrt, untergebracht und bezahlt werden, Probe für Probe, Abend für Abend.

Aber das größte Problem waren die Sänger. Tristan und Isolde sind hochdramatische Partien. Die wenigen Sänger, die das können, kosten mehr Geld, als Neustadt bezahlen kann. Und eine abgehalfterte Primadonna mit einem Vibrato von Nord nach Süd, die es billiger macht, war Beetz nicht gut genug. Er wollte die Sensation.

Er fand Peggy. Sein Verdienst ist, daß er als einziger ihre Möglichkeiten erkannte. Er machte dem Intendanten klar, daß das Neustadts große Chance sei, bekam zusätzliche Gelder für die Orchesteraushilfen und begann, für das übrige Geld einen Tristan zu suchen. Zwölf Tenöre sangen vor. Die beiden in Frage kommenden kannten ihren Preis, Beetz verhandelte lange ohne Erfolg und kam in Zeitnot. Dann meldete sich noch ein ehemaliger Bariton, der soeben einen Fachwechsel machte, als Tenor keinen Namen hatte und, dankbar für die Chance, billig zu haben war: ein Amerikaner namens William Boogie. Boogie sang drei Tristan-Monologe vor, beherrschte die Partie offensichtlich nicht, schien aber das Material zu haben und die Entschlossenheit, die man zu einem solchen Wagnis braucht. Beetz war angetan. Entweder schafft es der Mann, dann wird's eine doppelte Sensation, oder er schafft es nicht, dann wird er gefeuert wegen Nichterfüllung des Vertrages, und der Zugriff auf die Einspringerkasse ist frei. (Die Einspringerkasse hat mehr Reserven als das Gästebudget, weil Einspringer immer in Notlagen gebraucht werden.)

Die Szenenproben begannen. Der neue Tristan war ein Hüne, zwei Meter groß und sehr stattlich, zweiundvierzig Jahre alt, mit gutmütigem Gesicht und einer etwas festen, baritonalen Stimme von gewaltiger Kraft. Als Bariton war Boogie seit zwei Jahren arbeitslos; vor Erleichterung und Hoffnung strahlte er die ersten Tage unentwegt. Boogie hatte eine Frau und eine siebenjährige Tochter. Die Frau stammte aus Ungarn und war nicht bereit, ihm nach Amerika zu folgen, wo er höchstens als Schraubenverkäufer in der Autobranche ein Auskommen gefunden hätte. Bill stand also vor dem Nichts, und seine Frau zweifelte an ihm. Er hatte Schulden. Ihm blieb nur die Flucht nach vorn.

Das war der Fachwechsel. Bill hatte eine schwere Stimme mit einer starken Mittellage und einer etwas stumpfen Höhe. Wie alle Spieler und Phantasten suchte er Genugtuung für alle Niederlagen in einem einzigen großen Coup: Er wollte nicht als Hirte, Melot oder Erster Geharnischter sein Leben fristen, sondern ein Held sein. Die Berufsbezeichnung *Heldentenor* faszinierte ihn. Er suchte sich einen nordischen Namen, der dazu paßte: Ingvar Ingrimm. Nie hatte ein Tenor vor ihm mit Tristan debütiert. Tristan ist die Marathonstrecke des schweren Fachs. Wer Tristan singen kann, schafft auch alle anderen Partien. Und das bedeutet mindestens Geld, wenn nicht Ruhm: Es gibt in dieser Klasse das meiste Geld und die wenigsten Konkurrenten.

Bill Boogie – oder Ingvar Ingrimm – übersah, daß er selbst nicht in diese Klasse gehört; er war sozusagen verblendet. Um im schweren Fach reussieren zu können, braucht man nicht nur Kraft und sehr gute Kondition, sondern auch die Übersicht und Disziplin, beides einzuteilen.

Außerdem braucht man eine sichere Technik. Und man braucht Leute, die für einen sind. Ingvar Ingrimm hatte nichts davon. Schon während der ersten Probenwoche wurde er zugrunde gerichtet. Er begriff es nicht. Er stampfte auf die Bühne, zwei Meter groß, hundertzehn Kilo schwer, mit einem freundlichen Lächeln im Wikingergesicht, und sang immer aus. Er freute sich, nach so langer Zeit wieder große Räume mit seiner Stimme füllen zu dürfen, außerdem wollte er zeigen, daß er sich nicht schonte und grenzenlos leistungsbereit war.

Peggy haßte ihn instinktiv. Sie beschwerte sich beim GMD über »den Brülltenor«. Der GMD kam auf eine Probe und sagte: »Sie singen wie ein Schwein. Während der ganzen Probe habe ich keine einzige richtige Note gehört. Ab sofort nehmen Sie jeden Tag vor der Probe eine halbe Stunde Korrepetition.« Ingvar lächelte bestürzt: »Danke, Maestro.« Zum Regisseur sagte Beetz: »Der singt nicht nur wie ein Schwein, der spielt auch so. Nimm ihn ruhig etwas schärfer ran!« Allen im Ensemble war damit klar, daß Ingvar auf der Abschußliste stand. Manche bedauerten ihn. In der Kantine schüttelten sie den Kopf über sein »offenes Singen mit Herauftreiben der Mittellage – kann den denn keiner warnen?« Nun, Jan versuchte es und stürzte ihn damit nur in Panik: Ingvar beherrschte keine andere Technik. Allen wurde klar, daß ihm nicht zu helfen sei, und sie überließen ihn seinem Schicksal.

Nach drei Wochen war Ingvar heiser. Er wagte nicht, zum Arzt zu gehen, weil das seine Unsicherheit offenbart hätte: Der einzige HNO-Arzt von Neustadt war als Klatschmaul bekannt. Ingvar versuchte zu markieren, aber die Stimmbänder waren bereits angegriffen, sie sprangen nur noch auf Druck an, und er forcierte, um das zu verbergen. Er suchte Rat bei Kollegen. Er wollte wissen, was eigentlich los sei, aber alle wichen ihm aus. Ingvar witterte eine Verschwörung, aber was konnte er tun? Als nordischer Held gab er nicht auf, er war bereit zu kämpfen, er setzte auf seine Kraft.

Die Orchesterproben gaben ihm den Rest. Die Generalprobe sang er mit berstender, heulender, splitternder Stimme. Danach beschimpfte ihn der GMD als Hochstapler. »Wieso, ich hab's doch geschafft!« rief Ingvar bestürzt. »Nur eine kleine Katarrh!« – Er hatte alles auf diese Karte gesetzt, sich verschuldet, Intendanten zur Premiere eingeladen. Er hatte sich sogar von seiner Frau ferngehalten, dabei liebte er sie und fand sie wunderbar. Sie fand ihn inzwischen auch wieder wunderbar und stellte sich vor, wie sie nach seinem absehbaren Durchbruch zwischen Met, Unter den Linden und Opera Bastille hin- und herjetten würde. Gestern war sie mit dem Töchterchen eingetroffen. Sie war in der Pause mit ihm über die Bühne gelaufen und hatte fotografiert, wie er mit Schwert und Helm als Heldentenor posierte. Die Fotos waren für einen Prospekt gedacht, den Ingvar bereits entworfen hatte: *Ingvar Ingrimm / Heldentenor*. Auch die Tochter hatte photographiert, fürs Familienalbum.

»Kommen Sie in mein Büro!« Vor Verachtung sprühend eilte Beetz zum Intendanz-Trakt, ein vibrierender Racheengel. Immer noch im Kostüm, das stumpfe Schwert in der Hand, von Schweiß und Schminke triefend, tappte Ingvar hinter ihm her. »Unterschreiben Sie, daß Sie die Partie übermorgen beherrschen und anständig zu Ende singen, sonst lasse ich Sie nicht auf die Bühne. Was bedeutet, daß Sie dann auch das Anrecht auf die sieben garantierten Vorstellungen verlieren.

»Ich habe einen Vertrag!« rief Ingvar heiser.

»Sie haben einen Sondervertrag. Sie wissen genau, daß Sie nicht als fertiger Tenor hier angetreten sind. Sie haben etwas zu beweisen, und ich bezweifle, daß Sie es schaffen. Zwanzig Kollegen hätten uns um eine solche Chance bekniet, Sie haben sie bekommen. Und jetzt danken Sie's uns, indem Sie das Haus blamieren. Entweder Sie unterschreiben, oder Sie reisen ab.«

»Wer würde sonst singen?« flüsterte Ingvar.

»Ich habe einen Cover geholt. Lassen Sie sich überraschen.«

Ingvar unterschrieb. Beim Verlassen des Hauses traf er den Cover auf der sonnigen Straße. Es war der Dicke in Leder, der mit bedenklichem Lächeln heute in der zweiten Reihe gesessen hatte. Der Cover hielt sich bereit, jederzeit einzuspringen, und bekam schon dafür die halbe Gage. Er schlug Ingvar auf die Schulter und rief mit gesunder, klingender Stimme: »*Hi, Billy! I sure don't wish you anything bad. Anyway I'm not all that eager to do the role!*«

Ingvar kämpfte sich durch die Premiere. Er sang mit dem Mut der Verzweiflung, gewaltsam, übersteuert, falsch: Er stand mit aufgerissenen Augen an der Rampe und brüllte um sein Leben. Ihm war klar, er taumelt am Abgrund. Erst im letzten Monolog wußte er, daß er durchkommen würde; er schrie ekstatisch:

WIE, HÖR' ICH DAS LICHT?
DIE LEUCHTE, HA!
DIE LEUCHTE VERLISCHT!
ZU IHR, ZU IHR!

und brach zusammen. Tristans Tod, selten ersehnt, mit Atemnot und schmerzender Kehle: Die Stimmbänder fühlten sich zerfetzt an, die Lungen stachen, aber Ingvar war nicht geflohen, er war kämpfend untergegangen; er war, wenn schon kein Sieger, so doch ein Held.

Der Vorhang senkte sich in den anbrandenden Applaus. Peggy kam auf die Füße, langsam, fast leuchtend vor Genugtuung. »*Congratulations*«, röchelte er, Kinn und Wangen voll grünem Schleim, »*you did a perfect show!*« Sie wandte sich ab. Beetz tauchte auf, im Laufschritt aus dem Orchestergraben, und umarmte Peggy: zwei glückliche Unternehmer nach dem großen Coup. Die Bühnenarbeiter zogen am Vorhang, die Inspizientin schob Peggy hinaus, draußen ein Jubelschrei aus tausend Kehlen.

Der GMD gab Ingvar nicht die Hand. Am nächsten Tag lag das Kündigungsschreiben im Hotel. Ingvar fühlte sich betrogen. Ein normaler Held wäre jetzt ins Theater gerannt mit gezücktem Schwert. Aber Ingvar, körperlich und seelisch gebrochen, reiste ab. Als er zur Besinnung kam, schrieb er drei Mitarbeitern des Hauses, die ihm gelegentlich zugelächelt hatten. Keiner antwortete. Alle Intendanten, die die Vorstellung gehört hatten, sagten ab. Ingvars Stimme war ruiniert. Nur ein Kreditthai lieh ihm noch Geld. Ingvar nahm einen Kredit auf und ging zu einem Anwalt.

Nächste Woche ist die Verhandlung. So ist es im Leben, weiß Beetz: Der eine stürzt ab, der andere steigt auf: Die natürliche Struktur des Lebens ist nicht der Quader, sondern die Pyramide. Jeder muß für sich selbst sorgen, und dieser tapsige, kindliche, bald großspurige, bald elende Verlierer war nicht fähig dazu. Leben ist Kampf. Was zählt, ist Leistung. Auch ihm, Beetz, hat keiner was geschenkt. Er hat das Pult durch Härte und Disziplin erobert. Und durch Intelligenz, wie er nie vergißt zu erwähnen. Er hält sich zugute, daß er intelligenter ist als Ingvar Ingrimm; den man jetzt wohl wieder Bill Boogie nennen muß, fügt er in Gedanken lächelnd hinzu.

Gastieren

Eine distinguierte ältere Dame reiste mir eine Zeitlang nach«, erzählt Luna, die freischaffende Mezzosopranistin. »Kennengelernt hatte ich sie nach einem Purcell-Konzert. Da stand sie vor dem Bühneneingang im Regen und sagte: ›Sie sind eine Göttin der Kunst. Erlauben Sie, daß ich Ihren Koffer trage?‹ Sie schien allerhand Geld und Zeit zu haben und fuhr zu fast allen meinen Konzerten. Dann wurde sie kritisch und sagte vorwurfsvoll: ›Ihr Gesangsstil ist völlig unitalienisch!‹ Eines Tages nach einem Konzert saß sie betrunken an meinem Tisch, fuchtelte mit einem fettigen Hammelknochen und rief: ›Sie sind eine Göttin der Kunst! Aber Ihr Gesangsstil ist völlig unitalienisch!‹ Zwischen uns saß der Veranstalter, auf seiner weißen Hemdbrust sammelten sich orangefarbene Talgtröpfchen. Schließlich stand er auf und ging, und er hat mich nie mehr engagiert.«

Jan läßt sich manchmal aus Lunas freiem Sängerleben berichten, um sich zu gruseln. Wessen Schicksal sogar von Verehrer-Launen beeinflußt wird, der hängt wirklich in der Luft. Nach solchen Berichten versöhnt sich Jan mit seinem Geschick als fest engagierter Solo-Korrepetitor in der Provinz. Der Festengagierte wird zwar noch schlechter bezahlt und noch mieser behandelt als der Freischaffende, aber er weiß wenigstens, daß es auf eine gewisse Dauer ist.

Luna gibt das zu. Allgemeine Unzuverlässigkeit, Unhöflichkeit, Mißachtung; schlechte Zahlungsmoral; die billigen Quartiere, die absurden Abfertigungen... »Das schlimmste ist sicher die Abhängigkeit von menschlichen Emotionen«, raisoniert Luna, »wo doch jeder weiß, daß menschliche Emotionen das Unzuverlässigste von der Welt sind. Erinnerst du dich zum Beispiel an Uwe Minzel mit seinem Streichensemble? Wir haben letztes Jahr wunderbare Konzerte miteinander gehabt. Ich durfte während der Proben bei ihm wohnen, nächtelang haben wir uns über Kunst unterhalten, mit seiner Frau, einer Schlagzeugerin, habe ich mich angefreundet.

Plötzlich höre ich nichts mehr von ihm. Irgendwo sehe ich ein Plakat mit einer anderen Sängerin. Dann erfahre ich: Er ist mit einer jungen Mezzosopranistin durchgebrannt, die singt jetzt alle seine Konzerte. Sie soll eine Riesenröhre haben. Als ich das einem Kontrabassisten weitererzählte, sagte der: *Riesenröhre? Die? Wo?*«

»Sehr unangenehm«, bestätigt Jan. »Und wie läuft's mit Ramm? Ist der nicht Intendant geworden?«

»Er hat mich engagiert, aber nur als Einspringerin; mein altes Los. ›Was macht die Stimme?‹ fragte er. Er hat mal ein Konzert mit mir abgesagt, weil er schlecht vorbereitet war, und dann überall erzählt, ich *sei* krank geworden. Das glaubt er inzwischen selbst. Er ist runzlig geworden, versteckt sich hinter seiner Pfeife und wirkt geistesgestört. Wenn er an mir vorbeikam, summte er: ›Singensingensingen – Singensingensingen‹. Das Konzert war eine Uraufführung. Ich sang die erste Probe vom Blatt und geriet ein einziges Mal ins b, wo ich hätte a singen sollen. Da sagte er: ›Dürfte ich Sie bitten, sich bemühen zu wollen, in der Nähe von a zu singen – Kammerton a?‹«

Luna ist voll von solchen Geschichten. Sie findet, daß das Kulturleben in Deutschland am Ende sei. Deutschland habe nichts Besseres verdient: eine einmalige Ausgangsposition und Tradition, und alles werde verschenkt. Manchmal gastiert Luna in Rumänien und Bulgarien, und da ist es furchtbar, aber die Kunst gilt dort was, während sie in Deutschland, das nur noch von seinem Fett lebt, verlischt. Jan, der selber am Verlöschen ist, stellt sich die immer matter glimmende Kunst unter einem welken Blatt in einem herbstlichen Wald vor. »Erzähl mir von Rumänien«, bittet er.

In Rumänien war Luna im Februar. Zwei Vorstellungen *Lied von der Erde* in Tirgu Mures und Hunedoara. Sechs Stunden Zugfahrt im Februar. Im Bahnhof von Bukarest hatte sie zwei Stunden Aufenthalt und fror entsetzlich: Der Wind hatte Schnee in die Eingänge getrieben, da ließen sich die Türen nicht mehr schließen, eisige Luft pfiff durch den

Saal. Luna saß schlotternd auf einer Bank, bis an die Fesseln im Schnee; sie durfte ihre Koffer nicht aus den Augen lassen wegen der Zigeuner. Gottseidank tauchte plötzlich ein Violinist des Orchesters auf, der, frag nicht wie, sie hier ausfindig gemacht hatte. Er brachte eine Decke und eine undichte Thermoskanne mit Tee, er hatte Plätze im Zug reserviert, die er sogar fand und für sie beide freikämpfte.

»Und stell dir vor, im Zug habe ich einen echten deutschen Nazi getroffen!« erzählt Luna. »Ich saß also mit dem Geiger Radu im Abteil; wir sprachen Französisch. Der Nazi saß gegenüber, Anfang Fünfzig, massig, häßlich, Cowboystiefel, kariertes Hemd, Fellmantel über den Knien. Versehentlich fiel ich ins Deutsche, da sprach er mich sofort an im Ruhrpott-Dialekt. ›Wie schön, Deutsch zu hören in diesem beschissenen Land. Sehen Sie, Dreck überall, Schlamperei, Verspätung, auf dem Bahnsteig marschiert man über Zigeunerfrauen, die einem an die Beine greifen...‹ Etwas später durchkämmte eine Gruppe von Zigeunerinnen den Waggon. Sie platzten in jedes Abteil, segneten die Reisenden und forderten dafür Geld; wenn sie's nicht bekamen, verfluchten sie einen. Sehr schwer, sie loszuwerden. ›Scheiß Zigeuner‹, sagte der Nazi, ›eine echte Landplage. Frech, faul, gierig. Aber keiner traut sich, Nägel mit Köpfen zu machen. Dabei hat das Land weiß Gott genug Probleme‹ usw. ›Auch Deutschland hat Probleme‹, sagte ich. Er, unvermittelt, heftig: ›Deutschland hat nur ein Problem, und zwar ein Judenproblem!‹ Ich erwiderte: ›Nein, vor allem hat es ein Deutschenproblem.‹ Das ist nicht von mir, sondern von Ignatz Bubis, und es stimmt auch nicht ganz. Aber manchmal muß man es sagen. Er wollte das mit mir diskutieren, aber ich sah im fest in die Augen und sagte: ›Schalom.‹«

Luna trifft immer solche Leute und erzählt mit einem gewissen Genuß von ihnen.

Jan schämt sich.

»Was der Nazi in Rumänien machte, war unklar«, sagt Luna. »Einiges hat er erzählt, zum Beispiel: Er Schoß Singvögel und fotografierte schmutzige nackte Straßenkinder, ›aber gestern hab ich eins photographiert, das hatte obenrum ein Hemdchen an. Das ist nicht gut. Das kann man nicht absetzen.‹ Radu und ich machten uns Gedanken darüber. Wir kamen zu dem Resultat, er sei ein Naturschänder und Pornograph.«

Jan schämt sich noch mehr und denkt: Bald werde ich mich nicht mal mehr schämen können. O weh. Aber noch habe ich wenigstens ein festes Engagement.

Anhörung

Anhörung? Was ist das?« fragt Jan die Intendanzsekretärin Frau Fugger. Sie antwortet hektisch: »Weiß ich nicht! Bitte machen Sie Platz!« Das Vorzimmer des Intendanten ist klein, nicht dafür vorgesehen, daß Angestellte hier ihre Post lesen. Warum hat Jan überhaupt gefragt?

An der Pforte hatte eine Nachricht gelegen, er möge in der Intendanz einen Brief abholen. Er ging gleich hinauf. Den Empfang mußte er mit einer Unterschrift bestätigen, und Frau Fugger übergab ihm den Umschlag mit so eiliger und heikler Gebärde, daß Jan sich nicht beherrschen konnte und ihn sofort aufriß. Der Brief ist kurz: Jan Laber wird im Sinne von Paragraph 2 Absatz 5 des Tarifvertrages über die Mitteilungspflicht am übernächsten Montag zu einem Gespräch (Anhörung) in das Büro des Intendanten geladen.

Jan ist weniger neugierig als erschrocken. Er hat nur nachgefragt, um überhaupt in diesem Augenblick mit jemandem zu sprechen. Was Frau Fuggers Abfuhr bedeutet, ist eigentlich klar, aber Jan ist so unwillig, der Wahrheit ins Auge zu blicken, daß er keinen Gedanken mehr fassen kann. Ihm wird übel, er stützt sich auf den Tisch. Frau Fugger zieht den Aktenordner, der vor ihr liegt, aus der Reichweite seiner feuchten Hand. Jan lächelt verkrampft eine Entschuldigung und geht.

Es ist die Kündigung, die Nichtverlängerung, wie es am

Theater heißt. Zu Hause liest er es im Tarifvertrag nach. Ab Ende der Spielzeit wird er arbeitslos sein. Er wundert sich, wie schockiert er ist, denn er ist immerhin mit dem Bewußtsein, eine tödliche Krankheit zu haben, ganz gut zurechtgekommen und fühlte sich den irdischen Angelegenheiten schon halb entrückt. Jetzt überlegt er, wie lange der Ausbruch der Krankheit wohl noch auf sich warten läßt und wie er als Arbeitsloser das Warten darauf wird ertragen können.

Zunächst muß er auf den Anhörungs-Montag warten. Er macht die Erfahrung, daß er allein ist. In dem entsprechenden Artikel im Tarifvertrag hat es geheißen, er dürfe »eine Vertrauensperson« mitbringen; aber er findet keine. Alle fürchten sich. Vor der Despotie des GMD, oder vor dem Bazillus der Erfolglosigkeit. Dieselben Leute, die bis vor kurzem in der Kantine seinen vernichtenden GMD-Analysen applaudiert haben, meiden jetzt seine Nähe. Jan macht sich auch Gedanken über die panische Abwehr von Frau Fugger, der Dragonerin Frau Fugger, die angeblich nicht weiß, was eine Anhörung ist, obwohl sie seit Jahrzehnten im September solche Briefe und die folgenden Kündigungen tippt. Die sind sozusagen ihr täglich Brot. Frau Fugger hat einmal mit schmelzender Stimme zu Jan gesagt: »Herr Laber, Sie haben einen Anschlag, als wär's Honig.« Jetzt, da man ihn feuert, war sie nicht einmal imstande, ihm in die Augen zu sehen. Gerade ist Jan dabei, sich zu erbittern, da erinnert er sich an den unglücklichen Tenor Ingvar Ingrimm, der, nachdem er zugrunde gerichtet worden war, Jan in einem Brief um Hilfe gebeten hatte: Jan hat nicht einmal geantwortet. Kleiner Treppenwitz: Jetzt hat er genug Erfahrung, um sich anständig zu benehmen, aber keine Gelegenheit mehr dazu.

Jan gibt es auf, einen Begleiter zu suchen. Einem Sänger, der die gleiche Vorladung bekommen hat und ähnliche Erfahrungen macht, bietet er in aufwallendem Heroismus sich selbst als Vertrauensperson an, aber der Sänger meint – nicht zynisch, eher ratlos –: »Ich glaube kaum, daß das mir nützt.«

Als er sich am Morgen des Anhörungsgesprächs im Spiegel

sieht, erschrickt er. Bleich, gedunsen; gespenstisches Lächeln. Sein Gesicht ist starr. Er fühlt seine Lider vor Angst pochen, gleich darauf seinen schweißnassen Kragen. Außerdem fühlt er Scham. Er hatte sich unverwundbar geglaubt und wird jetzt davongeblasen wie eine Schneeflocke.

Im Bühneneingang begegnet Jan dem Sänger Hofmann, einem der vielen hier im Haus, die er verachtet. Der dicke Hofmann mit seinem Operettenschnurrbart und den obszönen Witzen, Hofmann, der auf dem Land lebt und seinen Obstgarten entschieden mehr liebt als die Kunst, Hofmann – ungepflegte Stimme, ordinäres Vibrato, nachlässige Phrasierung –, Hofmann, der fast alle Unarten der Provinzkultur verkörpert, kollert im Baß eine Operettenmelodie und schwenkt eine Plastiktüte. Er riecht, wie so oft, nach Schweiß. Jan grüßt ihn nicht einmal, als er sich an Hofmanns Bauch vorbei durch die Tür drückt.

»Na, mit dem falschen Fuß aufgestanden?« Hofmann läßt ihn nicht durch. Er greift in seine Plastiktüte und strahlt: »Magste 'n Apfel?« Klar, jetzt ist Erntezeit, und Hofmann verteilt die Früchte seines Obstgartens bereitwillig an jedermann. Er nimmt seine Plastiktüten sogar mit auf die Probebühne, erinnert sich Jan, und legt sie stolz aufs Klavier. Einmal in einem Anfall von Ärger hatte Jan die Tüte zu Boden gepfeffert, und Hofmann hatte die Äpfel mit so bestürztem Blick eingesammelt, daß Jan fürchtete, er werde das nie vergessen; bis er es vergaß. Jetzt fällt es ihm wieder ein.

»Nein danke.«
»Was ist denn los?«
»Anhörung.« Jan versucht, möglichst eilig auszusehen. Aber Hofmann ist ehrlich entrüstet. »*Du?*«
Jan nickt und will vorbei.
»Jetzt?« ruft Hofmann. »Allein«
Jan nickt gequält.
»Ich geh mit dir«, sagt Hofmann. »Ich bin Gewerkschafts-Obmann und Personalrat, mich weisen die nicht zurück.«
Sie betreten zusammen den Intendanzgang.

An ihnen vorbei stürzt mit verweintem Gesicht Molly, die Soubrette.

Frau Fugger begrüßt die Männer schroff.

Sie betreten das Büro des Intendanten. Die Sonne scheint herein, unter ihnen schimmern die nassen Dächer der Altstadt.

Jan ist vom ersten Schritt an sprachlos vor Haß. Der GMD, schneidig, braungelockt, lacht ihm ins Gesicht und drückt fest die Hand, die Jan ihm hätte verweigern sollen. Du Null, denkt Jan. Du Hochstapler. Hanswurst. Weil du weißt, daß du niemals gut sein wirst, hast du Politik gemacht – intrigiert, eingeschüchtert und die entscheidenden Leute dazu gebracht, dich gut zu finden. Das ist der Sieg der Politik über die Kunst: Der Fuchs darf die Trauben bespucken, die zu hoch hängen. Du triumphierst, weil du es geschafft hast, täglich am Pult die Musik schänden zu dürfen, ohne daß das Publikum es merkt, und diejenigen zu vernichten, von denen du dich durchschaut glaubst.

»Sie wissen, worum es geht.« Das ist der Intendant, Amadeus. Als Hausherr spricht er die ersten Worte. Er streicht sich durch die dünnen, goldblond getönten Haare und lächelt gedankenvoll. Ihn haßt Jan genauso sehr. Aber er muß einräumen – Augenblick der Wahrheit! –, daß der Intendant vielleicht ein Kulturopportunist und ein Schwein ist, aber doch ein erfolgreiches, wohlhabendes Schwein, während er, Jan, offensichtlich als Künstler ebenso gescheitert ist und dazu ein erfolgloses, armes Schwein.

»Ich übergebe das Wort dem Generalmusikdirektor.« Amadeus, mitfühlend.

»Wir werden Ihren Vertrag nicht verlängern«, sagt der GMD, »aus folgendem Grund: Sie scheinen unmotiviert und renitent. Sie haben sich Mitgliedern des Hauses gegenüber abfällig über den musikalischen Stil des Hauses geäußert.« Sein bleiches Gesicht leuchtet, seine Stimme hat den angespannten, genußvollen Ton, mit dem er während der Proben Orchestermusiker erniedrigt und Sänger zum Weinen bringt.

In Fachgesprächen ist Jan ihm nie eine Antwort schuldig geblieben, aber jetzt fällt ihm nichts ein, er ist tatsächlich ohnmächtig vor Haß.

»Jan wußte nicht, daß das verboten ist«, ergreift unerwartet Bassist Hofmann das Wort; ohne Ironie. Der gute Hofmann. Er sieht Jan aufmunternd an und legt ihm sogar die Hand aufs Knie. Freundschaftlich. Jans Kiefer zittert.

»Verboten ist es nicht«, gibt der GMD zurück, »aber Opposition in meinem Kader kann ich nicht brauchen. Wir müssen alle am selben Strang ziehen. Sie, Herr Laber, hatten Gelegenheit genug, das zur Kenntnis zu nehmen.«

Ich war frech, denkt Jan, jetzt bekomme ich die Quittung. Aber du liebe Güte, was soll's. Ich muß ja nicht ins Gefängnis, ich verlasse lediglich dieses Haus. Es gibt andere Häuser mit besseren GMDs.

»Aber Sie wissen doch selbst, es gibt nirgends freie Stellen«, sagt Hofmann. »Sie setzen ihn vorsätzlich auf die Straße, dabei hat das Haus durch ihn keinen Schaden gehabt.« Der verbindliche, spießige Hofmann mit den kleinen gelben Äpfeln in der Plastiktüte kämpft um Jan, der ihn verachtet.

»Ich glaube nicht, daß Sie beurteilen können, was dem Haus schadet und was nicht!« sagt der GMD scharf.

»Vielleicht wissen Sie nicht, was uns Sänger bewegt, aber die Vorstellungen ruhen auf unseren Schultern«, beharrt Hofmann. »Hier am Haus herrscht ein ungeduldiger Ton, es werden oft musikalische Rügen ausgesprochen, die wir nicht verstehen. Deswegen sind wir verkrampft, deswegen werden so viele krank. Wenn Jan mit uns arbeitet, fühlen wir Boden unter den Füßen. Er arbeitet organisch, er begleitet –«

»Ihr Urteil über Dirigiertugenden interessiert uns nicht. Kümmern Sie sich darum, daß Sie besser singen.« Der GMD. Scharf, lustvoll. Zu Jan: »Daß es keine Vakanzen gibt, war Ihnen bekannt. Daran hätten Sie früher denken müssen. Im übrigen weiß ich sowieso nicht, ob das der richtige Weg für Sie ist. Für mich sind Sie kein Dirigent. Vielleicht finden Sie eine Lehrstelle für Klavier an einer Hochschule. Für das andere fehlt Ihnen etliches.«

Jan schweigt, sozusagen erstickt unter einer Lawine von Selbstbezichtigungen, die er selbst losgetreten hat. Eigentlich bin ich selber schuld. Ich habe meine Karriere nicht organisiert, sondern mich – herumgetrieben... Das schlimmste aber ist: Ich war zwar immer sicher, daß ich am besten über die Kunst Bescheid weiß. Aber ich habe nie für sie gekämpft, sondern nur die anderen verachtet. Ich habe, was ich verdiene: Jetzt bin ich am Sterben, und dieser nackte Provinzkaiser tritt mich in den Staub.

Die sechste Vorstellung

Die sechste Vorstellung *Fidelio* ist über die Bühne gegangen. Jeder tat seine Arbeit, so gut er konnte. Jan hat versagt. Bei *Fidelio* hat er Bühnendienst, das heißt, er dirigiert hinter der Bühne die Trompeten, die aus der Ferne das Herannahen des Ministers verkünden. Eigentlich eine Schikane, denn die könnten es ohne ihn auch, und besser. Jan jedenfalls hat beide Anschlüsse vergaßt, eindeutig ein psychisches Versagen; und Leidtragende sind natürlich die Sänger, die eigentlich in einem höchst dramatischen Augenblick durch die Fanfare gebannt werden sollten; jetzt erstarren sie zum entsprechenden Zeitpunkt und verharren reglos, in einer surrealen Stille, die nur ihr Keuchen hörbar macht, bis drei quälend lange Sekunden später das Signal ertönt.

Saskia war hinreißend. Sie ist überhaupt bester Dinge und bucht jetzt, wenn sie zu den Vorstellungen anreist, ein Doppelzimmer mit Arrigo Leipzig im zweitbesten Hotel. »Das muß drin sein!«

Arrigo Leipzig, mal phallisch-statuarisch, mal ausgelassen ironisch, so interessant zweideutig wie je, birst auf der Bühne vor Dämonie und singt wunderschön. Babs auf der Seitenbühne ringt vor Begeisterung die Hände.

Charlton Potter, der Tenor, ist leicht erkältet und panisch. Das bekommt vor allem die Inspizientin Andrea zu spüren, bei der er übernachtet, wenn er in Neustadt ist (Er läßt sich von ihr Übernachtungsquittungen ausstellen, teils um seine Frau zu beruhigen, teils um Steuern zu sparen). Morgens, wenn er erwacht, summt er Tonleitern, um dann kalkweiß im Gesicht unter seiner Decke hervorzutauchen: »Hast du gehört? Das E spricht nicht an!« Beim Frühstück sitzt er düster da, bis er anfängt, Zettel zu bekritzeln in kindlich rückwärtsgeneigter Schrift: *Ich mus meine Stimme schonen!*

»Wieso sagst du nicht ab?« Andrea gerät unwillkürlich ins Flüstern.

Er schreibt: *Wenn ich nicht singe, ich verdiene kein Geld.*

Andrea – robust, großzügig – nimmt, ihrem Naturell gemäß, Rücksicht. Aber die Implikationen versteht sie nicht. Die Existenz des Sängers hängt an zwei win-zigen Muskeln, die übermäßig strapaziert und entsprechend leicht verletzt werden, vergleichbar vielleicht den Beinen von Fußballern. Jeder Schnupfen ist eine Gefahr. Wer zu leicht absagt, gilt den Veranstaltern als Risiko, wer auch bei Krankheit nie absagt, ruiniert seine Stimme. Eine zerstörte Stimme stellt sich nicht wieder her.

Da sie sich also nicht mit Charlton unterhalten kann, trägt Andrea das Frühstücksgeschirr in ihre Schrankküche und spült ab, bis Charlton auftaucht, noch stattlicher wirkend im engen Flur, und ihr mit ratloser Miene einen weiteren Zettel hinhält: *Mein Haus ist noch nicht abbezahlt. Angst!*

Die siebte Vorstelllung

Offenbar hat Charlton bei ihrem Duett Saskia angesteckt, denn die siebte Vorstellung sagt Saskia wegen Erkältung ab. Eine halbe Stunde später sagt auch Arrigo Leipzig ab, was Sebastian Herbst, den Leiter des Betriebsbüros, zu dem Ausruf veranlaßt: *Verdammte* (Kraftwort), *warum können die nicht* (Kraftwort für: den Beischlaf ausüben), *ohne zu* (vier Kraftwörter für eine mutmaßlich ansteckungssichere Variante desselben)?

Babs arbeitet zwei Gäste ein, einen soliden, etwas langweiligen Pizarro und eine überraschend gute Leonore. Die Leonore ist eine kleine, häßliche Amerikanerin namens Joy, vielleicht fünfundvierzig Jahre alt, mit verzagtem gelbem Gesicht und geschwollenen Füßen. Sie kommt im letzten Augenblick, und Babs will ihr nur das Nötigste erklären. Aber Joy fragt mit rauher Stimme nach hundert Inszenierungsdetails, probiert alles aus und bittet um Korrekturen. Ihre blassen, wimpernlosen Augen saugen sich an Babs fest wie ein Schwamm, und später, bei der Vorstellung, stellt Babs fest, daß Joy sich alles gemerkt hat. Sie frißt förmlich die Bühne. Die Stimme ist tragend, ausdrucksvoll, wenn auch nicht edel. Ein schweres Vibrato, auf der Probebühne klang sie abgesungen. Bei der Vorstellung aber kommen die langen Schwingungen zum Blühen und überstrahlen das wie immer zu laute Orchester, als wäre es eine Kurkapelle. Ohne Unterstützung durch den Dirigenten, voll Leidenschaft, ringt Joy um ihre Vision von Beethoven. Verglichen mit Saskia wirkt sie tragisch. Selten klang in Neustadt das *Vielleicht das Grab der Gatten graben, / Was kann fürchterlicher sein?* so bang, und nie hat das Wiedersehensduett *O namenlose Freude!* seit der Premiere so hitzig, so selig geklungen. Die Chemie zwischen Charlton und Joy stimmt, und so kommt es, daß Charlton und Joy, die beiden Enttäuschten, Geängstigten, in der Kunst – und ausgerechnet in einem Jubelgesang – zueinander finden.

Nach diesem Duett müssen Florestan und Leonore umschlungen zu Füßen eines Schafotts liegen, während Volk und Minister zum Finale aufmarschieren. »*I just can't hack it anymore*«, sagt Joy zu Charlton, während an den Brücken die HMI-Scheinwerfer gezündet werden, die die ganze Szenerie in ein erst gespenstisch bleiches, dann gleißendes Licht tauchen. »Ich kann nicht mehr. Ich habe kein Glück gehabt mit meiner Karriere. Plötzlich bekam ich schlechte Kritiken, Buhs; man hat mich verleumdet... Ich hätte vielleicht nicht ins dramatische Fach gehen dürfen, denn von hier gibt es keinen Abstieg, nur einen Absturz. Seit zwei Jahren bekomme ich nur noch Einspring-Aufgaben.« Die HMIs haben sich aufgeheizt und versprühen ihr schärfstes Licht, während der Minister den gefesselten Florestan aufhebt und den Verbrecher Pizarro entlarvt.

WER EIN SOLCHES WEIB ERRUNGEN,
STIMM IN UNSERN JUBEL EIN!

schmettert Charlton stolz. Er hebt die zusammengebrochene Leonore (Joy) vom Boden auf und streicht ihr zärtlich übers Haar. Von ihrem Pult aus beobachtet Andrea diese Szene und fragt sich: Muß ich jetzt was gegen diese Joy unternehmen?

Aber am Schluß bekommt Joy Buhs, und danach hört keiner mehr etwas von ihr.

Kantinengespräch

Saskia ist wieder da. »Man hat dich vermißt«, sagt der Anführer der Claque zu ihr in der Kantine. »Aber wir haben deinen Platz in Ehren gehalten. Diese Joy haben wir weggebuht.«

»So?« lächelt Saskia. »Und ich hörte, sie sei gut gewesen.«

»Eine unsägliche Heulboje. Mit 'nem Vibrato, da könnte ein Panzer durchfahren.«

Saskia sitzt an einem Tisch zwischen Arrigo Leipzig, Babs, Andrea, Jan und dem Korrepetitor Detlev. Arrigo Leipzig betrachtet sie mit Glutaugen, und auch der Korrepetitor Detlev ist offensichtlich in sie verliebt.

»Wir sollten gehen und uns noch etwas aufs Ohr legen«, sagt Arrigo Leipzig zum fünften Mal mit seiner schönen Stimme.

»Ach, geh doch voraus, Lieber, ich trinke noch was und komm dann nach.«

Arrigo schreitet davon, fesch und kraftvoll. »Er geht den Inhalt seiner drei Koffer sortieren«, flüstert Saskia geheimnisvoll. Dann, wieder laut: »Aber sagt mal, stimmt es, daß ihr nächstes Jahr *Arabella* plant?«

»Woher weißt du?«

»Buschfunk!« Saskia zwinkert dem Korrepetitor Detlev zu.

»Du möchtest Arabella singen?« fragt Babs entgeistert.

»Ich glaube kaum, daß du dir hier Chancen ausrechnen darfst«, warnt Jan.

»Wieso nicht? Ich gehe dem GMD ein bißchen um den Bart. Unglaublicher Eisklotz. Aber vielleicht krieg ich ihn noch warm.«

»Um Himmels willen, warum?«

»Arabella ist eine Traumpartie von mir. Freilich bräuchte ich einen guten Regisseur, der mich dazu bringt, diese Sätze richtig mit Ausdruck zu füllen.«

»Welche Sätze?«

»*Du sollst mein Gebieter sein...*« flötet Saskia. »*... und selig werd ich rein und gehorsam wie ein Kind.*«

»Gehorsam wie ein Kind?« empört sich Babs. »Warum nicht glücklich wie eine Frau?«

»Weil das so im Text steht.«

»Und da sträubt sich dir nicht alles?«

»Schon, aber es reizt mich auch. Deswegen bräuchte ich den guten Regisseur.«

Babs, die sich daran erinnert, wie Saskia auf den *Fidelio*-Regisseur zuflog (»Quäle mich!«), will eigentlich an sich halten, muß dann aber doch schimpfen. »Was für eine unsäglich zopfige, infantile Ideologie! Mit diesen verräterischen Jugendstilmetaphern – ein grotesker Sexismus nach dem anderen!«

»*So wahr aus diesem Glas keiner trinken wird nach mir, so bist du mein und ich dein auf ewige Zeit!*« zitiert Saskia bereitwillig.

»Geht dir da kein Licht auf?«

»Na klar! Ist doch herrlich: *Dein Schritt vor meiner Höhle...*«, kichert Saskia.

»Das ist aber aus *Ariadne*«, bemerkt Detlev verwirrt. Sie streiten. Das alte Thema! denkt Jan, den alle Strauss-Reminiszenzen schmerzlich an sein Kölner Vorspiel-Versagen erinnern. »Es ist Kitsch, es ist anfechtbar, es ist unvernünftig«, sagt er laut. »Aber es ist eine perfekte Musik, und die Orchesterbehandlung ist sensationell. Schöner kann man's nicht machen.«

»Musik zu so'nem verlogenen Unsinn, da stimmt was nicht!« Babs. »Geschmäcklerisch, manieriert, trivial...«

Bevor sie alle einschlägigen Dummheiten wiederholen kann, fährt Jan ihr in die Parade. »Trivial vielleicht, aber in höchster ästhetischer Vollendung. Wie kommst du auf die Idee, daß Musik politisch korrekt wäre? Musik überhöht einfach, die Irrtümer ebenso wie die Wahrheit. Sie veredelt noch unsere grausigsten Irrtümer. Vielleicht ist es das, was uns süchtig macht? Wie soll denn Kunst überhaupt Orientierung geben können, nachdem sie *von uns* stammt?« Jan ist aufgesprungen. Alle betrachten ihn überrascht.

»Denn alles, was wir angreifen«, ruft er, »verwandeln wir in eine Farce. Als hätten wir unsere Ideale nur ausgedacht, um uns vor ihnen zu blamieren. Wir, die wir hier sitzen: was produzieren wir außer Fehlern? Unsere Arbeit – eine Serie von Pannen. Unsere Freundschaften – ein System von Mißverständnissen. Unser Thema, die sogenannte Liebe, ach Gott: eine wirre Unruhe, sonst nichts. Auch die Liebe in der Oper besteht nur aus Angst, Erpressung, Machtkämpfen, Wahn und Betrug. Erbarmungslos vergeuden wir unsere Zeit, und die Musik tröstet uns darüber hinweg, indem sie unsere Verblendung bestätigt. Ihr einziger Vorteil gegenüber anderen Ersatzhandlungen ist ihre relative Unschädlichkeit: sie ruiniert nur die Künstler. Es gibt keine – versteht ihr denn nicht? – es gibt keine Erlösung!« bellt er.

»Aber – ich verstehe nicht, was du meinst? Die Liebe ist doch herrlich?« beschwert sich Andrea.

Saskia, die für starke Emotionen immer zu haben ist, schwärmt: »Dich hätte ich gern als Dirigenten für meine *Arabella!*«

Jan hustet.

»Sag mal, hast du Lust, mit mir die *Vier letzten Lieder* durchzuspielen? Die hast du doch sicher drauf?«

»Jetzt?« fragt Jan erschöpft. »Hast du denn die Noten dabei?«
»Ja! Komm!« flüstert sie.
Sie blicken einander in die Augen, stehen gleichzeitig auf und entschwinden in Richtung dritter Stock. Der Korrepetitor Detlev blickt ihnen bestürzt nach.

Nachtrag

Vielleicht sollte noch berichtet werden, wie Jans Köln-Abenteuer zu Ende ging.
Das Vorspiel fand nicht statt. Jan hat sich, nachdem er wieder Kölner Boden unter den Füßen hatte, beim Theater wegen Indisposition abgemeldet. Indisposition bedeutet: Einer ist vielleicht nicht wirklich krank, aber im Augenblick nicht zur erforderlichen Höchstleistung fähig. Jeder akzeptiert das; der Beruf ist eben schwer.
Jan ging also langsam durch die Fußgängerpassage zum Bahnhof zurück, um den nächsten Zug nach Neustadt zu nehmen. Als er in die Hohe Straße einbog, fühlte er sich immer stärker ergriffen. Er hörte im Strom der Straßengeräusche eine Musik, und zwar *richtige* Musik. Im Eingang einer Passage spielte ein Straßenmusikant Akkordeon. Der Straßenmusikant war ein älterer Mann; tiefliegende Augen, große Ohren und in dünnen Büscheln vom Kopf abstehendes Haar. Ein weißes Taschentuch über der rechten Schulter, auf einem Klappstühlchen sitzend, spielte er auf einem Knopfakkordeon aus den Orgelnoten Bach. Neben seinem altmodischen Schuh ein Strohhut mit wenigen Münzen darin. In einer Schuhschachtel Musik-Cassetten und CDs zum Verkauf. Jan las auf dem Umschlag, der Mann sei ein berühmter Moskauer Bajanvirtuose, Professor Bogatow.
Wie wird ein Moskauer Virtuose Kölner Straßenmusikant? War er zu einem Wettbewerb hier und verdiente ein paar Spesen dazu, oder konnte er sich von seiner Moskauer Professur nicht mehr ernähren?

Jan wollte fragen, aber der Mann nickte nicht mal den Passanten zu, die ihm Geld in den Hut warfen. Hoheitsvoll bediente er die zweihundert etwas lächerlichen Knöpfe seines Instruments. Jeder winzige Muskel in seinem Gesicht schien mit dem Balg seines Instruments zu korrespondieren, das Gesicht zuckte, beruhigte sich, wurde klar, streng, heiter. Ein Künstler; er hatte die Empfindung, er hatte den Atem, und er hatte die Übersicht. Er färbte Töne, er beherrschte alle Nuancen von zartem Flöten bis zu dröhnendem Prinzipalklang. Er spielte weiße Engelsstimmen, schimmernde Kaskaden, wühlende Bässe. Aber er spielte auch den Geist, der all das bündelt, gestochene Choralarchitektur, eine Vision, die das leere Durcheinander der Einkaufsstraße in die Schranken weist, einfach durch die Schönheit der Ordnung, deren Formeln im Lebendigen verborgen sind.

Jan hörte lange zu.

Einmal, während der Musiker aus einer Tüte neue Noten zog, redete ihn ein Zeitungsverkäufer an. »Kannste mal eben auf meine Zeitungen aufpassen? Ich geh bloß drüben 'n Döner essen!« Weil der Musiker nicht reagierte, wandte sich der Zeitungsverkäufer an Jan: »Dann du!« und zog ihn drei Meter weiter hinter einen Stapel *Kölner Express*. »Kauft eh keiner was so früh.« Es war fünf vor elf.

Schlag elf fingen die Leute an, *Kölner Express* zu kaufen. Jan mußte ausgeben, kassieren, antworten, danken. Die Musik begleitete ihn die ganze Zeit. Der Verkäufer blieb fast eine halbe Stunde fort. Als er zurückkam und dankend nach der Tabaksdose mit den Einnahmen griff, rechnete Jan mit einem Trinkgeld. Er bekam aber keins.

Charlton bei Andrea

Andreas Wohnung hat zwei winzige Zimmer von je zwölf Quadratmetern. Das rechte, das Schlafzimmer, besteht aus einem Schrank und zwei übereinanderliegenden Matratzen.

Wenn ein Liebhaber zu Besuch ist, macht Andrea als erstes die Balkontür zu, damit sie genug Platz hat, um die beiden Matratzen auseinanderzuziehen. Charlton schläft auf der rechten Matratze unter dem Deckbett, Andrea hat Mäntel und Handtücher über sich gehäuft.

Am Sonntagmorgen gegen neun Uhr rüttelt Andrea Charlton wach. »Hör mal, habe ich das nur geträumt? Heute morgen um halb fünf bin ich aufgewacht, und da hast du kerzengerade im Bett gesessen, die Brille auf der Nase, und gesagt: ›Ich bin frustriert‹.«

Er summt eine Tonleiter, ist zufrieden, daß alle Töne ansprechen, und lacht. »So? Ich erinnere mich an nichts.«

»Vielleicht hast du eine Persönlichkeitsspaltung«, rätselt Andrea, »und erinnerst dich nur mit einer Hälfte nicht?«

Charltons Lachen klingt melodiös und golden, das Lachen einer großen, gut sitzenden Stimme und eines zufriedenen Liebhabers. »Unsinn! Ich habe nur eine Hälf – – O Gott, wie soll ich das nur durchstehen?«

Andrea ist immer entzückt, wenn Charlton lacht, und stolz, wenn sie ihn dazu bringt. »So, dann bist du also nicht frustriert?«

Er zieht sie zu sich heran und wälzt sich über sie. »Nein, das heißt ja, aber wir sind schließlich alle, also was ist schon dabei?«

Dann frühstücken sie, und Charlton erzählt Andrea von seiner unglücklichen Ehe.

»Nachdem ich bin aufgestanden und frühstücke, ich sage zu meine Frau: ›Setz dich doch zu mir, reden wir ein bißchen!‹ Dann sagt sie: ›Wenn du willst mit mir frühstücken, du mußt früher aufstehen!‹ Ich: ›Aber du mußt ja nicht frühstücken, nur ein bißchen mit mir unterhalten.‹ Sie: ›Ich habe keine Zeit für sowas. Seit halb sechs ich bin auf die Beine, während du ausschläfst.‹ Also ich frühstücke allein. Sie läuft durch das Haus und arbeitet, kommt mehrmals an mir vorbei, und plötzlich sie setzt doch zu mir und sagt: ›Na gut, über was reden wir?‹ Und ich sitze da wie ein Dummkopf und schlucke alles herunter. Nur manchmal ich kriege ein Koller und schimpfe, und dann sie erschreckt und sagt: ›Warum bist du so? Ich kriege Angst, wenn du so bist. Was habe ich dir getan?‹«

»Wunderst du dich?« fragt Andrea.

Charlton verdreht die Augen.

»Keine Ahnung. Ich verstehe nichts. Letztes Mal sie sagte zu mir: ›Wenn du anfängst, Zeit von mir zu nehmen, dann kriegst du's.‹ Ich sage: ›Ich nehme kein Zeit weg von dir, ich *bin* weg.‹ – ›Ja, aber wenn du Zeit wegnimmst, die du könntest mit mir verbringen, dann ...‹!«

»Soll ich noch Kaffee machen?« fragt Andrea zufrieden.

»Bitte.«

Sie läuft barfuß, mit wallenden Gewändern, in den Flur. Er betrachtet sie zynisch. Plötzlich sagt er mit seiner herrlichen Stimme: »Du hast schöne Füße.«

Sie blickt auf.

»Meine Frau hat Füße, die sind wahnsinnig häßlich. Und sie hat ein Gesicht, das ist wie ihre... Oh shit, Ich hasse mich! Was bin ich für ein schlechte Mensch!«

Peter

Nachmittag. Der Bühnenarbeiter Peter sitzt über ein Lehrbuch der Bühnentechnik gebeugt in der Kantine.

Babs, auf dem Weg vom Malersaal zu den Spinden, kommt vorbei.

Peter errötet.

»Das war toll, wie du den Umbau geleitet hast!« Babs im Vorübergehen. »Super. Vielen Dank!«

»Des hab ich nur für dich g'macht!« sagt Peter geschmeichelt.

Babs freut sich über das Kompliment. »Ohne dich wären wir aufgeschmissen gewesen. Wahnsinn! Drei Meister ausgefallen, und du hast gleich die Übersicht gehabt. Kanntest du die Pläne?«

»Ja, ich hab mir immer scho Gedange g'macht, wie ich denne Umbau vereinfache könnt.« Er lächelt so schmelzend, daß Babs das Gespräch fortsetzen muß.
»Aber warum ruhst du dich nicht mal aus von dem Streß und gehst in der Sonne spazieren? Immer sitzt du allein mit diesem Buch herum!«
Peter denkt nach. »Manchmoi bin ich scho ällain. So viel versteh ich nit, un ich kann's nit mal sage.«
»Denn wirklich! So, wie ich jetzt bin, hab ich keinen Namen für die Dinge, und es ist mir alles ungewiß!« murmelt Babs.
»Was isch denn des?« Peter ist elektrisiert; von ihren Worten oder ihrem Ton?
Babs: »Das ist vom Dichter Hölderlin.«
Peter: »Höll – –?«
»Hölderlin.« sagt Babs unsicher. »Aber laß dich nicht aufhalten. Ich meine, lies ruhig weiter. Ich muß nämlich schnell einkaufen, bevor der Penny zumacht –«
Als Babs das Theater verläßt, springt plötzlich Peter an ihre Seite und begleitet sie zum Penny-Markt. »Waisch, ich muß mit dir rede.«
»Über was?« Babs ist gut gelaunt.
»Also, ich hab viel nochdenkt. Über uns.«
»Über wen?«
»Über dich un mich«, sagt Peter tapfer.
»Bist du verrückt?«
»Ha nai. Weisch – des isch so g'wäse. Ich war immer allein. Mei Eltern hen sich nit um mich kümmert, un mit sechs bin ich zu meiner Oma komme. Die isch immer gut zu mir g'wäse, aber halt verrückt. Mit achtzig isch se g'storbe bei me Modorradunfall, wo sie selber s'Modorrad g'fahre het. Do hab i nit g'wißt, was ich mache soll. Ich wer immer beire Modorradgäng. Mir hen g'soffe, un ab un zu he mer uns g'schlage mit ä re andere Modorradgäng von der Zigainersiedlung in der Näh. Immer wenn ai Gäng einer von der andere Gäng g'sähn hot, hen se ne g'fange, un einer her ein ä Stück Fleisch us-

sem Hindere bisse. Un immer ware zwei oder drei von uns mit solche Bißwunde im Krankehaus.«

Peter verstummt verlegen, weil Babs vor Kichern gegen die Ampel gelaufen ist.

»Eimoi hab ich selber beiße müsse. Un plötzlich hab i nimmer läbe welle.« Pause, »Un do het mi ä Pfarrer mit ins Theater g'nomme. Do hab i g'wißt, i muß zum Theater.«

Babs, gerührt über das Geständnis, möchte gerne mehr hören.

»Un jetzt bin i am Theater«, erklärt er stolz.

»Und was hat das mit uns zu tun?« fragt Babs.

»Weisch, du bisch au am Theater. Des baßt doch z'amme, weil – i mein, daß mers ällein nit schaffe kann. Mer muß änander ä Halt gäbbe. Un Vertraue isch's höchschte Gut von dere Welt.«

»Vertrauen? Zu mir?«

»Weil du g'scheit bisch. Wie du des von dem Dichter g'sagt hesch – dene Spruch von dem Höl- Hölderlin –«

»Hölderlin? Hast du dir gemerkt?«

»Jo, weil – do will i hin.«

Während er sich abwendet, sieht Babs ihn das erste Mal an.

»Weisch, mit drei Johr hab i no nit rede könne«, fährt Peter fort. »Mei Mudder het nur immer Schnaps trunge un Medizin g'schluggt. Die war so benebelt, daß se uf alle viere zum Eisschrank g'roche isch. Sie het so« – er zeigt es – »dicke Hornhäut g'het an der Ellebogen un an der Knie. Erscht später hab i rede un schreibe g'lernt, un dann isch die Weld jede Tag weider wore. Wie d'Oma g'schtorbe isch, bin i von der Schul gange, des war ä Fähler. Überhaupt des ganze Johr isch verlore g'sinn. Aber jetzt hab i der Abschluß nochg'macht. Un weisch was? Der Herrlich her mer vorg'schlage, der Bühnemeischter z'mache! Do bruch i nur noch sechs Prüfunge für d'Bühne.«

Babs ist gerührt. »Ja aber weißt du denn nicht, daß ich ... –«

»Was?«

»Ich bin doch mit –«

»Jo«, sagt Peter mitleidig. »Aber i werd warde.«
»Tu das nicht!« warnt Babs.
»Weisch, zwische uns isch ä Kondakt«, erklärt Peter geduldig. »Un wenn ä Kondakt do isch, das isch, wie wemmer ä Stein in a Deich wirfd, un er sinkt gleich an d'tiefschte Stell.«

Kraft

Im Finale des zweiten Aktes *Fidelio* gibt es für Florestan jene gefährliche Stelle, die mit einem exponierten hohen G im *piano* beginnt:

WER EIN SOLCHES WEIB ERRUNGEN,
STIMM IN UNSERN JUBEL EIN!

Die erschöpften Tenöre singen hier meistens schon *forte*: Sie fürchten, ein *piano* an dieser Stelle nicht mehr kontrollieren zu können. Viele sind da schon eingegangen. Weil Charlton das weiß, ißt er an jedem Vorstellungstag zu Mittag ein 400-Gramm-Steak: Es soll ihm die Kraft geben, seine Töne zu stemmen. Er kauft es beim Metzger und brät es bei Andrea. Beim Essen erzählt er schmatzend, was ihn bewegt.
»Meine kleine Tochter sagt: Papa ist nicht da, und Mama weint nicht.«
Andrea springt auf.
»Was hast du?« fragt Charlton zärtlich.
Andrea, hin und her laufend, sucht nach Worten. »Ich geh jetzt in den Keller Wäsche waschen!«
Sie stürmt mit gesenktem Kopf hinaus.
Charlton ißt weiter. Als Andrea zurückkehrt, ist sein Teller leer.
»Andrea?«
Sie kommt nicht zu ihm herein, sondern räumt im Flur ein weiteres Bündel Wäsche zusammen und kramt heftig in ihrer Geldbörse nach Markstücken für den Wäscheautomaten.

»Du bist ja schon wie meine Frau!« ruft Charlton hinüber.
Andrea kommt erregt herein. Die ganze Zeit über im Keller hat sie nach den Worten gesucht, die sie jetzt mit bebender Stimme ausspricht: »Weißt du, das mit dem Steak ärgert mich. Du schläfst in meinem Bett, ißt mein Brot und trinkst meinen Kaffee. Aber dann bist du nicht imstande, mir ein Steak mitzubringen, obwohl du an einem Abend soviel Geld verdienst wie ich in einem Monat. Du brätst dein Steak in meiner Küche, ißt es von meinem Geschirr, das ich hinterher spüle – und ich sehe dir beim Essen zu. Weißt du, wann ich zuletzt Fleisch gegessen habe?«

»Aber im Laden ich habe dich gefragt, ob du auch eins willst.«

»Ja, nachdem du deins schon gekauft und bezahlt hattest... Das war mir peinlich.«

Charlton steht auf und wirft die Serviette auf den Tisch. »Ich habe nicht gedacht, daß du so kindisch bist.«

Noch ein Telefongespräch

Charlton ist zu seiner Frau zurückgekehrt, mit Blumen und Koffern. Seine Frau hat ihn zu seiner Erleichterung relativ freundlich aufgenommen. Aber schon zwei Tage später gibt es den ersten Krach. Charlton läuft aus dem Haus zur nächsten Telefonzelle. Er wählt Andreas Nummer, und Andrea nimmt auch ab, aber außerdem ist jemand Fremdes in der Leitung.

»Ich brauche kein Essen während der Arbeit!« ruft die fremde Stimme. »Ich will kein Essen während der Arbeit! Aber das Programm muß mir noch vor nächster Woche zugeschickt werden!«

Charlton schimpft: »Mit Ihnen ich will gar nicht reden! So verlassen Sie der Leitung!«

Pause.

Ziemlich verwirrt der Fremde: »Wo bin ich?«

Andrea: »Bei uns.«

Der Fremde, zögernd: »Hm, da hab ich mich ja wohl ziemlich verwählt, schätz ich mal.«
Andrea, amüsiert: »Allerdings!«
Charlton, böse: »Gehn Sie endlich!«
Der Fremde, zögernd: »Also ich häng jetzt dann wohl lieber ein.«
Andrea: »Aber sagen Sie doch bitte noch: Warum wollen Sie eigentlich kein Essen während der Arbeit?«
Charlton legt auf.

Repertoire

Charltons Garantievorstellungen sind abgelaufen, weitere hat er nicht bekommen.
»Schade um Charlton«, sagt Jan am Inspizientenpult zu Babs, während ein neuer Tenor auf der Bühne mit der Partie des Florestan kämpft. Andrea, die während *Fidelio* nur wenige Einsätze hat, liest in einem winzigen Taschenbuch und blickt nur kurz auf. Jan merkt es nicht. »Ich meine, er war ein in diesem Fach selten musikalischer und seriöser Tenor.«
Babs nickt. »Und er sah als Florestan nobel aus.«
»Wie bitte?«
Babs, von der Ungläubigkeit der Rückfrage überrascht, versucht sich zu erinnern. Charlton war groß und kräftig, wie alle seine Fachkollegen. Bleiches, etwas gedunsenes Gesicht mit einem fast lippenlosen Gummimund, von Kontaktlinsen oft gerötete Augen. Und hatte er nicht auch noch bunte Haare? Rot?
»Naja, geschminkt sah er gut aus«, räumt sie ein. »Und er spielte sehr schön melancholisch.«
Die Oper ist (zwölfte Vorstellung) immer noch nicht zu Ende. Zum dritten Mal sieht Babs auf die Uhr. Bei aller Begeisterung, manchmal zieht es sich doch ziemlich.
»Hast du gehört, daß Peggy nach Bayreuth eingeladen wurde?« fragt sie Jan.

»Nein, sag bloß. Als was?«

»Als eine der Walküren. Aber Wolfgang Wagner soll gesagt haben, er habe für die nächsten Jahre Schreckliches mit ihr vor.«

»Tja, die Peggy, die sitzt jetzt sozusagen schon in der Rakete. Und zu Recht. Was kicherst du, Andrea?«

»Ach nichts...«

»Sie kichert über ihr Buch!« hat Babs erkannt.

»Was gibt's da zu kichern – darf ich sehen?« Jan greift danach. »Oha! *Das kleine Kopfkissenbuch der Liebesgedichte!*«

»Ist doch eigentlich ganz egal, wer's ist, oder?« fragt Andrea.

Darüber würde Babs gern mehr wissen. »Gehst du nachher mit uns ein Bier trinken?«

»Keine Zeit! Hihi! Ich bin verliebt! Hihi! Und außerdem geht euch das gar nichts an!«

Brüderlein,
Brüderlein und Schwesterlein
wollen alle wir sein,
stimmt mit mir ein!
Brüderlein,
Brüderlein und Schwesterlein,
laßt das traute »Du« uns schenken!
Für die Ewigkeit
immer so wie heut,
wenn wir morgen noch dran denken!
Du du du
immerzu!
Erst ein Kuß,
dann ein Du,
du, du, immerzu, immerzu,
immer, immerzu.
Duidu, duidu, lalala lalala,
duidu, duidu, lalala, duidu...

Aus: Johann Strauß, *Die Fledermaus*
Text: Carl Haffner und Richard Genée

DIE FLEDERMAUS, ODER: ALLTAG

Operette 190
Ein Operettenstar 193
Noch ein Operettenstar 195
Beschäftigungen 197
Intrigen 206
Resultat einer Auswertung 209
Lügen 212
Lügen II 214
Sylvester in der Tiefe 218
Samstagnachmittag 225
Muggen 227
Einschränkung 231
Opus 131 234
Feier 236
Erfolgserlebnis 241
Gute Arbeit 243
Streit und Versöhnungen 246
Gesangsstunde 250
Callas 251
Amadeus 252
Warten 257
Kettenreaktion 261
Siegfried Töpfer 268
Ein Fest 273
Katzenjammer 282
Der Tornado 283
Aufregung 284
Trost 286

Operette

Inzwischen ist es Winter geworden. Seit *Fidelio* sind zwei weitere Stücke herausgebracht worden, die Spieloper *Don Pasquale* und das Ballett *Giselle*. Es ist Dezember, und die Neustädter bereiten die Sylvesterpremiere von Johann Strauß' *Fledermaus* vor.

Operettenproben sind meistens turbulent. Operetten haben eine oft wirre Handlung, die auf Maskeraden, Verwechslungen und Überraschungen aufbaut. Die Bühne ist voll: Neben vielen Solisten sind immer auch Chor, Ballett und Statisterie beteiligt, es gibt viele Proben mit vielen Personen und Requisiten, Übergänge werden geprobt, Statisten stolpern über Sektgläser, die Zügel schleifen. Die Atmosphäre schwankt zwischen Respektlosigkeit, lärmendem Leerlauf und kurzen Anfällen professioneller Begeisterung. Operetten werden von den Sängern nicht so ernst genommen wie Opern, sie gelten als musikalisch schlichter und psychisch weniger kraftraubend. Aber sie verlangen Beweglichkeit, Schmelz und Hingabe. Jetzt kommen die frischen, jüngeren Sänger zum Einsatz, die noch jene abgefeimte Operettenunschuld ausstrahlen, die vom Publikum als erotischer Mut verstanden wird.

Bei Operetten macht der Intendant keine Experimente. Als Bühnenbildner wird ein girlandenseliger Niederbayer verpflichtet, den die Neustädter »Puppenstuben-Theo« nennen, Kurzform: Puppen-Theo. Regisseur ist ein freundlicher Alkoholiker namens Karl.

Man witzelt, man produziert sich, man schlägt über die

Stränge. Bassist Hofmann (»Spaß muß sein, und wenn's im Bett bei der Großmutter ist«) macht Anstalten, sich in Zoten aufzulösen. Alle singen falsch. Jan schimpft. Babs versucht ihn zu beruhigen. »Im Grunde ist das doch das Thema des Stücks. Die Albernheit. Die Frivolität.«

Babs kann die *Fledermaus* nicht leiden. Das Stück handelt von einem Ball, auf dem ein paar Bürger ihren Spaß haben wollen. Gemeint ist der erotische Seitensprung. Die Helden sind so reich, daß sie sich jede Freiheit leisten könnten, wäre da nicht die bürgerliche Moral. Von dieser Moral profitieren sie (Babs: »Parasiten, alle!«), deswegen müssen sie sie unterstützen. Aber ihren Spaß brauchen sie, deswegen müssen sie sie unterlaufen. Vielleicht finden sie einen Reiz bei diesem Doppelspiel? Es geht um den Kitzel des Verbotenen und die Kunst der innerfamiliären Intrige. Weil das Stück aber die staatstragende Gesellschaft unterhalten soll, darf das, worum es die ganze Zeit geht, eben der außereheliche Akt, nicht zustande kommen. Mit Tricks und Maskeraden verhindern ihn die Heldinnen. Da das turbulente Fest die angefaulte Ehe des Helden wieder in Schwung versetzt hat, gilt das als Happy-End. Das Stück ist eine korrupte Etüde zum Thema verklemmter Sex. Soweit Babs.

»Unsinn«, bemerkt Jan. »Es ist ein ausdrücklich selbstironisches Stück. Eine Parodie. Jede Kritik, die du haben könntest, nimmt es vorweg.«

»Ein Nichts parodiert genießerisch das Nichts!« schimpft Babs. »Das bedeutet Nichts im Quadrat!«

Den Höhepunkt des zweiten Aktes bildet ein Trinklied, das von Dr. Falke, einem der vergnügungsseligen Helden, angeführt wird:

BRÜDERLEIN,
BRÜDERLEIN UND SCHWESTERLEIN
WOLLEN ALLE WIR SEIN,
STIMMT MIT MIR EIN!
BRÜDERLEIN,

BRÜDERLEIN UND SCHWESTERLEIN,
LASST DAS TRAUTE »DU« UNS SCHENKEN!
FÜR DIE EWIGKEIT
IMMER SO WIE HEUT,
WENN WIR MORGEN NOCH DRAN DENKEN!

Es gipfelt in einem großen Ensemble mit allen Soli und Chor zu dem Text

DUIDU, DUIDU, LALALA LALALA,
DUIDU, DUIDU, LALALA,DUIDU...

Der Komponist Johann Strauß verleiht diesem Unsinn eine unglaubliche Verführungskraft. Ein Traumensemble, findet Jan. Ein ironisches Trinklied, das sich zu einem selbstvergessenen Gruppenrausch steigert. Braucht ein Rausch Argumente? Braucht Strauß' Musik eine Legitimation? Ihre Mittel sind schmelzende, kitzlige Harmonien, dramatisches Raffinement, entwaffnende Sinnlichkeit (»Pseudosinnlichkeit«, giftet Babs). Keiner der Sänger kann sich dem entziehen. Operetten werden belächelt, weil sie auf eine so läppische Weise betören. Aber solange für solche Betörung Bedarf besteht, wird man die *Fledermaus* spielen. Das Ensemble hat die Aufgabe nicht in Frage zu stellen. Es hat sich in sie hineinzuwerfen und tut das mit außerordentlichem Genuß.

Jan hat noch andere Gründe, die *Fledermaus* ernst zu nehmen: Er wird sie – wahrscheinlich, hoffentlich – nachdirigieren. Er bereitet sich schon jetzt darauf vor. Er will die Sänger sicher führen, lieber auf Schmalz und Schmäh setzen als auf Gefühl, dabei die lustvoll entlarvenden Kommentare im Orchester gut lancieren. Die Hauptprobleme sind die Ouverture (schwer fürs Orchester), das Uhrenduett (wegen der vielen Tempowechsel) und der Csárdás, in dem die meisten Sängerinnen machen, was sie wollen. Der Csárdás ist eine gefährliche Zwischenpartie: Gesellschaftsdame, die sich per Maskerade in ungarisches Vollweib verwandelt. Die Sängerin muß

Verzierungen ebenso draufhaben wie die erotische Explosion. Fast niemand kann das. Manche Rosalinden können grazil zwitschern, aber es fehlt das Pulver, die anderen haben die Kraft, aber es fehlen Eleganz und Beweglichkeit, sie heulen sich durch die Koloraturen, daß der Dirigent nie weiß, wo sie sind. Jan beschließt, die Partitur auswendig zu lernen, damit er auf jede Caprire der Sängerin eingehen kann.

Ein Operettenstar

Singen werden diese Rosalinde abwechselnd Kazuko und eine gewisse Rosa Bernhardt, die als Gast geholt wurde. Man nennt das eine Doppelbesetzung. Doppelbesetzungen sollen einerseits die Sänger entlasten, da Operetten besonders oft gespielt werden, andererseits dem Haus ein bißchen Geld sparen: Der teure Gast kommt nur für Premiere und erste Serie, um der Produktion Glamour zu verleihen; das Ensemblemitglied singt dann fürs Theatergemeinde-Abonnement.

Rosa Bernhardt also ist für den Glamour da, und sie bringt Babs auf einen neuen Gedanken: Vielleicht gehört ja zur seriösen Oper die Operette, so wie das Satyrspiel zur Tragödie gehört? Und vielleicht ist das gut so?

Rosa Bernhardt nämlich verkörpert sozusagen die Versöhnlichkeit dieser Kombination. Früher war sie eine Tragödin, auf der Bühne wie im Leben. Sie war dem Untergang geweiht, aber dann kratzte sie die Kurve. So etwas passiert selten, aber wenn, dann passiert es besonders wirkungsvoll am Theater.

Rosa Bernhardt begann mit Mitte Zwanzig eine steile Karriere im italienischen Fach. Sie sang tragische Hauptrollen in Opern von Donizetti, Bellini und Verdi an großen Häusern. Bekannte Kritiker lobten ihre makellose Linienführung, artikulatorische Prägnanz, ihre vokale Gestik, ihre ausgeformten Triller: Rosas dunkle, dramatische Stimme wurde in der gesamten Fachpresse diskutiert.

Aber nach wenigen Jahren war mit Rosa schon wieder

Schluß: Sie hat zu viel gemacht, aus Erschöpfung falsch gesungen; ist einem Manager verfallen, der ihr Geld verspielte, wurde durch die Klatschspalten geschleift. Einer ihrer letzten Versuche war Bellinis *Norma*. Da trat Rosa, die bereits tief in Schulden steckte und sich eine Absage nicht leisten konnte, hochschwanger in der Rolle der jungfräulichen Priesterin Norma auf und sang, mühsam ihren Bauch balancierend, die berühmte Arie *Casta Diva* (Keusche Göttin). Für den Rang war's eine Lachnummer; Kenner, die merkten, daß Rosa der Partie stimmlich wie technisch nicht mehr gewachsen war, nannten den Auftritt gespenstisch. Es war ihre letzte Serie an einem großen Haus. Nach der Geburt einer Tochter sang Rosa nur mehr in der Provinz. Inzwischen mied sie technisch schwere Rollen, wütete sich aber noch mit großem Erfolg durch *Tosca*. In Neustadt gastierte sie als Carmen und zeigte alle Eigenschaften einer untergehenden Diva: Sie war egozentrisch und rachsüchtig, beschwerte sich über ihre Partner, ohrfeigte in der Garderobe eine junge Kollegin, die mehr Applaus erhielt, drohte mit Abreise und so weiter. Dann verschwand sie; wie alle meinten endgültig. Fünf Jahre vergingen. Und jetzt ist Rosa wieder angekündigt, ausgerechnet in Neustadt.

Die Neustädter Kollegen sind alarmiert, freilich auch angeregt; sie alarmieren sich gern. Alte Skandalgeschichten machen die Runde. Kicki schwört, Rosa habe schon vor fünf Jahren das Timbre einer Sechzigjährigen gehabt; dabei war sie damals zweiunddreißig. Vor der ersten Probe setzt sich Kazuko, die die Rosalinde nur in Zweitbesetzung singen darf, mit einem dicken Schal um den Hals ins hinterste Eck. Die Geste bedeutet: Wenn man ruinierte Stimmen hört, leidet die Kehle mit. In Worten äußert sich Kazuko vornehmer: »Es ist eine Tragödie«, hüstelt sie.

Und dann kommt die wirklich große Überraschung: Rosa tritt weder verstört noch hochfahrend auf. Sie ist dick geworden, und schon am dritten Tag hat jemand sie lachen gesehen. Ihre beschädigte Stimme führt sie äußerst klug. Sie spielt agil, sogar rassig; sie identifiziert sich leidenschaftlich mit der dekadenten Rosalinde und strahlt dabei eine sonderbar gedoppelte Ironie aus. Hat Rosa Humor? Im Ensemble diskutiert man das. Vielleicht darf eine Primadonna keinen Humor haben? fragt Kicki. Ihr Fach (Primadonna heißt *Erste Dame*) verkörpert das Prinzip der Hierarchie, und in dieses Fach steigt nur auf, wer sich mit ihm identifiziert. Wer glaubt, daß das Leben so wie die Oper Menschen in Erste und Andere einteilt, braucht keinen Humor.

Oder? Noch ist keine Probenwoche um, und Rosa hat schon wieder gelacht. Immerhin, überlegen die Kollegen, ist Rosa inzwischen Mutter. Vielleicht hat das sie reifen lassen?

Ihr Kind, eine sechsjährige Tochter, hat sie übrigens immer dabei. Die sechsjährige Tochter hat immer einen Ball und ein Tablett dabei und spielt in der Garderobe mit sich selber Salome. Die Mutter ist froh, daß die Tochter so genügsam ist. Ihren Mann (den Manager und Spieler) hat Rosa »weggemacht«, sie lebt jetzt mit einem Bademeister.

Noch ein Operettenstar

Als Gast für die männliche Hauptpartie Gabriel von Eisenstein kommt der Operettentenor Eugen Sommer.

Sommer, ein fülliger Endvierziger mit blendend weißen Zahnkronen und feinem gefärbtem Haar, ist im Hauptberuf Spielsalonbesitzer. Auf der Bühne wirkt er jugendlich, er lächelt bubenhaft und singt schluchzend. Der GMD nennt ihn eine Karikatur, aber Sommer hat auch eine gewisse Nonchalance, eine infantile Playboy-Virilität, und es gibt in Neustadt Frauen, die jede seiner Vorstellungen besuchen und Briefe an den Intendanten schreiben, sie würden ihn gern noch öfter sehen.

Eugen Sommer beeindruckt das Ensemble damit, daß er erzählt, er habe einmal einen Puff geleitet, den er allerdings aufgegeben habe, als nach der Wende die gefährlich brutalen

Leute aus dem Osten kamen. Als Arbeitgeber sei er großzügig gewesen, erklärt er den Choristinnen, bei ihm hätten die Mädels nur die Hälfte ihrer Gage abliefern müssen. Dann beschwichtigt er die zornige Babs: bestimmt zwanzig Prozent der Mädels hätten »Spaß dabei«, worauf man im Ensemble erörtert, ob zwanzig Prozent viel oder wenig sei, bis man das Thema fallenläßt, weil sowieso keiner weiß, ob's stimmt. Babs fragt Eugen Sommer, warum er singe, wo er doch angeblich mit seinen Spielsalons dreißigtausend pro Monat macht. Sommer antwortet, die Spielsalons füllten ihn nicht aus, er fühle sich schließlich als Künstler.

Tatsächlich hat er Ehrgeiz. Auf Proben beweist er eine erstaunliche Disziplin. In der Kantine gibt er Choristinnen Sekt aus, während er selbst Salbeitee trinkt. Nur beim Essen ist er hilflos, sein Übergewicht – letzte Woche dreizehn, heut zwölfeinhalb Kilo – wird von Verehrerinnen, die er bereitwillig mit Frontberichten versorgt, diskutiert. Einmal sagt Chorvorstand Willi in Hörweite Sommers, der soeben in der Kantine ein Eisbein verzehrt: »Wie man sich fettet, so wiegt man«, und das wird der Anlaß zum einzigen größeren Produktionsstreit.

Am nächsten Tag bekommt Sommer auf der Probe einen Wutanfall, weil Choristinnen Kaugummi kauen, während er, Sommer, singt. Der Anfall richtet sich gegen den Chorvorstand Willi, der »seine Rasselbande offenbar nicht im Griff hat«.

Man kann Willi einiges vorwerfen, nicht aber eine schlechte Arbeitsmoral. Willi ist also schuldbewußt. Vor dem nächsten Einsingen im Chorsaal rät er seinen Leuten dringend von Kaugummis auf Szenenproben ab, »damit wir uns nicht von diesem Gorilla maßregeln lassen müssen«. Die Formulierung wird dem Tenor Sommer hinterbracht.

Auf der nächsten Szenenprobe kaut der Tenor Sommer Kaugummi, während der Chor singt, und am Ende der Nummer sagt Willi laut: »Soso, für Solisten gelten andere Gesetze? Was für ein Weltbild vertreten Sie, Herr Kollege?«

Sommer fährt auf dem Absatz herum und ruft mit seiner

hellen, näselnden Stimme: »Sie sind nicht mein Kollege, Herr Kroll, Sie bestimmt nicht!«

Alle schauen auf Willi. Willi fragt spöttisch: »Nein? Stehen wir nicht auf derselben Bühne?«

Sommer bekommt einen Wutanfall. Der Neustädter Chor sei eine üble Bande, ein dreistes Gezücht, eine unverschämte Bagage, eine Zumutung, und Herr Kroll sei überhaupt das Allerletzte. Der Chor beobachtet neugierig den Regisseur Karl, den freundlichen Alkoholiker, denn nur der kann jetzt noch Ordnung schaffen. Regisseur Karl, nach eigenen Worten mit Sommer befreundet, sieht sich das Ganze eine Weile an und beschließt dann, nicht einzugreifen. Die Probe endet im Tumult. Der Chorvorstand begibt sich sofort zum Intendanten Amadeus. Amadeus läßt Sommer ausrufen, aber Pförtner Meier meldet, Sommer sei bereits entwichen.

Am nächsten Montag bestellt Amadeus Sommer vor der Probe zu sich und rät ihm unter vier Augen, sich beim Chor zu entschuldigen. Sommer lächelt: Ja, das sehe er ein, das habe er sich schon gedacht. Er habe sogar schon auf seinem Laptop drei Entwürfe formuliert.

Seine Entschuldigung etwas später auf der Bühne lautet: Er sei tatsächlich zu weit gegangen. Natürlich sei nicht der ganze Neustädter Chor eine unverschämte Brut, ein dreistes Gezücht usw. (vollständige Aufzählung). Ein paar wolle er ausdrücklich ausnehmen, ja mit einigen sei er sogar befreundet, und bei diesen würde er sich hiermit persönlich entschuldigen. Was aber die anderen angehe und insbesondere Herrn Kroll...

Beschäftigungen

Alltag.

Da erstaunt immer wieder, womit erwachsene Leute sich so beschäftigen. Das folgende Beispiel stammt aus einer Aufführung von *Der König und ich*, einem Musical, das seit letzter Spielzeit im Neustädter Repertoire ist.

1. Aktennotiz

Verteiler:
Herrn Intendant Amadeus Müller
Herrn GMD Wolfgang Beetz
Herrn Künstler. Betriebsdirektor Sebastian Herbst
Herrn Chordirektor Bertold Knirsch
Frau Abendspielleiterin Barbara Reich
Frau Inspizientin Andrea Stapel

von
Timothy Partridge, Zweiter Kapellmeister und
Musikalischer Leiter der Inszenierung
Der König und ich

Neustadt, den 3. Dezember 199.

Sehr geehrter Herr Intendant Müller,

am 1. d M. ereigneten sich bei der Vorstellung »Der König und ich« folgende Vorfälle, die ich Sie zur Kenntnis zu nehmen bitte. Um 19:05 ordnete ich als Musikalischer Leiter des Abends in Gegenwart von Herrn Chordirektor Bertold Knirsch und der Abendspielleiterin Barbara Reich im Kapellmeisterzimmer an, daß die Choristin Frau Susanne Jänel, mit der ich noch am Nachmittag eine 20minütige Auffrischungsprobe vorgenommen hatte, die Chorsolo-Partie von Frau Gina Lambert übernimmt. Frau Lambert hätte den Auftritt wegen ihrer Knieverletzung nur stehend bestreiten können, was die Inszenierung laut Aussage der Abendspielleiterin Reich nicht verträgt. Herr Chordirektor Bertold Knirsch warf mir daraufhin »private Kungelei« vor und weigerte sich, die Anordnung zu akzeptieren, wobei er sich auf die Leitung des Hauses berief, von der ich aber keine entsprechende Weisung erhalten habe. Herr Knirsch drohte in Anwesenheit der Abendspielleiterin Frau Reich und der Inspizientin Frau Sta-

pel, die Vorstellung zu stören und seine Frau nicht auftreten zu lassen (bekanntlich singt seine Frau in dem Chorsolo-Terzett den zweiten Sopran, und Herr Knirsch meinte, er würde ihr verbieten, neben einer so schlechten Sängerin wie Frau Jänel ein Terzett zu singen). Inzwischen war es 19:25, noch 5 Minuten bis Vorstellungsbeginn. Ich ließ Frau Jänel zum Inspizientenpult rufen und wiederholte meine Anordnung in Gegenwart von Herrn Chordirektor Bertold Knirsch, Frau Abendspielleiterin Reich und Frau Inspizientin Stapel, woraufhin Herr Chordirektor Knirsch Frau Jänel mit disziplinarischen Maßnahmen drohte, falls sie in der besagten Nummer aufträte. Ich bat daraufhin Frau Reich, Sie als Leitung des Hauses anzurufen und um Klärung der Kompetenzfragen zu bitten. Aber Sie waren nicht erreichbar, ebensowenig Herr GMD Beetz, der ja derzeit in Mannheim gastiert. Frau Reich traf immerhin den Künstlerischen Betriebsdirektor Herrn Sebastian Herbst an, der sinngemäß meinte, wir sollten das unter uns ausmachen (»Pack schlägt sich, Pack verträgt sich«). Zufällig rief gerade in einer anderen Sache der 1. Kapellmeister Herr Tom Svaräkki im Betriebsbüro an. Frau Reich entwand Herrn Herbst den Hörer, um ihm die Lage zu erklären. Herr Svaräkki sagte: »Der Chordirektor hat der Anweisung des musikalischen Leiters des Abends zu folgen!« Es sei außerdem eine Zumutung, den musikalischen Leiter so kurz vor der Vorstellung in dieser Art und Weise zu belasten. In der Pause bat ich Herrn Chordirektor Knirsch dreimal per Generalruf in das Kapellmeisterzimmer, um ihm diese Weisung des GMD mitzuteilen. Als Herr Chordirektor Knirsch sich nicht meldete, bat ich Frau Abendspielleiterin Reich, ihn zu suchen. Sie fand ihn, von dem (laut seinen Worten) »Gepiepse« sichtlich genervt, im Chorsaal. Herr Chordirektor Knirsch befahl Frau Reich, augenblicklich den Chorsaal zu verlassen, andernfalls er sein Metronom nach ihr werfen würde. Frau Reich richtete ihm aber noch aus, daß ihn der Musikalische Leiter des Abends Herr Partridge zu sprechen wünsche, worauf Herr Knirsch, nach dem Metronom greifend, schrie, daß Herr Partridge gefälligst ihn aufzusuchen habe. Frau Reich berichtete mir das alles, und um den Streit nicht eskalieren zu lassen, ging ich tatsächlich mit ihr zusammen in den Chorsaal zu Herrn Knirsch. Nach mehrmaligen Anläufen, während derer Herr Knirsch uns immer wieder aus dem Chorsaal zu verscheuchen suchte, gelang es uns schließlich, ihm die vom 1. Kapellmeister am Telefon getätigten Aussagen vorzutragen. Herr Chordirektor Knirsch reagierte mit einem Wutausbruch, den ich hier nicht wörtlich wiedergeben will. Inzwischen kam der Einruf zur Fortsetzung der Vorstellung, und ich begab mich wieder an das Dirigentenpult, ohne zu wissen, wer während des Balletts »Onkel Toms Hütte« zum Terzett auf der Bühne erscheinen würde. Tatsächlich fand das Terzett ohne Frau Knirsch, also nur mit zwei Sängerinnen, statt. Frau Reich fragte zu Beginn der Nummer Frau Knirsch, die neben ihrem Mann zwischen Enter und Nullgasse am Inspizientenpult stand, ob sie nicht aufzutreten habe, worauf Herr Knirsch sagte, daß er seiner Frau verboten habe, aufzutreten. Während des ganzen Balletts also stand Frau Knirsch auf der rechten Seitenbühne und »weigerte sich, aufzutreten« (siehe Eintragung im Spielbericht vom 1.12.).

Sehr geehrter Herr Intendant Müller, ich wäre Ihnen sehr dankbar, wenn Sie die Sache ein für allemal klären würden.

Mit freundlichem Gruß,
Ihr

Timothy Partridge

Als Zeugen für die namentlich gekennzeichneten, im Text getätigten Aussagen:

Barbara Reich	*Andrea Stapel*
(Abendspielleiterin)	*(Inspizientin)*

2. Brief

(Verteiler: Wie oben)
Betrifft: alle weiteren Vorstellungen *König und ich*
(Datum)

Sehr geehrter Herr Müller,

Sie haben nicht auf mein Schreiben geantwortet.
Als musikalischer Leiter der Vorstellung »Der König und ich« bestehe ich für die o. g. Vorstellungen auf eine Chorbesetzung des Balletts »Onkel Toms Hütte« mit einer doppelt besetzten Sopran- und einer einfach besetzten Alt-Stimme wie zur Premiere am 12. Mai 199. (vorletzte Spielzeit). Schon zwei Vorstellungen hat das Terzett jetzt unvollständig stattgefunden, weil Frau Knirsch sich weigerte bzw. ihr von ihrem Mann »untersagt« wurde, aufzutreten. Falls Sie das gutheißen, lassen Sie es mich bitte wissen, damit ich das Terzett anders besetzen kann (was eine künstlerische Einbuße bedeuten würde, die ich selbst nicht verantworten will). Mit den musikalischen Leistungen von Frau Jänel, die die letzten beiden Vorstellungen gesungen hat, war ich zufrieden.

Mit freundlichem Gruß,
Ihr

Timothy Partridge

3. Mitteilung

(Verteiler: wie oben)

Sehr geehrte Damen und Herren,

im Auftrag des Intendanten teile ich Ihnen mit, daß dieser

über die Chorsoli-Besetzung im Ballett »Onkel Toms Hütte« des Musicals »Der König und ich« entschieden hat; sie lautet: Frau Jänel, Frau Knirsch, Frau Cipolla.
Diese Entscheidung gilt vom heutigen Tage an.

Mit freundlichem Gruß

Elsemarie Pappe,
Betriebsbüro

<u>4. Brief</u>

(Verteiler: wie oben)
Theater Neustadt/Der Künstlerische Betriebsdirektor
(ohne Datum)

Lieber Timothy Partridge,

schade, daß Du die Vorstellung » Der König und ich« nicht vom Zuschauerraum aus hören kannst.
Das Ballett »Onkel Tom« klang in der gestrigen Vorstellung mit der Chorbesetzung Jänel / Knirsch / Cipolla einfach besch... eiden.
Die Entscheidung, die dünne Stimme von Frau Jänel statt der sehr fraulichen Stimme von Frau Gina Lambert vorzuschlagen, war der Wirkung doch äußerst abträglich.
Schade.
Ich glaube, manchmal muß man der Musik zuliebe szenische Einbußen in Kauf nehmen.

Gruß

Sebastian Herbst

5. Brief

(Verteiler: wie oben)
Betrifft: Herbsts Brief ohne Datum, die Leistung
von Frau Jänel betreffend.

Lieber Sebastian Herbst,
tut mir leid, ich teile Deine Meinung nicht.

Gruß,
Timothy Partridge

Dergleichen Briefwechsel spielen im Theateralltag eine erstaunliche Rolle. Warum? Babs macht sich wieder einmal Gedanken. Hier eine kurze Zusammenfassung, gegliedert nach den handelnden Personen.

Choristin Jänel, der Zankapfel, ist zusammen mit Willi Kroll Chorvorstand. Das heißt, sie ist eine vom Chor gewählte Vertrauensperson, die die Interessen des Kollektivs gegen Dirigenten, Regisseure und nicht selten gegen den Chordirektor selbst verteidigt. Mit diesem, eben Bertold Knirsch, hat sie sich so oft angelegt, daß er sie inbrünstig haßt. Er würde sie gern rauswerfen, aber Chorleute sind gewerkschaftlich organisiert und beinah unkündbar. Knirsch müßte Frau Jänel inakzeptable Leistungen nachweisen, was schwierig ist; sie gehört zu den Besten. Er versucht also, sie zu demontieren. Obiger Streich war Teil seiner Strategie.

Choristin Knirsch ist die Frau des Chordirektors, eine kleine zähe, verzagte Frau, die fest zu ihrem ehrgeizigen Mann hält und gleichzeitig enttäuscht von ihm ist. Sie fühlt sich hoffnungslos von jungen, hübschen Choristen angezogen. Zu sagen hat sie gar nichts.

Chordirektor Knirsch ist ein verbissener Arbeiter von cholerischem Temperament. Er leidet an dem verbreiteten Symptom, daß er, ein beschränkter Mensch von mittlerer Begabung, die Ahnung des Absoluten in sich trägt. Er, der Chordirektor, fühlt in sich die Möglichkeit zum GMD, Weltkarriere nicht ausgeschlossen. Er ordnet sich am liebsten über, nicht unter. Eigentlich ist es sein Problem, aber da ihn niemand bremst, ist es Timothy Partridges Problem.

Timothy Partridge ist Brite, ein neunundzwanzigjähriger versierter, feiner Dirigent und anerkannt anständiger Mensch. Im Orchester nennen sie ihn »Lord Extra«, weil er immer so höflich ist. Eigentlich kann man nur Gutes von ihm sagen; sein einziger Nachteil sind seine Anständigkeit, Höflichkeit, Feinheit sowie sein musikalisches Talent. In Neustadt also wird Partridge mit schlechten Stücken und schlechten Bedingungen verheizt. Allein Glück kann ihn retten.

Begründete Frage: Kann ein Theater, das ständig an seiner Leistungsgrenze arbeitet, solche Reibungsverluste verkraften? Warum greifen die Chefs (Intendant und GMD) nicht durch, zum Beispiel, indem sie Chordirektor Knirsch in die Schranken weisen?

Antwort: Die Chefs können sich nicht kümmern, weil sie ihrerseits damit beschäftigt sind, noch größere Reibungsverluste zu verursachen.

Beetz gastiert derzeit in Mannheim, wo er sich als GMD beworben hat. Er studiert ein Sinfoniekonzert ein, was seine ganze Kraft erfordert, denn erstens ist Mannheim Staatstheater, eine höhere Klasse also, und zweitens muß er sich dort, will er gewählt werden, benehmen. Übrigens schätzt er Knirschs scharfe Gangart. Insubordination würde er nie hinnehmen, aber ihm gegenüber kringelt sich Knirsch als Wurm. Und, nebenbei: Ein Chordirektor, der anderen Dirigenten Schwierigkeiten macht, bestätigt das von Beetz angestrebte Gefälle zwischen den Dirigenten.

Intendant Amadeus wiederum kann sich um diesen Kinderkram nicht kümmern, weil er sich um seinen eigenen Kinderkram kümmern muß.

Und Betriebsdirektor Herbst griff nicht ein, weil er befangen war: Er ist mit dem Ehepaar Knirsch eng befreundet, verbringt jeden zweiten freien Abend mit ihm und paßt sogar manchmal auf die kleinen Knirsch-Kinder auf. Herbst ist ein fünfundfünfzigjähriger einsamer Mensch, mit dem niemand zu tun haben will. Er hat Charme und Witz, aber er ist auch, wie das Ensemble weiß, heimtückisch wie ein Skorpion. Jeden, der neu ans Theater kommt, umwirbt er. Und jeder mag das, denn Herbst bietet Ermutigung, Anerkennung, Personalkarten in der dritten Reihe, gut bezahlte Einsätze, Gastierurlaube. Nach einiger Zeit ist Herbst von seinen Schützlingen enttäuscht und entzieht ihnen seine Gnade. Dann streicht er ihnen Urlaube, weist Steuerplätze in der letzten Reihe zu, schmäht sie bei Anfragen von anderen Theatern, entzieht ihnen Zusatzaufgaben, läßt sie warten, verhöhnt sie. Warum? Er selbst erklärt manchmal: weil er gern Caruso geworden wäre, aber immer nur Herbst war. Der Höhepunkt seines zwanzigjährigen Ringens um Tenorehren war Radarres in Ulan Bator. Weil also Herbst sich etwas nicht verzeiht, was ihm schlechterdings keiner vorwerfen kann, macht er Kollegen das Leben zur Hölle. Die einzige stabile Freundschaft, die er in Neustadt je geschlossen hat, ist eben die zum Ehepaar Knirsch. Natürlich rätseln die Kollegen darüber; sie trauen es weder Knirsch noch Herbst richtig zu. Mit der Theaterleuten eigenen feinsinnigen Phantasie erklären sie es sich so, daß das Ehepaar Knirsch es vor Herbst auf dem Teppich treibt, während Herbst und so weiter.

Übrigens hat Herbst im letzten Jahr eine Wandlung durchgemacht. Früher war er schlimmer. Da war sein Erfindungsreichtum unerschöpflich. Er fing zum Beispiel Privatpost ab, die Betriebsangehörige angeblich auf Theaterkosten hatten verschicken wollen, und machte diesen Mitarbeitern speichelsprühende Szenen. (Dabei hatte er selbst diese Privatpost, irgendeine Theaterzeitschrift ohne persönliche Zeile etwa, an die Angehörigen adressiert.) Oder er erfand absurde Beschwerden, die angeblich von der Stadtbehörde gegen Theaterleute geäußert worden waren, und brach als Racheengel mit Drohungen über seine Opfer herein. Nie konnte er seine Vorwürfe belegen. Die Stadtbehördeleute, bei denen man nachfragte, wußten nie, wovon die Rede war, worauf Herbst sagte, »die wissen offenbar nicht, was sie reden!« Herbst war, mit einem Wort, ein psychisch kranker Mensch. Er trieb es immer toller, und Amadeus, obwohl augenscheinlich bekümmert, ließ ihn gewähren. Aber eines Abends, als Herbst einsam in seiner Wohnung knieend die Fransen seiner Teppiche kämmte, erlitt er einen mittelschweren Schlaganfall. Er lag vier Wochen im Krankenhaus und acht im Sanatorium. Die Theaterleute atmeten auf, für sie war es eine Kur. Danach war Herbst nicht mehr so bösartig wie vorher. Was ist geschehen? fragen sich natürlich die Kollegen. Fehlt ihm plötzlich zu seinen Sturzangriffen die Kraft? Haben ihm die Ärzte geraten, lieber lange in kleinen Dosen schädlich zu sein als kurz in großen? Oder ist er gar geläutert und kann es bloß nicht so zeigen? Wie auch immer, Herbst ist erträglicher geworden. »Sehn Se, jeht doch!« würde man wohl in Berlin sagen, woher er stammt. Warum es erst jetzt »jeht«, ist eines der Rätsel des Lebens, und zu genau sollte man es nicht untersuchen, denn plötzlich kommt heraus, daß keine bei aller Grausamkeit tröstliche Logik dahintersteht, sondern nur ein bei aller Tröstlichkeit grausamer Zufall. »Was soll das? Wer sind wir?« fragt Babs. Und Jan antwortet, oder antwortet nicht, mit einem Spruch des Philosophen Heraklit aus dem vorchristlichen Griechenland, wo wir alle herstammen: »In denselben Fluß steigen wir und steigen wir nicht. Wir sind es und sind es nicht.«

Babs ist mit ihren Überlegungen am Ende. »Immerhin bin ich jetzt einen Schritt weiter«, sagt sie tapfer und beschließt, auf weitere Schritte zu verzichten.

Intrigen

Nicht nur unter Künstlern wird intrigiert, sondern auch in den technischen Abteilungen. Bei einem Abenddienst, während Babs in der Tonkabine Einsätze gibt, erzählt ihr der Tonmeister Steffen davon. Zum Beispiel: Bei einer Vorstellung *Pique Dame* verschwand das Mikrophon vom Dirigentenpult. Da der Mensch, der es abgeschraubt hatte, anschließend wieder die Schaumgummikappe auf den Mikro-Arm steckte, bemerkte die Inspizientin Andrea das zu spät, und beinah wäre die Vorstellung zusammengebrochen. Bald darauf legte während *Tristan* ein Kurzschluß die Monitore lahm, und bei einer Musical-Vorstellung wurde ein Hauptkabel gekappt. Diese Zwischenfälle ereigneten sich immer dann, wenn der zweite Tontechniker Michael Abenddienst hatte.

»Wozu sollte das gut sein?« fragt Babs. Kann es sein, daß seine eigene Abteilung gegen den Tonmeister intrigiert?

»Natürlich. Michael würde selbst gern Tonmeister«, sagt Steffen ungerührt. »Aber das ist nicht alles. Ich habe nämlich Hinweise, daß Beetz dahintersteckt.« Beetz spiele den dritten Tontechniker Schorsch gegen ihn aus. Bei einer Diskussion zum Beispiel wollte der GMD plötzlich vier Mikros aufgestellt haben, obwohl nur drei vereinbart waren. Daß sie so viele hatten, konnte er nur vom Kollegen Schorsch erfahren haben. Und so weiter.

Warum aber sollte Beetz gegen den Tonmeister intrigieren? Steffen hat viel für ihn getan. Er hat die technischen Möglichkeiten des Hauses für die modernen Konzerte optimal genutzt, der renommierte Komponist Neuhaus hat nach einem Konzert zum GMD gesagt: »Ihre Tontechnik ist phänomenal.«

Intrigen haben offenbar nicht immer einen praktischen Zweck, schlußfolgert Babs. Es reicht, wenn sie demütigen. Babs versucht den Tonmeister Steffen zu trösten, aber der will, stellt sich heraus, gar keinen Trost; er will nur erzählen. Zum Beispiel davon, daß er regelmäßig zwischen die Fronten gerät. Zwischen welche Fronten? »Na, die Abteilungen des Hauses natürlich«, sagt er. »Wußtest du das nicht? Die sind sich alle Spinnefeind. Jeder Vorwand ist ihnen recht.«

Beispiel: GMD Beetz ringt mit dem Oberspielleiter Schauspiel um die Vormachtstellung im Haus. Einmal stritten sie um einen Synthesizer. Der Oberspielleiter lieh sich das Gerät aus und gab es zur *Tristan*-Vorstellung zurück. Aber das *Tristan*-Programm war gelöscht, die Abspiel-Diskette vermurkst. Unter hohem Zeitdruck, schwitzend vor Anstrengung, rekonstruierte der Tonmeister Steffen das Programm; fünf Minuten nach Vorstellungsbeginn hatte er es geschafft. Der GMD schrieb an den Oberspielleiter einen seiner im Haus berühmten groben Briefe, und der Oberspielleiter schrieb etwas weniger grob, aber genauso unnachgiebig zurück, er habe nichts gelöscht, sonst wäre der Apparat zur *Tristan*-Vorstellung ja nicht gegangen. Der Tonmeister Steffen ist jetzt hin- und hergerissen zwischen seinem Zorn auf den Oberspielleiter und seiner Wut auf den GMD und überlegt, wen von beiden er als nächstes möglichst wirkungsvoll schädigen kann.

Und so weiter.

Intrigen sind also Spielkarten in Machtkämpfen. Aber nicht immer nützen sie einer Partei. Sie werden zwanghaft ausgespielt, oft ohne Aussicht auf irgendein vernünftiges Resultat. Sind sie Selbstzweck? Wird also eine Befriedigung aus ihnen gesogen, die gar keines Sinns bedarf? Und wer hat etwas von dieser Befriedigung? Wahrscheinlich nur neidische, schwache, untalentierte Leute?

Nein. Letzter Fall: die Schauspielregisseurin Änne Kracht. Sie ist eine schwierige Person, neurotisch, aber von großer poetischer Begabung. Ihre ersten Inszenierungen machten Furore, dann gab es zwei furchtbare Flops, und kein Intendant in ganz Deutschland gab ihr mehr die Hand; bis auf Amadeus, den Intendanten von Neustadt, der Ännes Genie erkannt hatte. Er holte sie zu sich, und Ännes Einstands-Inszenierung wurde gleich zum Berliner Theatertreffen eingeladen: eine unglaubliche Leistung, und ein einmaliges Ereignis in der Chronik von Neustadt. Babs selbst ist überzeugt, nie eine bessere Schauspielaufführung gesehen zu haben.

Für ihre zweite Inszenierung stellte Änne Kracht Forderungen, die jedes mittlere Haus in die Knie gezwungen hätten:

drei Monate Probezeit, fünfzig Bühnenproben, Abendproben ohne zeitliche Begrenzung usw. Amadeus machte es möglich. Die zweite Inszenierung wurde noch mehr gelobt als die erste, und Änne bekam ein Angebot ans Münchner Residenztheater. Sie wollte aus Neustadt fort, und Amadeus hätte sie aus Sympathie für ihr Talent auch freigegeben. Aber Änne wollte gern eine Spur der Zerstörung hinter sich lassen. Sie stellte für ihre dritte Inszenierung noch höhere Forderungen. Amadeus kam ihnen nach, sie erhöhte, das Theater war am Ende, sie drohte, er suchte Sponsoren, sie erhöhte nochmals, und als er endlich sagen mußte, daß er es nicht schafft, ging sie zur Presse und beschwerte sich, er sei ein wortbrüchiges Weichei und sie weigere sich, weiter an einem solchen Haus zu arbeiten. Das war letzten Monat. Die Presse bauschte, der GMD lancierte verstärkende Insider-Meldungen, weil es in seinem Interesse lag, daß die starke Regisseurin ging und der Intendant geschwächt war, und so weiter. Amadeus steht für eine der wenigen guten Taten seines Lebens plötzlich unter Beschuß, und Babs fragt sich, ob das tragische Ironie oder ausgleichende Gerechtigkeit sei.

Resultat und Auswertung

Babs würde gern mit jemandem über diese Fragen sprechen, aber mit Theaterleuten ist das schwierig; Theaterleute kochen im eigenen Saft. Ein einziges Mal in der ganzen Spielzeit kommt Babs in einer Kneipe mit einem theaterfremden jungen Mann ins Gespräch. Er ist Ingenieur bei BASF. Sie erzählt ihm ihre Beobachtungen, und er meint: »Was willst du? Bei uns ist's genauso.«

Auch Harry, der Trompeter, eignet sich für solche Diskussionen nicht. Er meint, die Leute sollten ihr Leben genießen, es biete doch so viel Herrliches, zum Beispiel... Er umarmt sie und zieht ihr die Bluse aus dem Rock. Da klingelt das Telefon. Babs hört ihn flöten: »Nein, du störst nicht. Ja, Besuch habe ich, aber sag doch einfach, was du willst.« Babs kommt auf andere, ähnlich ernste Gedanken. »Schau nicht so langweilig«, ermahnt Harry sie, nachdem er aufgelegt hat. »Komm mit mir heut abend zu 'ner Party.«

»Was für eine Party?«

»Ballett.«

»Du weißt genau, daß ich heute abend Probe habe!« ruft Babs ergrimmt.

»Meine Schuld?« fragt er ziemlich scharf.

Babs errötet. »Ihr Orchestermusiker habt einfach zu viel Zeit!«

»Tja. Hättst du 'n anständigen Beruf erlernt!« frotzelt Harry. Er lächelt mit seinen schrägen braunen Augen. Er schüttelt die blonden Locken und wirft einen hingerissenen Blick in den Spiegel. Trompete übt er, mit Wecker, nur zwanzig Minuten pro Tag. Mehr Zeit bleibt ihm nicht: Er hat alle Hände voll zu tun mit dem, was das Leben ihm reicht.

»Wer hat dich eingeladen, wenn ich fragen darf?«

Harry verdreht die Augen.

»Die kleine Hungerhacke vom Ballett? Wie hieß sie doch gleich – Gisa?«

»Wie kommst du darauf?«

»Weil... die läuft dir nach wie ein Hündchen.«

»Aber Schatz, das tun doch alle!« lacht Harry vergnügt.

Babs, in einer plötzlichen Erkenntnis von Gefahr, bedauert, daß sie sich neulich in der Kneipe nicht stärker um den jungen BASF-Ingenieur bemüht hat. Sie beschließt, sich mit Jan zu beraten.

Am nächsten Abend nach der Probe besucht sie ihn.

Jan sieht erschöpft aus, irgendwie ramponiert, aber er hört zu. »Amadeus also«, beschließt Babs ihren Bericht, »steht für die wahrscheinlich einzige gute Tat seines Lebens plötzlich unter Beschuß. Ist das tragische Ironie oder ausgleichende Gerechtigkeit?«

Jan schüttelt den Kopf.

»Was dann?«

Er knurrt: »Insgesamt, denke ich, ist es gut, daß wir sterblich sind.«

»Wie?« ruft Babs.

»Wer es schafft, sich so schlecht zu benehmen, hat mehr Leben nicht verdient. Nach einigen Jahrzehnten müssen die mißglückten Programme gelöscht werden, damit eine neue Generation ihre Chance bekommt. Auch wenn sie sie in der Regel nicht nutzt. Wir sind eine schädliche Rasse.«

»Aber doch nicht alle!« protestiert Babs.

Er schweigt.

Babs mustert verlegen sein angespanntes, weißes Gesicht und denkt: Wie interessant er doch ist.

Jan sagt unwillig: »Das Leben, las ich neulich, ist ein gefährliches Experiment der Moral. In der Tat ...«

»Das Leben ist kein Experiment«, widerspricht Babs tapfer. »Ich meine, das Leben ist keine Funktion der Moral. Die Moral ist eine Funktion des Lebens.«

»Na und?« Jan ist aufgesprungen.

»Das Leben – ist das Leben!« stottert Babs.

Jan greift mit beiden Händen ihren Kopf und küßt sie auf die Backe. Oder auf den Mundwinkel? Sie ist verwirrt.

»Ich bin müde«, sagt er. »Ich möchte, daß du gehst.«

Babs stellt fest, daß sie ihren Hausschlüssel vergessen hat. Ein kurzes Hin und Her: Soll sie zu Harry gehen? Er meldet sich nicht am Telefon. Soll sie in der Kneipe gegenüber warten? Wie lange?

»Schon gut«, sagt Jan, »du kannst hierbleiben.« Er hat als Gästebett eine Isomatte zu bieten, außerdem Leintücher und eine Wolldecke, und Babs übernachtet im Wohnzimmer neben dem Sarg auf dem Boden, während Jan in der Schlafkammer verschwindet. Sie liegt wach und denkt an ihn. An seine Ideen und seinen impulsiven Kuß. An die Kraft seiner Hände und seiner Lippen. Es ist das erste Mal, daß er sie körperlich berührt hat, und erst jetzt realisiert Babs, daß er wirklich ein Mann ist. Auf einmal fühlt sie sich zu ihm hingezogen. Jan sieht natürlich nach überhaupt nichts aus, ganz abgesehen davon, daß er schwul ist, aber sein schiefes Sphinxlächeln erwärmt ihr Herz. Jan tut immer abweisend, aber er kann sehr hilfsbereit sein. Einmal, als ein Regisseur Babs zusammengeschrien hatte und alle Sänger einen Bogen um sie machten, war ausgerechnet Jan zu ihr gekommen und hatte ein paar tröstende Worte gesagt.

Babs kann nicht schlafen. Sie steht auf und öffnet das Fenster zum Hof. Unter ihr die kahle Krone der Kastanie. Eine milde, regnerische Nacht, ungewöhnlich warm für Dezember. Schimmlige Luft. Mürbes Wetter. Nur die Geräusche der Stadt, nicht mehr gedämpft durch Laub, klingen schärfer als sonst herauf. Guter Gott, zuletzt war ich im Herbst hier, überlegt Babs. Jetzt geht das Jahr schon zu Ende, und ich bin keinen Schritt weiter. Eher im Gegenteil, ich bin weder so glücklich noch so zuversichtlich wie im Sommer. An was kann ich mich halten? An Harry? Eher nicht. An die Kollegen kaum. An die Kunst? Die ist fern, und ich komme nicht ran.

An Jan? Schöner Gedanke. Das wär noch was. Jan, die liebe *Fledermaus* – ach je, denkt Babs lautlos auflachend, errötend. Ob ich ihm wohl irgendwas bedeute? Ob er vielleicht manchmal an mich denkt, so wie ich an ihn?

Sie hört ihn durch die Tür leise schnarchen und seufzt: Ach! Warum kann er nicht wenigstens ein *bißchen* bi sein?

Lügen

Auch über das Thema Lüge macht Babs sich Gedanken. (Babs wäre ursprünglich lieber Psychologin oder Soziologin geworden, hat aber die Uni verlassen, weil's ihr zu viel Theorie war. Jetzt, am Theater, ist's ihr entschieden zu viel Praxis, und über ihr Schicksal entscheiden werden wohl, in diesem wie in den meisten Fällen, die Zeit und der Zufall.)

Babs sammelt also Material über die gewöhnliche Theaterlüge.

Auch die gewöhnliche Theaterlüge ist meistens Selbstzweck. Wenn sie etwas erreichen will, dann vielleicht gerade noch die Korrektur einer Legende; und selbst dann weiß man nicht, welcher Legende und warum. Manche Leute lügen zum Beispiel, weil sie sich einbilden möchten, sie würden geliebt; auch wenn, oder weil, sie selbst nicht lieben. Die englische Primadonna Brenda Bliss zum Beispiel hat kürzlich eine Autobiographie veröffentlicht. Längst ist diese wirklich exzellente Künstlerin von der Queen geadelt worden; sie tritt seitdem unter dem Namen *Dame Brenda* auf, was von den Kollegen aus Ärger oder Neid in *Damn Brenda* abgewandelt wurde; Brenda ist für ihren problematischen Charakter bekannt. In den Memoiren stellt Bliss ihr Leben als harmonisches Dauerfestspiel dar, als Triumphzug eines Engels, der von hingebungsvollen Unterengeln und galanten Erzengeln flankiert wird. Vor allem eine Szene in dem Buch machte Babs staunen: Dame Brendas letzter Bühnenauftritt als Amelia in Paris. Wie reizend und rührend alles gewesen sei. Sie habe sich vorher einzeln per Handschlag von jedem Chorsänger verabschiedet, und alle hätten nette Worte gefunden, manche seien in Tränen ausgebrochen. Nun kennt Babs einen Chorsänger, der in dieser Vorstellung mitgewirkt hat. Er sagte: »Unsinn. Bliss ist ein Eisblock. Sie hat uns nie auch nur angesehn, geschweige denn begrüßt, geschweige denn per Handschlag.« Interessant an der Geschichte ist nicht, daß Dame Bliss die Chorsänger nicht begrüßte, sondern daß sie es für wichtig hielt, in ihren Memoiren das Gegenteil zu behaupten.

Manche Leute lügen auch einfach so. Ein Beispiel dafür hat die Mezzosopranistin Luna Mill in einem Frankfurter Tonstudio erlebt.

Luna wollte dort für eine CD ein sehr kompliziertes Lied des modernen Komponisten Nathan Meyer aufnehmen. Der Tonmeister war frech und beschimpfte alle, weil er ratlos war und ihm die nötigen Spezialmikrophone fehlten. »Das ist unprofessionell! Die Partitur ist unprofessionell geschrieben. Das schaffen wir niemals vor Juni. Mein Terminkalender ist voll. Und morgen früh um sechs werden Sie ja sicherlich noch nicht bei Stimme sein, nicht wahr, Frau Mill?« Luna bügelte ihn nieder, worauf er plötzlich sehr höflich wurde und ihre künstlerische Klugheit lobte. Am nächsten Morgen stand Luna um drei Uhr auf und bereitete sich vor. Um sechs Uhr früh begann die Aufnahme. Um elf war sie fertig. Danach, erschöpft und aufgekratzt, wollte Luna nicht gleich nach Hause fahren und sah noch bei einer anderen Aufnahme zu, einem Lisztprogramm. Der Pianist begeisterte sie: ein kauziger Blondbart aus Österreich, der mit dem Schmelz und der Brillanz eines K. u. k.-Virtuosen musizierte, dabei mit klassischer Spannung und Tiefe. Luna blieb zwei Stunden. Der Pianist wurde krebsrot vor Anstrengung, immer tiefere Furchen zogen sich durch sein Gesicht, der Schweiß troff aus seinem Bart. In einer Pause huschte Luna in die Tonkabine, wo der Tonmeister und der Produzent hinter schalldichtem Glas den Pianisten schmähten. »Diese Glatze! Ein richtiger Froschkönig. Und wie der ausläuft! Sicher riecht er bereits...« Nachmittags sagte Luna zu ihrem Agenten: »So wie die über den phantastischen Pianisten gelästert haben – da möchte ich nicht wissen, was sie über mich geredet haben.« Der Agent antwortete: »Ich weiß nicht, was die über Sie geredet haben. Aber über den Pianisten sagte der Tonmeister zu mir, das sei ein erstklassiger Profi, und er sei glücklich, mit ihm zusammenarbeiten zu dürfen.«

Lügen II

Manche Leute lügen aus Temperament und überbordender Phantasie. Vielleicht trifft das auf Arrigo und Saskia zu, deren Romanze inzwischen darunter leidet, daß beide einander für notorische Lügner halten.

»Er ist unberechenbar«, berichtet Saskia Babs. »Er sagt, das Leben ist so kurz, daß er seine Zeit nicht planen kann. Ich weiß nie, wann er kommt. Einmal gastierte er in Bologna, während ich mich in Brüssel auf eine Wagnerpremiere vorbereitete, und ich hatte zwei Wochen nichts von ihm gehört. Plötzlich ruft er an und fragt: ›Wäre dir nächstes Wochenende recht?‹ – ›Nicht ganz, Arrigo, leider. Samstag nachmittag habe ich um drei Uhr Generalprobe, Sonntag um fünf Premiere. Ich könnte keine Minute mit dir reden. Und du willst Montag früh um sechs abfliegen. Das hat doch keinen Sinn.‹ – Er war beleidigt, das kam mir aus dem Hörer entgegen wie ein Schwall kaltes Wasser. ›Also gut‹, sagte er, ›Ich sehe, es hat keinen Zweck!‹ und legte auf. Er meldete sich nicht mehr. Nach der Premiere rief ich ihn an. ›Arrigo, so kann ich nicht. Ich muß mich auf meine Premiere konzentrieren, und du reitest auf meinen Nerven herum. Dann lassen wir's eben.‹

›Ich bin froh, daß du das sagst, denn auch von dir habe ich keine Hilfe zu erwarten‹, sagte er. ›Am Freitag habe ich erfahren, daß mein Bruder Krebs hat, und gerade da hätte ich dich dringend gebraucht, um mit dir zu sprechen. Jetzt ist etwas in mir zerbrochen.‹ – ›Um Himmels willen, Arrigo, warum hast du mir das nicht gesagt?‹ – ›Ich konnte es nicht.‹

Wochen später telefonierten wir wieder miteinander, inzwischen freundschaftlich. ›Und wie geht es deinem Bruder?‹ fragte ich. – ›Was meinst du?‹ – ›Den Krebs.‹ – ›Was für einen Krebs?‹ – ›Du sagtest doch, dein Bruder hat Krebs!‹ – ›Ach, das! Nein, das war ein Irrtum‹, sagte er. Und nach einer Pause: ›Gott sei Dank.‹«

»Vielleicht ist er krank?« fragt Babs anteilnehmend.

»Allerdings krank! Du hast das Drum und Dran ja mitbekommen. Dauernd sagt er ab. Einmal gastierte ich mit ihm zusammen in Kassel in *Tosca*, und plötzlich ruft mich das Betriebsbüro an: ›Herr Leipzig hat abgesagt – Lungenentzündung! Können Sie zwei Tage früher kommen wegen der Einweisungsproben für den Gast?‹ Ich rief Arrigo an. Er hüstelte: ›Nein, nicht gerade eine Lungenentzündung. Wir hatten nur Verdacht darauf, aber es scheint die Schilddrüse zu sein.‹ Vor der nächsten *Tosca*-Vorstellung wieder ein Anruf des Betriebsbüros. ›Herr Leipzig hat wieder abgesagt! Eine Schilddrüsenoperation!‹ – Ich wählte Arrigos Nummer. ›Hallo?‹ meldet er sich mit kräftiger Stimme. – ›Wie, du sprichst? Ich höre, du hattest eine Schilddrüsenoperation?‹ – Er klingt plötzlich alarmiert: ›Nein, ich habe Morbus Buck, da stirbt jeder dran, der's hat.‹ Ich fragte meine Schwester, die Ärztin ist, nach Morbus Buck. Sie sagte, Morbus Buck sei eine wahrscheinlich psychisch bedingte Wucherung in der Lunge, die schließlich zu Aufschwemmung und Atemnot führt. Ich war entsetzt – das wäre schließlich sein Ruin gewesen als Sänger! – und telefonierte Arrigo hinterher, der quer durch Europa gastierte. Schließlich erreichte ich ihn in Zürich. ›Nein, es war nur eine Lungenentzündung‹, sagte er.«

»Solche Geschichten kann er sich aber nicht lange erlauben.« Babs ist bedenklich. »So was geht auf Dauer nicht mal bei Superstars gut.«

»Das weiß er, aber er kann nichts dagegen machen. ›Meine schlimmste Krankheit‹, sagt er, ›ist die Hypochondrie.‹ Du weißt ja, die drei Koffer. Einer enthält nur Bio- und Dosenfutter, weil Arrigo fremdes Essen nicht anrührt. Mit Sortieren und Abwiegen verbringt er die Hälfte der Zeit. Und im dritten Koffer...«

»Ja?« fragt Babs gespannt.

»Seidenpeitschen, Stiefel und so.«

»Vor – – Vorspielutensilien?«

»Ohne das kommt er nicht rein (kommt er sowieso nicht!)«, amüsiert sich Saskia.

»Ich denke, er war einer der interessantesten und attraktivsten Sänger«, meint Babs in geschmackvollem Ton und erschrickt ein bißchen, als sie merkt, daß sie »war« gesagt hat.

»Aber es ging nicht«, beharrt Saskia. »Detlev ist ganz anders. Er sagt nicht wie Arrigo: Ich, ich, ich!, sondern: Du, du, du! Du, mach dies, du, ich rate dir, du könntest, du mußt; kurzum: Du. Er hat mich mit Weichzeichner fotografiert...«

Detlev ist Jans junger Korrepetitoren-Kollege. Er ist zwölf

Jahre jünger als Saskia und völlig weg von ihr. Als sie in Paris die *Vier letzten Lieder* sang, reiste er ihr nach und hielt ihr die Hand.

»Ach *das* war sein geheimnisvoller Urlaub!« ruft Babs. »Er ist mit rotem Kopf in den Zug gestiegen und ebenso wiedergekommen. Hat mir eine Choristin erzählt, die am Bahnhof wohnt.«

»Und wenn du ihn erst in Paris gesehen hättest! Hinreißend! Wie ein Junge... und dabei so verantwortungsvoll!«

»Was sagte Arrigo dazu?«

»Arrigo kündigte sich an. Fragte, ob jemand bei mir sei, und sagte wieder ab. Schriftlich warf er mir Untreue vor. ›Detlev war nur da, um mir zu helfen!‹ schrieb ich zurück. ›Er hat mit mir korrepetiert! Und auch nur zwei Tage. Du hättst ruhig kommen können.‹«

»In dem Fall kann ich Arrigo verstehen«, seufzt Babs.

»Arrigo ist selber schuld«, beharrt Saskia. »Ein Verrückter. Zuletzt hat er mich auch noch betrogen, obwohl ich ihm immer treu war. Wie kann man es mit einem aushalten, der dauernd lügt?«

Wie kann man Saskia widersprechen?

»Dafür läuft's mit Detlev wunderbar«, lächelt Saskia. »Er hat mich sogar seinen Eltern vorgestellt. Die widersetzen sich zwar, weil sie alle Sänger für asozial halten und uns schon in der Gosse sehen. Aber er hält zu mir. Er ist so reizend gewesen, von Anfang an. Schon in Paris...«

»Wie, schon in Paris?«

»Ja natürlich!«

»Du wirfst Arrigo vor, daß er dich betrogen hat, obwohl du selber ihn in Paris betrogen hast?«

»Ja aber das wußte er doch nicht!«

Sylvester in der Tiefe

Manche lügen aus Verwirrung und Verstörung. So einer ist Niko.

Niko ist Statist am Theater, auch einer mit Kunstliebe, aber ohne Perspektive. Er lebt von fast nichts. Ein Dach überm Kopf hat er nur, weil Gisa, die kleine Tänzerin, ihm angeboten hat, ein Zimmer in ihrer Wohngemeinschaft zu übernehmen. Gisa ist arm (niemand am Theater wird schlechter bezahlt und miserabler behandelt als die »Ballettratten«), und ihre beiden Mitbewohner, ein rumänischer Tänzerkollege und eine arbeitslose Schauspielerin, sind ebenfalls arm.

Niko ist der Ärmste. Er wiegt nur noch achtundvierzig Kilo und behauptet, an Hirntumor zu sterben. Er ist allerdings nicht ganz glaubwürdig. Zum Beispiel erklärte er, er sei Waise. Er hat aber eine Mutter, die ihrerseits sagt, er sei für sie gestorben, und die jetzt im Krankenhaus auf den Tod liegt mit genau der Krankheit, die er zu haben behauptet. Nicht mal auf dem Sterbebett will sie ihn sehen. Niko hat in der ganzen Wohnung Zettel verteilt, er bringe sich jetzt um. Der rumänische Tänzerkollege – er heißt Cezar – alarmierte die Polizei, die sofort ins Haus kam, was wiederum vom Hausmeister, der Cezar nicht leiden kann, der Vermieterin hinterbracht wurde. Als Gisa mit dieser die Heizungskosten diskutieren wollte, fragte die Vermieterin: »Weshalb war eigentlich bei Ihnen die Polizei?« Gisa erzählte ihr die Wahrheit, weshalb die Vermieterin Niko jetzt nicht mehr als Mieter übernehmen will. Cezar beschimpfte deswegen Gisa. Wie finanzieren sie das vierte Zimmer, wenn sie keinen Mitbewohner finden? Die Zimmer sind je vierzehn Quadratmeter groß, es gibt eine fensterlose Küche mit schwarzem Schimmel in den Fugen; wer zieht da ein, wenn nicht ein trauriger Künstler? »Doch nur ein Alkoholiker oder ein Asozialer«, wütet Cezar, der Erfahrung hat. Wir sind hier ganz unten.

Und das mit Niko war nur der Höhepunkt eines wochenlangen Knatsches. Es ist schwer, sich zu vertragen, wenn man auf so engem Raum zusammenlebt. Es ist vor allem dann schwer, wenn solche Unordnung herrscht. Tänzer werden scharf gedrillt, meist seit ihrer Kindheit. Man könnte annehmen, daß sie die Disziplin, die ihr Beruf fordert, auch zu Hause aufbringen, aber dem ist nicht so. In der WG sieht es aus wie nach einem Krieg. Ein zertrümmerter Schrank lehnt an der Wand, die saubere Wäsche liegt in einem Regal aus rissigen, staubgrauen Apfelkisten, die schmutzige Wäsche auf dem Boden des schmalen Gangs. Man tanzt über sie hinweg. Die Küche riecht nach ranziger Butter, altem Fett, verschüttetem Wein und Zigarettenrauch, die übrigen Zimmer nach nasser Wolle, Kerzenwachs und versifftem Spannteppich. Im Spülstein türmt sich das schmutzige Geschirr. Fast täglich gibt es Streit – um den Lärm, um Geld, um Essen. Eine Woche vor Neujahr zum Beispiel, also mitten im *Fledermaus*-Endprobenstreß, hatte Cezar am Samstag nachmittag die letzte Milchflasche aus dem Kühlschrank der zweiten Mitbewohnerin Bernadette leergetrunken. Bernadette klebte einen Zettel an ihre Eisschranktür: »Cezar, wo ist meine Milch? Ab sofort ist dieser Eisschrank für dich tabu!« Cezar machte Gisa Vorwürfe, sie habe Bernadette gegen ihn aufgehetzt. Der Zettelverkehr sei beleidigend. Warum könne Bernadette nicht auf menschliche Weise zu ihm sagen: »Du Arschloch, du hast meine Milch ausgetrunken!«, anstatt ein derart prinzipielles Verbot auszustellen?

Vorgestern hatte er Nachmittagsvorstellung. Von der Telefonzelle bei der Kantine aus rief er Gisa an, sie möge am Bahnhof Essen für ihn einkaufen. Sie hatte kein Geld. Er ließ Bernadette, die zweite Mitbewohnerin, an den Apparat rufen: ob sie nicht Gisa dreißig Mark geben könne, damit die für ihn einkauft. Auch Bernadette verneinte. Später hat er offenbar seinen Freund Mircea rumgekriegt. Mircea kaufte sogar die bestellten Sachen und stellte sie in die Küche, eine Flasche Milch davon in Bernadettes Eisschrank. Bernadette trank die Milch, Cezar kam nach Hause und machte ihr Vorwürfe. Fünf

Tage später hatte er Mädchenbesuch und bat Gisa um ihre Flasche Wein, er ersetze sie morgen. Gisa sagte: »Du schuldest mir noch eine Flasche!« Cezar: »Die habe ich dir am nächsten Tag ersetzt!« Gisa: »Ja, aber am übernächsten Tag ebenfalls ausgetrunken!« Er wurde so wütend, daß er Gisa anschrie und die Tür hinter sich zuschlug.

Das war gestern, einen Tag vor Neujahr, nach der Generalprobe der *Fledermaus*. Wird es wieder so ein trostlos einsamer Tag wie Heiligabend, als Gisa allein in ihrem vermüllten Zimmer den Kleinen Lord im Fernsehen sah, Schokoladenpudding aus einer Plastikschüssel aß und sich anschließend mit einem Liter Tütenwein in den Schlaf trank?

Immerhin gab es eine Art Friedensangebot: Als Gisa am Premierentag morgens in die Küche kam, um ihr Frühstücksmüsli anzurühren, lag Cezar auf dem Sofa und rauchte.

Tatsächlich verlief der Tag friedlich. Es gab ein verkürztes Training, dann hörte Gisa, die Tag und Nacht an den Trompeter Harry denkt, auf ihrem Walkman Melissa Etheridge, dann war Premiere – nichts Besonderes, Tänzer halten nichts von Operetten, sie sind dort nur Staffage. Die Neujahrsstimmung bemerkten sie nur am lauten Gegluckse im Zuschauerraum, und den ganzen dritten Akt saßen sie herum, weil sie keinen Auftritt mehr hatten, aber noch den Schlußapplaus abdienen mußten. Anschließend gingen Gisa und Cezar durch einsetzendes Schneetreiben nach Hause, wo die zweite Mitbewohnerin Bernadette auf sie wartete: unerwartet wieder aufgetaucht von einer Bewerbungsreise, immerhin mit drei Flaschen Wein.

Jetzt sitzen sie in der notdürftig aufgeräumten Küche und stoßen mit fleckigen Gläsern an. Es schlägt Mitternacht. Über den Dächern der Altstadt zischen und platzen die Raketen, aus allen Richtungen schlägt Geläut über ihnen zusammen. Sie fühlen sich wie Verlorene. Was sie haben, ist nicht das, was sie sich wünschten. Was ist passiert? Sie rechtfertigen sich leidenschaftlich. Sie wissen, daß sie irgend etwas besser machen müssen, aber sie wissen nicht was, deswegen tun sie sich leid. Immerhin sind sie weiter gekommen als viele: Sie sind oder waren eine Zeitlang am Theater engagiert, sie haben einmal Mut bewiesen und Opfer gebracht, aber es war nicht genug.

Cezar zum Beispiel, schmalhüftig, beweglich, stark, ein hübscher Kerl mit grünen Augen, Säbelkoteletten und einem verfilzten schwarzen Zopf, ist sogar aus seiner Heimat geflohen, um Tänzer zu werden. Als Soldat der Infanterie (»Hase«, wie man in Rumänien sagt) wäre er körperlich fast ruiniert worden. Er mußte Fußmärsche von hundert Kilometern ohne Pause machen in zu kleinen Stiefeln, am Abend waren seine Füße offen und blutig von den Zehen bis zu den Knöcheln. Er fürchtete um seine Gesundheit, die sein einziges Zukunftskapital war. Er hungerte. Im Rucksack trug er Essen, aber er durfte es nicht anrühren. Zwei Zähne fielen ihm aus.

Er wurde psychisch gequält: Er übte hundertmal, wie man sich die Uniform an – oder auszieht in der Dauer, die ein Streichholz brennt. Das Essen reichte nie. Einmal klaute er welches während der Nachtwache und wurde erwischt; der Offizier schrie: »Weißt du, daß ich Soldatenblut trinke?« und schlug ihn im Büro zusammen.

Es gelang ihm, wegen angeblicher Rückenbeschwerden (Plattfüße) nach drei Monaten entlassen zu werden. Zuerst wurde er in eine Bukarester Klinik gebracht. Der untersuchende Arzt gab ihm eine Zigarette der Marke »Kent« zu rauchen und zeigte ihm, wie er während der Röntgenaufnahme an der Tischplatte ziehen müsse, um das Fußgewölbe niederzudrücken. Dann kam die Verhandlung: Sie warteten in einem dunklen Korridor, Ärzte im Generalsrang schritten vorbei, auch der, der ihn untersucht hatte – grußlos; die fünf Antragsteller warteten zitternd, und dann kam sein Arzt heraus und flüsterte im Vorbeigehen grinsend: »Du kannst nach Hause, kleines Arschloch.«

Es folgt das Epos seiner Flucht aus Rumänien und seiner Bemühungen, in Deutschland Fuß zu fassen. Cezars Meinung nach sind die Deutschen luxuriöse Wickelkinder, die keine Ahnung haben von der Rauheit des Lebens. Zum Ausgleich leistet er sich dafür gelegentlich eine luxuriöse Selbsteinschätzung. Er trainierte hart und tanzte überall vor, er schaffte es, in Neustadt engagiert zu werden; sogar mit einem Solovertrag.

Aber dann stellte sich heraus, er bekam keine gescheiten Rollen. Der Solovertrag diente nur dazu, seine Gage zu drücken: Gruppentänzer bekommen ein besseres Gehalt, da ihre Verträge von der Gewerkschaft ausgehandelt werden; die ehrgeizigen und deshalb erpreßbaren Kleinsolisten aber werden fast auf Sozialhilfeniveau gedrückt. Auch die Opernsolisten in Neustadt verdienen weniger als ihre Kollegen vom Chor. Cezar war empört. Aus Protest vernachlässigte er seine Soloaufgaben demonstrativ, trank manchmal und kam zu spät zum Training. Weil ihn das Aufwärmen langweilte, brachte er seine Heizdecke in den Ballettsaal, schloß sie an die Ballettsteckdose an, wickelte sich ein und beobachtete verächtlich rauchend seine mit Gymnastik, Stretching und Aerobic schwitzenden Kollegen. Jetzt ist er zum Gruppentänzer zurückgestuft und deutlich verwarnt worden.

Er schwankt zwischen Verletztheit und Hochmut. Seine Verpflichtungen wachsen ihm über den Kopf: Er müßte seine Schulden an Bernadette zurückzahlen (die doppelt so viele Schulden hat). In Temesvar lebt sein kleiner Sohn, den er – ein weiteres Unglück – versehentlich dort mit achtzehn Jahren gezeugt hat. Ihn und seine Mutter müßte er unterstützen, ebenso wie seine allein zurückgebliebene Oma, mit pro Monat jeweils mindestens hundertfünfzig Mark. Aber schon seine Zigaretten kosten zweihundert. Für alle reicht es nicht. Was soll er tun? »Du könntest zum Beispiel«, schlägt Gisa vor, »einmal im Monat deiner Oma 'ne Postkarte schreiben.« Ausgerechnet Gisa sagt das, die jüngste von ihnen. Vor ihren chaotischen Mitbewohnern verbirgt sie ihre leidenschaftliche Seele. Sie gleicht aus, versteht, weiß meistens, was sich gehört. Nickendes Köpfchen, andächtiger Neujahrsernst.

»Eine Postkarte?« fährt Cezar auf. »Kommt nicht in Frage!« Wie sähe das denn aus, nur eine Postkarte und kein Geld? Was soll da seine Oma von ihm denken?

»Sie wird denken, daß du an sie denkst. Das ist doch mehr als nichts«, stottert Gisa. Er schüttelt heftig den Kopf. Er ist erregt. Nein, das muß er ablehnen, das ist unter seiner und ihrer Würde. Er stöhnt. Bis hierher hat seine Kraft gereicht, aber warum nicht weiter, verdammt, warum nicht weiter? Cezar ist aufgesprungen, um seiner Verteidigung mehr Ausdruck zu geben, und so steht er vor dem klebrigen WG-Küchentisch: ausgebreitete Arme, zuckende Schenkel, ein verwirrter, enttäuschter Prinz. Keiner soll sagen, daß solche träge sind: Im Gegenteil, es kostet eine ungeheure Wut und Energie, sich jahrelang zu blockieren, und der einzige Lohn ist Verzweiflung.

Auch Bernadette, die zweite Mitbewohnerin, hat Opfer gebracht. Sie hat sich mit ihrer fröhlichen Berliner Mittelstandsfamilie überworfen, um Schauspielerin zu werden. Eigentlich hätte sie Akademikerin werden sollen, sie hatte den Notendurchschnitt für Medizin. Sie pfiff darauf, bestand die Aufnahmeprüfung an einer der besten Schauspielschulen und schloß auch ab, aber danach lief nichts mehr: Sie wollte oder mußte aus irgendeinem Grund versagen. Sie hat zu langsam Text gelernt, sich nicht auf ihre Rollen eingelassen, Regisseure mit spitzfindigen Diskussionen zur Verzweiflung getrieben und auf diese Weise hintereinander drei Engagements verhauen. Gelegentlich bekommt sie noch Nebenrollen im Kindertheater, ansonsten ist sie seit Jahren arbeitslos. Sie ist fünfunddreißig, eine zierliche Frau mit dunklen Augen, einer schönen Stimme und einem Verstand, der ihr verschiedene Auswege ermöglichen würde. Aber sie konnte sich zu nichts entschließen. Jetzt lebt sie in dieser WG zwischen wahnwitzigen Hoffnungen und tiefer Depression. Die Hoffnungen ranken sich um Drehtage. An einem Drehtag kann man selbst in Nebenrollen fünfzehnhundert Mark verdienen, in besseren Rollen bis dreitausend. Da ist man mit einem

Schlag viele Sorgen los. Allerdings hat Bernadette seit vier Jahren keinen Drehtag mehr gehabt.

Sie ist pleite. Gott sei Dank verträgt sie sich wieder mit der netten Berliner Familie, die gelegentlich ihr Konto ausgleicht. Aber auch das ist peinlich. Was soll sie tun? Die Schauspielerei an den Nagel hängen, nach so vielen Mühen und Opfern? Bernadette hat Tränen in den Augen: »Dabei tut sich doch was mit mir. Wirklich, zum ersten Mal habe ich eine Ahnung, ich könnte begreifen, worum es in der Kunst eigentlich geht. Sag, findest du nicht auch, ich hab mich verändert?«

Gisa, immer noch ganz Neujahrsvernunft, hat eine Idee: »Stottere das Geld deiner Familie zurück, wenigstens symbolisch; mit hundert Mark im Monat oder so.«

»Wie soll ich zurückstottern, wenn ich mich nicht mal selbst ernähren kann?« fragt Bernadette ungeduldig.

»Nimm eine Halbtagsstelle an.«

»Will ich ja auch, im Buchladen. Am Montag will ich meine Bewerbung abschicken. Freilich sieht's jetzt schlecht aus, wegen der Feiertage.«

»Du mußt dich an mehreren Orten bewerben. Zum Beispiel im Fotogroßlabor Keller, da hab ich gestern eine Annonce gesehn – sie suchen jemanden für die Annahmestelle.«

»Das wäre nicht günstig für mich; ich muß doch flexibel sein, falls ich kurzfristig einen Drehtag bekomme, oder einen Aufnahmetermin beim Rundfunk! Denn ganz will ich der Schauspielerei nicht abschwören, im Gegenteil, gerade jetzt bekomme ich die Ahnung, ich könnte vielleicht doch in dem Metier was ausrichten.«

»Ich glaube, du mußt erst mal deine Existenz sichern«, sagt Gisa verlegen. »Wenn du dich in dem Job etabliert hast, dann geben sie dir sicher auch mal für einen Drehtag frei.«

»Und wenn es zwei Drehtage sind?« fragt Bernadette gereizt.

Gisa ist blaß geworden. Sie vertritt die Vernunft der Unschuld, aber der Boden unter ihren Füßen schwankt. Wie lebt sie selbst? Sie hat ungefähr drei Viertel ihres wachen Lebens mit Tanz, Training, Gymnastik und Diät verbracht. Sie wurde an geistiger und körperlicher Nahrung kurzgehalten, ihre Phantasie fütterte man mit Groschenlegenden: Primaballerina, Staatsempfänge, Nerz, Blumen, Millionäre, Décolleté. Sie hatte die erforderliche Konstitution, Leidensfähigkeit und Engstirnigkeit, aber was ist daraus geworden? Sie ruinierte ihre Füße, ihr Kreuz und ihren Magen. Das einzige Fleisch, das sie seit Jahren sieht, ist das Kalbfleisch, das sie in die Spitzen ihrer Ballerinas stopft, um ihre wunden Zehen zu schonen. Gisa hat längst mitbekommen, wie ihre verschlissenen Kolleginnen eine nach der anderen ausgemustert werden, die meisten vor ihrem dreißigsten Lebensjahr. Sie sitzen auf der Straße; nur wer Glück hat, wird als Souffleuse oder Garderobiere übernommen. Wenn man Gisa fragte, warum sie tanzt, antwortete sie immer wie aus der Pistole geschossen: »Idealismus!« Um welches Ideal es sich handelt, könnte sie nicht sagen, aber als kürzlich ein Arzt bei ihr eine Kniegelenksarthrose feststellte und fragte, ob sie sich auch einen anderen Beruf vorstellen könne, sagte sie mit großen Augen: »Aber da könnt ich ja genausogut aufhören zu atmen!«

Samstagnachmittag

Der Konzertmeister Laurent fragt sich, ob die Cellistin Astrid ihn wohl als Frau interessieren würde, wenn sie nicht so viel älter wäre als er. Es ist die interessanteste außermusikalische Frage, die ihm seit langem eingefallen ist. Und von hier aus zu allen weiteren Erkenntnissen ist es nur noch ein kleiner Schritt.

Er hat wieder von Astrid geträumt. Zwei Nächte konnte er nicht schlafen, er war unzufrieden mit seiner Musik und schämte sich für alles. Gegen halb vier nickte er ein, mißtrauisch und flach, und da sah er Astrid und war plötzlich hocherfreut. Sie stand in einem kahlen Wäldchen, durch dessen Wipfel fahl, aber wärmend die Sonne schien, und lächelte ihm zu. Er blieb in zwanzig Metern Entfernung stehen; eigentlich war er allein unterwegs. Sie sagte: »Es ist die Liebe. Aber das ist nicht so schlimm, wie's klingt.«

Noch immer hat er mit Astrid kein persönliches Wort gewechselt. Samstagnachmittags spielen sie in Laurents Garage Quartett. Alle vier haben sich unerwartet schnell aufeinander eingestellt. Jeder schätzt die Verschiedenheit der anderen, ihren schöpferischen Impetus. Jeder kann führen und folgen. Alle sind sie leidenschaftliche Interpreten. Alle leiden, wenn ihre Klangvorstellungen sich nicht verwirklichen. Sie leiden aufrichtig und begeistert. Drei verschiedene Programme haben sie miteinander erarbeitet und, gewissermaßen inoffiziell, vorgestellt, und jeder Abend war besser als der vorhergehende. Die Sache ist ihnen enorm wichtig geworden. Sie sind so froh, daß sie auf einmal – nur so natürlich, unter dem Vorzeichen tiefer Demut – begonnen haben, sich mit Beethovens *opus 131* zu beschäftigen.

Alle anderen Aufgaben treten da zurück. Keiner ihrer Orchesterdienste verlangt eine solche Kraft, ein solches Maß an Konzentration, Gefühl, Ausdruck und Reflexion. Kaum ein anderes Werk so viel Ernst, Empfindsamkeit und Distanz. Es ist ein monumentales Quartett von höchster Geistigkeit. Die Arbeit daran erfüllt sie mit Erfurcht.

Jeder einzelne der sieben Sätze beschäftigt sie stundenlang. Schon der erste, der knapp sieben Minuten dauert. Wie findet man das richtige Tempo? *Adagio* steht da, aber auch: *ma non troppo*. Und was bedeutet in diesem Fall *alla breve?* Muß man den Satz trotz seines tiefen Ernstes in fließendem Tempo spielen? Die besten Quartette der Welt haben sich den Kopf darüber zerbrochen. Ist Juillard nicht doch zu rasch? usw. Sie drehen jeden Takt um. In Takt 34 und 35 steht für alle Stimmen ein *crescendo*, aber alle müssen darauf achten, daß dort die Bratsche führt. Und wie behandelt man die wunderschöne Modulation von gis-moll nach es-moll in den Takten 41 bis 44? Das Guarneri Quartett macht dort ein *diminuendo* und färbt den Klang mit einem etwas blasseren Vibrato neu.

Wie überhaupt legt man die vielen langen *crescendi* dieses Satzes an? Sie müssen planvoll schrittweise aufgebaut werden, nicht für alle Instrumente gleich. Ab Takt 50 sollte das Cello führen. Aber das Cello spielt in seinen tiefen Registern und kann leicht von der Geige mit ihrer leuchtenden E-Saite zugedeckt werden. Laurent versucht dort, wie er es bei Guarneri gehört hat, dem Cello mit der Illusion eines *crescendo* beizustehen, das eher durch eine winzige Steigerung im Vibrato als durch einen lauteren Ton hervorgerufen wird.

Und so weiter.

Nach den Proben gehen sie rasch auseinander.

Muggen

Inzwischen hat ein kalter, feuchter Februar begonnen. Nebel. Die Gesichter der Künstler, angenagt vom Frost, brauchen Viertelstunden, um sich im überheizten Theater wieder zu glätten. Trägheit übermannt das Ensemble. Seit Januar wird exzessiv *Fledermaus* gespielt, sonntags oft zweimal, dafür probt man kein neues Stück. Die Sänger ruhen aus oder bringen sich mit Piccolos in Schwung.

Auch das Orchester schont sich. Man zieht Kinder auf, gibt Unterricht oder geht auf Mugge.

Mugge ist ein musikalisches Gelegenheitsgeschäft, ein Auftritt in Kirchen, bei Gesangsvereinen oder Kabaretts. Muggen haben nicht überall einen guten Ruf, weil oft Laien oder Halbprofis dabei sind; dafür sind sie simpel und lukrativ. In Neustadt gibt es vier Kirchen mit drei Chören, da hat man zu Ostern, wenn die Passionen gespielt werden, eine Serie von Ostermuggen. Der Dezember bringt die Adventsmuggen. Übers ganze Jahr verteilt kann man auf Hochzeiten spielen, das sind die Jubelmuggen, und natürlich zu Begräbnissen, das sind die Gruftmuggen. Die Musiker betreiben diese Geschäfte mit unterschiedlicher Intensität. Laurent etwa, der Konzertmeister, würde nie unter einem Kirchenkantor spielen. Harry hingegen, der Trompeter, bestreitet mit den Muggen seinen ganzen Vergnügungshaushalt, wie er das nennt (ein ziemlich hoher Posten).

Heute kommt es ihn hart an: eine Gruftmugge auf dem Dorf. Schnee, bittere Kälte. In der Früh ist Eisregen niedergegangen, die Straßen sind spiegelglatt. Harry hat seinen Golf am Dorfrand abgestellt und schlittert zu Fuß durch die Siedlung. Der Friedhof kann nicht weit sein, leider findet sich niemand, den man fragen kann. Harry läuft die Straßen ab, orientiert sich an Glockenklang und Motorengeräusch, bibbert in seinem schwarzen Anzug, flucht.

Hundert auf die Hand, das ist für eine halbe Stunde nicht schlecht, aber ohne Kältezuschlag lohnt sich's nicht. Zwischen ein- und zweistöckigen Dorfhäusern rutscht Harry ins Tal hinab, wo er endlich hinter einem Wäldchen den Friedhof entdeckt. Atemwolken. Wenigstens verflüchtigt sich der Nebel. Heller, leicht diesiger Tag.

Die Trauergesellschaft steht zerstreut, sichtlich unvollständig; nach und nach hasten Zuspätkommer herbei, Harrys Fehlen hat niemand bemerkt. Harry begrüßt seine Kollegen und stapft auf der Stelle; er klemmt die Noten auf die Trompete und wärmt das Mundstück mit der Hand. Heute nacht war er bis drei Uhr in der Disco. Er sieht manche Bilder doppelt.

Weil es nicht losgeht, lauscht er Gesprächen über den Verstorbenen, der nur neunundvierzig Jahre alt geworden war. Herzinfarkt. Mittwoch morgen war er ins Büro gefahren, wo es keinen anderen als den üblichen Ärger gegeben hatte. Danach ein Gespräch mit dem Steuerberater, aber nichts Dramatisches, wie der Steuerberater ausdrücklich der Ehefrau versicherte, als er ihr die Rechnung brachte. Der Ehemann stieg zu Hause aus dem Auto, um die Garagentür zu öffnen, und taumelte. Ein Nachbar schaufelte direkt daneben Schnee. Er ließ die Schaufel fallen, sprang über den Schneewall und trug den Zusammengebrochenen auf den Armen ins Haus. »Verrückt«, sagt der Nachbar, ein alter Mann, und hält die Arme vor sich, als trüge er ein Kind. Er schaut auf seine offenen Arme und schüttelt den Kopf. »So ein junger Kerl!«

Die Witwe, erfährt Harry widerwillig, ist Russin, eine reizvolle, lebensuntüchtige Person. Übrigens strenge Kommunistin, haben Sie die sowjetische Flagge vor ihrem Haus gesehn? Der Verstorbene hatte in seinem Testament verfügt, zu seinem Begräbnis linke Kampflieder zu spielen, sicher seiner Frau zuliebe, bemerkt ein anderer Nachbar. Auch sonst regt sich in diesem lieblichen Landstrich, wo im Sommer Wein und Aprikosen wachsen, über Marotten niemand auf. Welche ist die Witwe? Flüsternd wird sie beschrieben. Harry sieht auf die Uhr. Der Frost beißt ihn in die Wangen, seine Lippen schmerzen. Bei den hohen Tönen wird er oktavieren, nimmt er sich vor. Es wird keiner merken. Der Tote ist offenbar beliebt gewesen, alle sind stumpf vor Trauer. Die Tränen frieren an ihren Wimpern und Wangen fest.

Die Trauerreden beginnen.

Harry langweilt sich.

Der Regen war auf den Fichten sofort vereist, die Äste hängen schwer herunter; mit diesen hängenden, weißgesäumten Ästen stehen sie schweigend um die Gräber herum wie eine dunkle, spitzenbesetzte Trauergesellschaft.

Die Kapelle. Erstes Lied ist die *Internationale.* Es klingt grausig, da Instrumente und Spieler ausgekühlt sind. Gerd, der Dirigent, schlägt sie im doppelten Tempo durch, ebenso wie die folgenden Kampflieder, um dann mit einem geflüsterten »Jetzt aber richtig!« in gewohnter Feierlichkeit *Befiehl du meine Wege* anzustimmen.

Das Geläut der Bläser über dem weißen Land.

Auf einmal schreit die Witwe auf, reißt sich los und stürzt ins Grab.

Ein abreißender Akkord. Gemurmel, Geseufze, einzelne Frauen weinen, schwarze Menschen wie Ameisen über dem Grab, zwei Männer springen hinab, um der Frau herauszuhelfen. Sie stößt unterdrückte, heisere Schreie aus. Redengewirr. Soll man den Notarzt rufen oder den Krankenwagen? Bringt man sie nach Hause? Nein, getrunken hat sie nie, jedenfalls nicht so doll. Der Mann muß wirklich nett gewesen sein.

Die Dunstschleier haben sich endgültig verzogen, Schneekristalle glitzern an den Bäumen, das Eis auf dem kleinen See leuchtet blau. Harry nimmt das Mundstück ab und steckt es in die Brusttasche. »Wir warten noch siebeneinhalb Minuten«, flüstert Gerd. Jemand läuft unten über den kleinen See – sehr vernünftig, Harry würde jetzt auch lieber Schlittschuhlaufen. Eine Frau offenbar, eine zierliche, die sich sehr gut bewegt. Ohne Schlittschuhe. Seltsame Geräusche dringen durch die Stille, eine Art hohl schwingendes Seufzen oder Pochen wie entfernt hallende *glissandi* einer riesigen Pauke. Ist es möglich, daß die kleine Person auf dem See das Eis zum Schwingen bringt? Das Eis ist eine gewaltige Membran, außerdem wird's wärmer, alles ist in Bewegung, überlegt Harry. Naturgesetze, denkt er wohlwollend. Und alles wird zu Musik.

Die Frau auf dem Eis hält inne. Sie lauscht mit schief gelegtem Kopf, ausdrucksvoll wie eine Schauspielerin, oder wie ein junges Tier. Jetzt nähert sie sich tanzend, sie steppt! merkt Harry, trägt sie Steppschuhe mit Nägeln? Weshalb rutscht sie nicht? Sie tanzt einen Liebestanz, denkt Harry unwillkürlich. Wärme steigt in ihm hoch, hastig setzt er seine Brille auf und sieht nun scharf. Die Frau dreht Pirouetten und macht kleine Luftsprünge, ein roter Schal weht hinter ihr her, es stiebt der feine Schnee. »Guck mal, Ballett für uns!« flüstert der Posaunist, während die russische Witwe einige Meter weiter nur noch leise stöhnt, accompagniert vom tiefen Gurgeln des Eises. Es ist tatsächlich Ballett, tatsächlich ein Liebestanz, beschwörend; die Tänzerin ist Gisa. Die Witwe verstummt mit einem splitternden Schrei. Gisa hat das Ufer erreicht und winkt, ja, sie winkt und meint ihn, Harry. Sie springt über die Friedhofsmauer und läuft strahlend auf ihn zu.

Einschränkung

Nicht alle Theaterleute benehmen sich schlecht, und vor allem benehmen sie sich nicht immer gleich schlecht. Babs' Großmutter etwa war Opernsängerin und hat sich im Lauf ihres Lebens allerhand »Dinger geleistet«, die sie sich später vorwarf. Zum Beispiel eine Affäre mit einem verheirateten Chefarzt zu einer Zeit, als so etwas keineswegs selbstverständlich war. Deswegen konnte sie den Chefarzt nicht alleine treffen. Sie verabredete sich mit ihm zu Spaziergängen, auf die sie ihre Cousine Edith mitnahm. Zu dritt fuhren sie in einen Wald, und dann schickte die Großmutter, die längst den Künstlernamen Ariadne trug, die Cousine Edith Glühwürmchen fangen. Cousine Edith war damals dreißig Jahre alt, unverheiratet und demütig. Trotzdem fand sie es nicht richtig, Glühwürmchen zu fangen, während Ariadne und der Chefarzt ins Gebüsch gingen (»Ihr habt miteinander gekost!« nannte Edith es anklagend).

Später trennte sich Ariadne von dem Chefarzt, hatte verschiedene andere Liebhaber, heiratete mit zweiundvierzig einen homosexuellen Musikprofessor, der sehr nett war und ihr Kind von einem anderen Mann großzog, aber leider nach zwölf Jahren starb. Dieses Kind war der Vater von Babs. Von der Oper wollte er nie etwas wissen.

Als Ariadne mit dem Singen aufhörte und anfing, Bilanz zu ziehen, prüfte sie zunächst die positiven Posten. Natürlich erschien da der Chefarzt, der ihr im Prinzip den stärksten Eindruck gemacht hatte; aber es gelang ihr nicht, sich sein Gesicht zu vergegenwärtigen. Immer, wenn sie Waldesrauschen hörte und den Duft von Erdbeeren oder frischem Heu atmete, fiel ihr Edith ein, Edith mit ihrem schiefen Hals und dem zerknirschten Blick, Edith, die sich für unwürdig hielt, Zorn zu empfinden, und die nicht wagte, das Ausmaß ihrer Erniedrigung zu erkennen, sonst wäre sie vielleicht verrückt geworden. Ariadne machte Edith ausfindig und stellte fest, daß sie später, als es nicht mehr notwendig war, tatsächlich verrückt geworden war; sie lebte seit dreißig Jahren in einer geschlossenen Anstalt. Jeden Monat holte Ariadne nun Edith zu sich nach Hause oder führte sie spazieren. Babs erinnert sich noch an Edith, die aussah wie eine gerupfte Krähe und immer mißtrauisch schaute, von unten links.

Babs mag ihre Großmutter, die ihr die erste Opernplatte vorspielte (*Madame Butterfly*) und die ersten Theatergeschichten erzählte. Alle Theatergeschichten klangen bunt, lebensfroh und kameradschaftlich, obwohl auch Oma Ariadne einräumte, daß das Theater Schattenseiten habe. Zum Beispiel sagte sie: »Viele Theaterleute sind im Alter allein. Ist das verwunderlich?« Babs, die bis dahin nur Oma Ariadne kannte, wunderte sich nicht im geringsten. Aber die egozentrische, launische, oft unverträgliche Oma Ariadne konnte auch treu und gütig sein, und zwar mit erstaunlicher Konsequenz. Zum Beispiel unternahm sie vom ersten Rentenjahr an eine jährliche Sommer-Tournee durch alle Städte, in denen sie je engagiert gewesen war, und besuchte ihre alten Theaterfreunde sowie zunehmend deren Gräber. Sie hatte einen weißen Plastikeimer und ein Schäufelchen dabei, schrubbte die Grabsteine, zupfte Unkraut und räumte auf, so gut es ging, über fünfzehn Jahre lang. Allmählich ließ ihr Gedächtnis nach. Sie mußte immer länger nach den Gräbern suchen, schließlich fand sie die Friedhöfe nicht mehr, zuletzt nicht einmal mehr die Städte. Jetzt lebt sie in einem Altersheim, das sie nie mehr verläßt, und weil dieses in der Nähe von Neustadt liegt, besucht Babs sie ab und zu.

Oma Ariadne, inzwischen achtundachtzig, teilt dort ein Zimmer mit Frau Forster und Frau Janker. Frau Forster ist neunundsiebzig, hat einen Eierkopf mit wenigen grauen Haaren, zwei meistens entblößte Hamsterzähne und liebe, halbgeschlossene Augen hinter Gläsern so dick wie Flaschen; sie trägt eine Blindenbinde. Klein und eiförmig watschelt sie auf Babs zu und schratelt: »Hobbla! Hab ich e schöner Traum g'het heut nacht! Übber dr Marktplatz bin ich gange, un 's Sonnelicht het g'schiene, un ich hab die ganze schöne Frücht g'sähn!«

Oma Ariadne beugt sich zu Babs: »Mit der Stimme habe ich gewisse Schwierigkeiten.«

»Aber Oma, die ist doch so nett«, spricht Babs in ihr Ohr.

»Das hohe C kann ich nicht mehr«, sagt Ariadne. »Wer ist das?«

»Das ist der Pianist, den ich mitbringen sollte. Du hast darum gebeten, und heute hatte er Zeit. Er heißt Jan Laben«

»Ich freue mich, Ihre Bekanntschaft zu machen«, sagt Jan. »Ich kenne Sie von Schallplatten.«

»So, dann geh ich mich mal einsingen«, sagt Ariadne, besprüht ihren Hals mit Fußpilzspray und richtet vor dem Spiegel mit mutigen Strichen ihr Makeup. Babs hebt die Krücke auf, die die zweite Zimmergenossin, Frau Janker, auf den Boden hat fallen lassen. Frau Janker, neunundneunzig Jahre alt und drahtig, fuchtelt mit der Krücke und erzählt, wobei sie nach jedem Satz ihr Gebiß zurechtschluckt: »Dr Mann isch im erschte Krieg g'falle (klick!). Un dr Sohn isch im zwaite Krieg g'falle (klick!). Von vieredreißig bis neunedreißig heder mit mir g'läbt (klick!). Vierevierzig heder heimkomme dürfe (klick!), abber uf em Wäg isch dr Zug bombadiert worre (klick!). Au, dud des gud, sich emol widder ausschpreche z'könne (klick!).«

»Das ist meine Enkelin«, sagt Ariadne würdevoll. »Sie arbeitet in der Oper.«

Frau Janker fragt: »Ja un was isch des?«

»Und der da, arbeitet der auch in der Oper?« fragt Ariadne.

»Er ist Pianist«, sagt Babs. »Er wollte dich begleiten.«

»Ah!«

Sie gehen zu dritt ins Veranstaltungszimmer, in dem ein ramponiertes Klavier steht.

»Und ein Grammophon!« ruft Jan aus. Er blättert in den Schallplatten und sagt zu Ariadne: »Das ist sogar eine mit Ihnen! *Gianni Schicchi*, 1946! Darf ich's mal spielen? Die Kreis-Kogler-Aufnahme, ich habe davon gehört. Das sind Sie!« ruft er neugierig, »Erkennen Sie sich?«

»Nicht ganz«, lächelt Ariadne.

Er stellt das Gerät aus, setzt sich ans Klavier und greift ein paar Akkorde. Das Klavier ist verstimmt. »Also was machen wir?«

»Das, was wir soeben gehört haben«, schlägt Oma Ariadne vor.

»Was haben wir soeben gehört?«

»Das ist mir im Augenblick entfallen.«

»Spiel!« zischt Babs.

Er spielt *O mio babbino caro*, aber Ariadne setzt nicht ein.

»Sie ist taub«, sagt er zu Babs.

»Na und? Kann doch jedem passieren?«

»Wie soll sie da singen?« fragt Jan.

Er klimpert *I'm gonna be a lonesome Cowboy*. Plötzlich hebt Ariadne an zu singen, leise und schmelzend: *O mio babbino caro*.

»As-Dur!« bemerkt Jan anerkennend.

Opus 131

Als Anfang März in der Nachbarstadt das bekannte Mendelssohn-Streichquartett ein Konzert wegen Erkrankung absagt, fragt der Veranstalter bei Laurent an, ob der nicht mit seinem Quartett einspringen wolle. Alle sind einverstanden. Auf dem Programm stand, neben einem späten Haydn-Quartett, das sie kennen, ausgerechnet Beethovens *op. 131*, und Adrian hat sie überredet, auch das zu übernehmen. Der Historische Rathaussaal hat eine sehr gute Akustik (woher weiß er das schon wieder?). Das Publikum wird nicht übermäßig streng sein: alte Damen, Studenten, Schüler, ein paar Lehrer – eben die Hundert, die ihn jeder mittleren Stadt das Kulturleben aufrechterhalten. Für ihr Quartett aber wird es die Feuerprobe.

»Wenigstens sind wir nicht überprobt«, hat Erik sarkastisch gesagt.

Opus 131 im Rathaussaal.

Sehr guter erster Satz, streng, schön, kraftvoll, zwingend

durchgeführt, mit stetiger, sich steigernder Spannung bis zum Schluß. Dann sind die vier so verblüfft von ihrer eigenen Spiritualität, daß sie kurz den Anschluß verlieren und zwei Sätze brauchen, um wieder zusammenzufinden; äußerlich spielen sie sauber durch, aber vom Ausdruck her zu flach, verglichen mit dem verheißungsvollen Beginn; eine »gute Zwei minus«, wie Erik später sagen wird. Trotzdem sind sie glücklich. Am Ende des vierten Satzes wissen sie, daß sie bestanden haben, und starten froh und erregt in den Presto-Satz.

Kurz darauf hat Laurent einen schweren Aussetzer. Im dritten Teil des Satzes verzählt er sich bei den vier Pausentakten und setzt nicht rechtzeitig ein. Weil hier die zweite Violine der ersten folgen muß, kann auch Adrian nicht starten. Erik und Astrid, die zusammen weitere vier Takte später mit einer halben Note dazukommen müßten, verabreden sich blitzschnell mit Blicken und spielen los. Laurent versucht nachzuspringen, aber auch das mißglückt, und die Takte bis zum nächsten Doppelstrich klingen überhaupt nicht nach Beethoven.

Die nächste Panne folgt kurz darauf, als Laurent am Ende des Satzes bei seinem dreigestrichenen *fortissimo-E* die Saite reißt.

Schlimmer kann es kaum kommen. Anstatt, wie die Partitur es verlangt, gleich mit dem Adagio anzuschließen, müssen sie jetzt die Instrumente absetzen. Unten klappert es. Der mürrische Kritiker, der sich in der ansonsten leeren achten Reihe schon die ganze Zeit auf seinem Stuhl hin und her geworfen hatte, verläßt hüstelnd den Saal. Ansonsten bleibt es unten seltsamerweise still: kein Husten, kein Rascheln, kein Flüstern. Alle schauen auf Laurent, der mit zitternden Fingern eine neue Saite aufzieht. Auch sein papierdünnes Frackhemd zittert. Sein Gesicht ist fast so weiß wie sein Hemd; aber er lächelt.

Als er seine Geige wieder an die Schulter setzt, stimmen sie leise ihre Instrumente neu. Und vom ersten Takt des Adagio an wird alles wunderbar. Nie haben sie das so ergreifend gespielt. Die anrührende Passage von Eriks Bratsche. Das Ineinanderfließen der vier Stimmen, lange Bögen, intensiv, eine stille, große Klage. Und dann bricht das gewaltige Finale los, grotesk und rasend. Sie spielen entfesselt mit höchster Klarheit, sie wissen selbst nicht, woher sie plötzlich so viel Kraft haben. Ein dämonischer, stampfender Tanz, gigantisch, ekstatisch. Nach den drei scharfen Schlußakkorden wundern sie sich, daß das Dach noch auf dem Saal steht.

Feier

Um eines solchen Abends willen, möchte man sagen, hat sich alles gelohnt: die schwere Arbeit, das einsame Üben, Millionen Mal jeder Griff; die geistige Reflexion, die musikalische Suche, das Ringen um Verständnis. Mit Fleiß kann man so etwas nicht erzwingen, aber ohne Fleiß kommt es überhaupt nicht. Der Künstler ist selbst das Instrument. Er muß trainieren, um fit zu sein, er muß sich stimmen, um bereit zu sein, er muß das Leben ausgrenzen können, damit es ihn nicht ablenkt, und er muß es aufnehmen, um es gestalten zu können, denn nur aus dem Leben kommt die Kraft. Er muß, in extremem Maß, so unbeirrbar wie empfänglich sein, so mutig wie demütig, so zupackend wie entrückt.
Und manchmal muß er feiern.
Deswegen gehen die vier jetzt in ein Lokal.
Auf dem Weg dorthin, im Rathausvestibül, sind Adrian und Laurent zufällig mit dem Kritiker zusammengestoßen. Laurent wollte an ihm vorbei, da sagte der Kritiker: »Ihre Saite ist gerade im richtigen Augenblick gerissen.«
Adrian durchbohrte ihn mit einem Zigeunerblick.
»Ich konnte meinen Hustenreiz nicht unterdrücken. Ich hätte sowieso hinausgehen müssen. Auf diese Weise habe ich doch zumindest nichts verpaßt«, säuselte der Rezensent.
Im Restaurant unterhalten sie sich darüber. Offenbar ist der Kritiker, nachdem er abgehustet hat, in den Saal zurückgekehrt. Aber wie war sein Eindruck?

Wer nach einem solchen Konzert *zumindest* sagt, hat keine Ohren im Kopf und kein Herz in der Brust, die Zunge möge ihm im Hals verdorren, bemerkt Erik mit seiner immer etwas belegten, ruhigen Tenorstimme.

Astrid meint, Rezensenten seien gern spitzfindig, weil...

Astrid redet in letzter Zeit auffallend häufig in halben Sätzen.

Adrian weiß wie immer am meisten: Der Rezensent, Tümmel mit Namen, sei der einzige im Umkreis mit Musikverstand, leider jedoch von launischem Charakter. Er habe schlechte Zähne, die ihn oft schmerzten, weil er keine Zeit habe, zum Zahnarzt zu gehen, denn er müsse unaufhörlich Zeilen schinden, um seine vier Töchter zu ernähren, die keine Männer fänden, weil sie ebenso mürrisch seien wie ihr Vater; schließlich, wo hätten sie Frohmut lernen sollen? Und wenn der Zahnschmerzen habe, schreibe er ungnädige Kritiken.

Gelächter. Adrian empfiehlt Laurent, eine der vier Töchter zu heiraten, um den Kritiker zu entlasten, Erik mahnt zur Vorsicht, und Laurent scherzt, nach der Kritik werde er sehen, ob Tümmel zum Schwiegervater tauge.

Astrid sitzt lächelnd dabei. Laurent will sich nicht neben sie setzen. Aber er macht sich Gedanken über sie, bis das Lokal schließt. Das ist um elf Uhr. Sie verabschieden sich voneinander. Adrian und Erik, die von ihren Familien erwartet werden, haben es ziemlich eilig. Laurent findet aus Verwirrung sein Auto nicht und trifft eine halbe Stunde später Astrid wieder, die mühsam ihr Cello durch die dunklen Gassen schleppt.

»Du 'ast gar nichts gesagt!« ruft er aus.

»Das Auto sprang nicht an!« erklärt sie zähneklappernd. Erst jetzt fällt ihm auf, wie kalt es ist. Dicke Atemwolken. Astrid trägt einen Nerzmantel über dem Konzertkleid, aber dünne Schuhe. Er selbst hat nach dem Konzert seine Lackschuhe im Auto mit Winterschuhen vertauscht, dafür hat er den Mantel vergessen. Der Frost beißt durch das dünne Konzerthemd in seine Brust.

»Isch meine, du 'ast gar nischts zu dem Konzert gesagt!«

Sie sagt ernst: »Es war wunderbar. Ich bin so froh...«
»Soll iesch diesch nach 'ause bringen?« ruft Laurent feurig, »Mein Wagen steht 'ier um der Eck!«

Dann sitzen sie bei Astrid, und Laurent kämpft mit dem Korken einer weiteren Flasche Sekt. Er ist glücklich, weil plötzlich alles so einfach scheint. Im Leben ist es wie mit der Kunst, denkt er: das Ziel ist klar, aber den Weg findet man nicht. Ähnlich ist es mit den Frauen. Von Astrid zum Beispiel hat er schon dreimal geträumt: Wie der letzte Abstand zwischen ihnen, im Traum vielleicht zehn Zentimeter, zerschmolz – diese Erlösung, die ungeheure Süße. Aber wenn er Astrid am nächsten Tag auf der Probe traf, fand er, schon zwei Meter wären zu nah. Denn sie ist ja auch ein fremder Mensch, und nicht nur das: Sie ist immerhin sechs Jahre älter als er, sie soll sich bloß nichts einbilden. Sie beunruhigt und stört ihn. Beim Quartettspielen sieht er nie in ihr Gesicht, er beobachtet nur die Finger ihrer Linken und die Bogenhand, das reicht, das ist sogar besser.

Während Laurent versucht, möglichst ohne Knall die Flasche zu öffnen, bereitet Astrid in ihrer Stehküche einen Imbiß: Krabben auf Toast, Soße, Salatblätter. Es ist eine moderne Wohnung, ein einziges sehr großes Zimmer, seltsamerweise fast dreieckig. Im spitzen, Gottseidank weit entfernten Winkel steht ein Doppelbett. An den Wänden Bücherregale und Bildreproduktionen: Picasso, Modigliani. Warmes, diffuses Licht von einer Stehlampe, die nur die Decke beleuchtet. Wenige Möbel, ein paar moderne und ein paar Antiquitäten: Louis-seize und Empire.

Laurent rutscht auf der breiten Designercouch zum Beistelltischchen, das ihn wegen seines rötlichen, fein gemaserten Holzes an eine Geige erinnert. Dort stehen, in Messing gerahmt, Fotos von Astrids Kindern. Es sind zwei, sie studieren, Astrid erzählt manchmal von ihnen. Vom Vater der zwei Kinder erzählt sie nichts. Von ihm gibt es kein Bild, deshalb ist er wohl nicht tot, denkt Laurent streng.

Schneeflocken wirbeln gegen das schwarze Fenster. Laurent steht auf, um den Vorhang zuzuziehen. Eierschalenfarben, Chintz.

»Ich ziehe den nie zu«, sagt Astrid, die mit einem silbernen Tablett aus der Küche kommt. »Draußen ist nur Wald. Niemand, der was sieht.«

Was soll jetzt das heißen? fragt sich Laurent. Astrid ist wieder verschwunden. Laurent setzt sich zu dem violinfarbenen Beistelltisch und studiert die Kinderportraits, um sich familiäre Fragen zu überlegen, da entdeckt er etwas Erschütterndes: Vor den Bildern liegt ein Bildband, ein Fotobuch. Der Titel: *Junge Männer, fotografiert von...* Von irgendwem. Von einer Frau. Seltsamer Titel für ein Buch, das hier sozusagen öffentlich herumliegt. Er blättert darin. Kunstfotografie. Schwarzweiß.

Die jungen Männer sind nackt. Von vorn bis hinten nur nackte junge Männer. Sie räkeln sich, wohlgestaltet und selbstbewußt, auf antiken Möbeln oder lehnen sich an Natursteinmauern, oder sie liegen mit mindestens einem angewinkelten Bein auf Betten. Er blättert schneller. Alle nicht direkt erregt, aber auch nicht ruhig; man könnte sagen, in gelassen erwartungsvollem Zustand. Wozu braucht Astrid ein solches Buch? Vielleicht blättert sie nachts in einsamen Stunden darin, um anschließend ihr Cello zu umarmen? Laurent schlägt das Buch zu. Es hat ihm überhaupt nicht gefallen. Hält sie mich etwa für einen jungen Mann? überlegt er. Oder hält sie mich vielleicht für einen nicht mehr jungen Mann? Wäre das gut oder schlecht?

»Hier.« Astrid arrangiert das Besteck auf dem Glascouchtisch. »Entschuldigung. Ich war nicht vorbereitet.« Sie setzt sich ihm gegenüber auf den Louis-seize-Sessel und lächelt. Sie hat immer noch das Konzertkleid an, schwarz, oben mit Spitzeneinsätzen, unten plissiert. Sie sieht elegant aus, ein bißchen ironisch, ein bißchen wehmütig, und die ganze Zeit irgendwie geistesabwesend. Als sie mit ihm anstößt, lächelt sie. Sie hat, viele feine Falten im Gesicht, aber wenn er die Augen schließt, findet er sie schön. Er überlegt nur, ob es korrekt ist, daß sie jetzt seinen Blick erwidert. Inzwischen erscheint ihm die Liebe nicht mehr so abwegig, abgesehen von dem Problem, daß dabei eine Distanz unterschritten wird, die er dringend braucht. Läßt er sich mal hinreißen (selten), stellt er die verlorene Distanz immer sehr rasch, wenn nötig mit Grausamkeit, wieder her. Angebote hat er natürlich, in seiner Position. Eine Bratsche zirpst ihn seit Wochen an, und eine Oboe schwärmt immer noch für ihn, obwohl er ziemlich gemein zu ihr war. Sie legt ihm manchmal vor Vorstellungen Blümchen aufs Pult, dann fühlt er sich belästigt. Jetzt macht er sich Sorgen, daß mit Astrid Ähnliches passieren könnte. Denn das wäre das Ende des Quartetts.

»Mach dir keine Sorgen, Laurent«, sagt Astrid freundlich.

Eine Welle von Glück durchfährt ihn. Er zückt den Kamm und bändigt sein kurzgewelltes Drahthaar. »Die Stille 'ier«, sagt er andächtig, »das ist wunderbar.«

In einiger Entfernung schlägt eine Glocke. Mitternacht. Ein geheimnisvoller Klang: jeder Schlag eine Art Mollterz, aber nicht eindeutig; eine schwere, schwingende Klangmasse, die im Näherwogen sich verfärbt und verändert. Laurent lauscht ihr nach. Ein ebenmäßiger, dunkler Schlagton, begleitet von verschiedenen Teiltönen: einem hellen, scharfen, der mit dem Schlag kurz aufleuchtet wie eine Rohrflöte; einem dunklen, der an eine Klarinette erinnert...

»A-moll...?« murmelt Astrid.

Von etwas näher, später einsetzend, eine weitere Glocke.

»Zwei Terzen übereinander gebaut machen noch kein Tritonüs«, fällt Laurent ein. »'indemith 'at nischt rescht, wenn er bewertet auch die verminderte Quint als Tritonüs.«

Und noch eine Glocke. Hell, unsauber.

»Diese G-Glock 'at einen Sprüng«, bemerkt Laurent. »Vielleischt ist sie von der Kält gesprungen?«

»Minus zehn Grad«, bestätigt Astrid. »War angekündigt.«

Laurent überlegt, daß seine Lackschuhe, die im Auto liegen, Kälte nicht vertragen: Der Lack springt, so wie offenbar die arme Kirchenglocke. Dreihundertfünfzig Mark das Paar.

Soll er sie reinholen? Oder wäre das mißverständlich? Will er überhaupt raus? Es ist warm hier, gemütlich und erregend, der Krabbentoast duftet, leise knispelt der Sekt im Glas.

»Was hast du, Laurent?«

»Was 'abe isch?«

»Du ißt deine Haare«, sagt sie sanft. »Dabei steht der Krabbentoast auf dem Tisch.«

Er ist beschämt. Er weiß nicht genau, was sie meint. »Isch kann nischt bleiben«, ruft er hastig. »Meine Lackschuh!« Er greift seine Violine und flüchtet in die Dunkelheit.

Erfolgserlebnis

Im April darf Jan die *Fledermaus* nachdirigieren. Am Vormittag vor der Aufführung fällt der Konzertmeister mit einem Bandscheibenvorfall aus. Er war Laurents Stellvertreter; Laurent selber als Erster Konzertmeister ist von der Mitwirkung in Operetten befreit. Der Stellvertreter des stellvertretenden Konzertmeisters aber ist ein heikler, unflexibler Mann, der keineswegs froh ist über seine Zusammenarbeit mit Jan. Jan macht sich große Sorgen, da gibt es eine weitere Überraschung: Das Betriebsbüro meldet, Laurent habe sich zu dem Dienst bereit erklärt. Er kennt das Stück, er hatte es schon vor Jahren gespielt und angeführt, und er kennt auch diese Aufführung mit allen Einschnitten und vereinbarten Tempi, denn er hat mehrere Orchesterproben besucht: Er hat von verschiedenen Ecken des Zuschauerraums aus zugehört, und meistens stand er auf der linken Seite am Proszenium mit Blick auf die Cellogruppe. Im Theater geht's immer rund, *the show must go on*, zwei Einspringer sind keine Seltenheit, nicht mal auf zwei so wichtigen Positionen. Jan und Laurent besprechen zwischen Mittagskaffee und Vorstellung das musikalische Konzept, machen einander die gleichen Vorschläge und laufen hinunter in den Graben. Keiner hat Zeit, sich zu wundern, der Zuschauerraum wird eingedunkelt, der

Vorhang geht hoch, und die Vorstellung wird prima. Laurent spielt mit einer beinah elektrischen Sinnlichkeit, voll Erwartung, Übermut und Ironie. Alle ziehen mit. Keine der gefürchteten Pannen in der Ouverture, keine Tonschwankungen bei der Synkopierung. Prickeln, Präzision. Jan fühlt sich frei und sicher. Die Sänger brillieren. Im gefürchteten Uhrenduett klappen alle Tempoübergänge, Kazuko und der Tenor Danny nutzen ihre Chancen; erotischer Funkenflug. Jetzt die nächste Klippe, der Csárdás. Kazuko in Hochform schafft die Koloraturen ebenso wie das ungarische Feuer, reißt mit dem Schlußschlenker der Arie das Publikum hin. Zum Trinklied ist wirklich Zug in der Bude. Das *Duidu* gerät zu einer Art spirituellem Gruppensex.

Auch das Publikum – ausgerechnet das schwerfällige, verachtete Samstagnachmittags-Abo, von den Künstlern »Ackerbau und Viehzucht« genannt – zieht mit. Von der Ouverture an ist es vollkommen glücklich, was wiederum Ensemble und Orchester befeuert. Das sind die kleinen Theaterwunder. Am Schluß, als Jan mit einer Verbeugung Laurent die Hand drückt, klopfen die Streicher anerkennend mit den Bogenspitzen auf ihre Noten. Dann rennt Jan durchs Treppenhaus nach oben auf die Bühne, wobei er mehrere schwere Stahltüren aufstoßen muß – nie waren sie leichter. Applaus prasselt auf ihn nieder. Schweiß läuft ihm die Stirn herab in die Augen, er blinzelt. Unscharfe, aber leuchtende Gesichter, klatschende Hände: Es sieht aus, als hielten die Zuschauer rasend flatternde helle Vögel auf dem Schoß. Später, zu Hause, wird Jan mit einem Kloß im Hals überlegen, warum das mutmaßlich letzte Dirigierglück seines Lebens ihm ausgerechnet von der *Fledermaus* geschenkt wurde. Dann wird er gerührt erkennen, die *Fledermaus* sei ein verdammt feines Stück.

Aber noch steht er in seinem verschwitzten Frack auf der Seitenbühne und nimmt dankbar von der Inspizientin Andrea ein Handtuch entgegen, um sich das Gesicht trockenzuwischen. Kazuko gurrt mit ihrer erotischsten Stimme: »Danke, Maestro!« Hofmann schlägt ihm strahlend auf die Schulter: »Zufriedene Mienen danken es Ihnen!« Und zuletzt, kein Scherz, drückt ihm ein schmuddeliger Mann in Nadelstreifen, den Kazuko hereingeführt hat, die Hand (ihretwegen war der gekommen). Er sei Agent, »Alle Achtung, Herr Laben« Denke Jan an Veränderung? Gerade nämlich habe sich eine schöne Vakanz ergeben, er sage nur: Gelsenkirchen...

Gute Arbeit

Auch Babs hat eine schöne Erfahrung gemacht: Sie war sechs Wochen Gastassistentin in Frankfurt am Main, wohin sie der Regisseur Termann vermittelt hat. Termann war der vornehme Herr mit dem Schnurrbart, der in Neustadt *Fidelio* inszeniert hat. Die ganze Sache war hochinteressant und sehr schmeichelhaft für Babs.

»Das hat sich endlich mal gelohnt!« ruft sie. »Sehr gute Arbeit. Viel gelernt. Ein Klasse-Regisseur – ein Genie!«

Jan schwenkt die dampfende Kanne Tee vor seiner Brust und inhaliert eine Wolke heißen Darjeelingdufts. »Erwartungen erfüllt?«

Wenn immer sie sich über die Plagen von Assistenz und Provinz ausgetauscht hatten, hatte Babs die These geäußert, daß »oben« alles besser sei. Bessere Gehälter, bessere Künstler, selbstbewußtere Menschen, die sich anständig benehmen können, und so fort. Im ersten Punkt bereits hat sie recht behalten: achttausend Mark Honorar für sechs Wochen Arbeit, das war anständig. Gearbeitet hat sie rund um die Uhr.

»Tolle Arbeit! Das Puccini-Triptychon.«

Jan wiegt den Kopf. »*Gianni Schicchi* ist Puccinis brillanteste Partitur.«

»Aber der *Mantel* und *Suor Angelica* sind auch Klasse. Und erst die Inszenierung! Super Bühnenbilder!« sprudelt Babs. »Schon die Perspektive war genial: Im *Mantel* sieht man in den Kanal hinein anstatt wie sonst immer auf die Mole mit dem querliegenden Schiff. Bei Termann schaut man genau zwischen die hohen Ufermauern hinein wie in einen Tunnel. Der Kahn klebt an der linken Mole wie ein flacher schwarzer Käfer. Er hat kein Haus auf dem Rücken wie sonst, sondern nur einen flachen Aufbau mit schmalen waagerechten Fenstern; die Menschen, die auf ihm arbeiten, steigen wie in die Unterwelt in ihn hinab. Alles schwarz! Das Wasser dunkelgrün. Aber oben, da ist Paris! Ein Prospekt der Stadt Paris in ganz wunderbaren Farben und lockendem Licht. Unerhörte Beleuchtungseffekte! Das orangene Licht der untergehenden Sonne ergießt sich aus der Tiefe des Kanals direkt nach vorne. Das ist, wenn Georgette von der Sonne schwärmt, der ihr alter Mann den Rücken kehrt, *die Sonne wie eine riesige Orange,* du weißt schon. Und Termann läßt tatsächlich diese Riesen-Orange erscheinen, aber nicht im kitschigen Pseudo-Realismus, sondern als impressionistisches Bild. Sichtlich gemalt, und trotzdem glühend! Sie gleitet schräg von links oben herein in den Kanal und rechts unten hinaus, und wenn sie verschwunden ist, sieht man nur noch links oben die Häuserzeile nachglühen – das verheißungsvolle Paris! Unten ist Fron, freudlose Ehe, Dunkel, aber oben das Leben, Leidenschaft! Das Liebespaar schaut immer wieder hinauf, und wenn das Drama explodiert...«

Babs hat sich in Eifer geredet.

»Und wie war die musikalische Seite?« fragt Jan.

»Naja...« Ein vorsichtiger Blick von Babs, die weiß, daß sie sich hierzu nicht kompetent äußern kann.

»Die Sänger?«

»Na, entsprechend! Einen tollen Gianni Schicchi hatten wir. So ein kleiner rothaariger Säufer mit spitzen Ohren und einer muhen Stimme, der immer mit gesenktem Kopf durchs Haus rannte und vor sich hinredete. O Schreck, dachte ich, mit dem werden wir Mühe haben. Aber auf der Bühne wurde der so lebendig... so wild! Ein Schlitzohr muß Schicchi ja sein, obwohl er meistens als netter Opa dargestellt wird. Also wenn er sich auf dem Bett aufrichtet zum Ende seiner Arie mit dem hohen G über drei Takte – das war von einer solchen Dämonie, einer solchen Vitalität – grandios!« juchzt Babs. »Bin ich froh, daß ich mitmachen durfte. Wegen solcher Arbeiten lohnt sich das Theater.«

»Also alles in Butter?« Jan hat während Babs' Bericht den Teller Reiskekse allein aufgegessen.

»Weißt du, man lernt natürlich nie aus.«

»So?«

»Ein bißchen dumm habe ich mich benommen. Ich glaube, ich bin überhaupt ein bißchen dumm. Wahrscheinlich sind wir Menschen überhaupt etwas kleinlich.«

Wir Menschen? Jan horcht auf. Pauschale Selbstbezichtigungen sollen immer etwas verschleiern. Niemand beschuldigt sich, um sich zu belasten. Wenn einer allgemeine menschliche Schwächen beklagt, will er meistens ein viel kleineres, aus irgendeinem Grund empfindlich überbewertetes Vergehen vertuschen. Weil er sich dieses nicht verzeiht, läßt er es in einer lauthals beschworenen moralischen Pseudo-Konkursmasse verschwinden.

»Das glaube ich nicht«, sagt er scheinheilig.

Beide rühren in ihren Tassen.

»Irgendwas mit dem Trompeter?« hilft er nach.

Babs zuckt zusammen. »Neinnein. Es war nur... Der Regisseur... er hat mich geunkt.«

»Das Genie?«

»J-ja«, stottert Babs. »Er hatte zu mir gesagt, ich muß ihm einen Teil meiner Gage abgeben. Das meiste, sozusagen.«

»Und darauf hast du dich eingelassen?«

»Naja, ich dachte, er meint es vielleicht nicht ernst. Er hat mich wahnsinnig geschunden in diesen Wochen – also nicht gequält, sondern nur sehr viel arbeiten lassen. Ich dachte inzwischen, ich hätte mir das Geld verdient. Aber als ich ihm nach der Premiere gratulieren wollte, sagte er streng: ›Ich habe noch Außenstände.‹ Da hatte ich selbst die Gage noch nicht, aber das war ihm egal. Er hat mich am nächsten Tag zu sich ins Hotel bestellt. Dort saß er beim Frühstück mit seiner Frau und stellte mich ihr vor. ›Fixes Mädchen. Eignet sich auch für die Arbeit an großen Häusern. Hat nur leider ein schlechtes Gedächtnis, deswegen kann man sie doch nicht brauchen.‹«

»Und du hast ihm nicht die Kaffeekanne über die Perücke geschüttet?«

»Nein, weißt du, er sagt: Andere Schüler schreiben ihm, sie würden bezahlen, wenn sie dabeisein dürften. Ich hätte immerhin 'ne sehr gute Gage bekommen, die er für mich ausgehandelt habe. ›Rat mal, was man dir ohne mich gegeben hätte‹, sagte er. Da hat er natürlich recht... Und dann sagte er, er muß ja selbst auch leben.«

»Was bekam er? Hunderttausend?«

»Weiß nicht. Verdient hätte er's.« Babs, aufgerieben zwischen Stolz und Demut.

»Du hast bezahlt.«

»Ja. Das heißt, wir haben uns so geeinigt, daß ich nur von meiner Nettogage die Hälfte zahlen muß. Also nach Abzug der Steuern.«

Streit und Versöhnungen

Inzwischen ist Mai; andere Produktionen, andere Künstler.

In Bariton Erwins Garderobe sitzt Susan auf Erwins Schoß. Susan singt als Gast Sally Bowles, die weibliche Hauptrolle in *Cabaret*. Erwin singt in dem Stück den jungen Amerikaner, der sich in Sally Bowles verliebt, und weil sie sich auf der Bühne lieben, verlieben sie sich auch in Wirklichkeit, oder was man Wirklichkeit nennt (und was man Liebe nennt). Sie lieben sich immer dann, wenn Susan in Neustadt ist; anderswo fesseln die Partner, die sie in anderen Stücken liebt, ihre Phantasie. Susan aus Gera ist eine temperamentvolle Musical-Darstellerin, die wie eine Pop-Prinzessin röhrt und trotz Übergewichts tanzt wie ein Derwisch. Deswegen spielt sie überall Musical-Hauptrollen.

»Wieso darf i di net küß'n?« fragt Erwin.

»Ananasdiät«, antwortet Susan.
»Wos hot des mit Ananasdiät zu tun?«
»Seit ich nur noch Ananas esse, hab ich dauernd Zahnfleischbluten.«
»No hör doch auf mit dem Blödsinn. G'wichtige Personen ham a Recht auf G'wicht!«
Susan stößt ihren spitzen Schuh gegen seine Wade, Erwin schimpft. Es ist kein Scherz. Auskeilend läuft Susan durch die Garderobe, ihre Stirn läuft pinkfarben an.

Auch auf der anderen Seite der Bühne wird geschrien. Babs, die die nächste Produktion, den *Freischütz*, betreut, hört auf dem Weg ins Requisiteurszimmer schon von weitem die Stimme des Chefrequisiteurs Lothar. »Nein! Nein! Nein!«
Die Tür springt auf. Heraus kommt im schwungvollen Herrenmenschen-Schritt der baumlange junge Bühnenbildner Dietmar. Hinter ihm mit hochrotem Kopf, einen Requisiten-Adler an sich pressend, Requisiteur Lothar. Lothar und Adler taumeln davon.
Babs versucht Dietmar aufzuhalten. »Dich hab ich gesucht. Ich bekomme jeden Tag Krach mit Herrlich wegen der Türmarkierungen. Sie haben die neuen Zeichnungen noch nicht.«
»Dann kopier sie und gib ihnen eine Kopie«, schnauzt Dietmar, ohne stehenzubleiben.
»Auch ich habe die Zeichnungen nicht, Schatz. Ich argumentiere hier in deinem Sinne, falls du's nicht gemerkt hast. Schriftliches hab ich selbst noch nicht gesehen.«
»Dann such es. Ich weiß nicht, wo meine Zeichnungen sind, ich habe sie ordnungsgemäß abgegeben.« Dietmar zieht die Lifttür hinter sich zu und entschwindet in höhere Etagen.
»Arrogantes Arschloch«, schimpft Babs. Dann macht sie sich auf die Suche nach Lothar, dem Chefrequisiteur.
Sie hat eine neue Requisitenliste dabei und wappnet sich bereits im voraus gegen Lothars Wutschreie. Lothar ist dreiundsechzig Jahre alt und rechthaberisch, von jungen Leuten läßt er sich ungern was sagen. Babs ahnt, wie es ihn kränken

mußte, von dem dreißigjährigen Rotzlöffel Dietmar eine Abfuhr zu bekommen. Lothar ist aber auch zu stur, denkt sie. Warum geht er immer gleich in die Luft, wenn er was ändern muß?

Lothar war früher Bildhauer. Eines Tages hackte er sich bei der Arbeit an einer Holzskulptur drei Finger ab, da war mit dem Bildhauen Schluß. Er kam im Theater unter. Seine Requisiten sind die schönsten: eine weitere Quelle des Leids, denn er liebt sie und fürchtet ständig, ihnen könne etwas zustoßen. Bei Stücken, in denen Requisiten herumgeworfen werden, leidet er körperlich. Dann kriecht er noch während der Szene hinter Paravents und Soffitten herum und angelt nach diesen Requisiten, die er, an seine Brust gepreßt, in Sicherheit bringt.

Und noch etwas, eine Tragödie: Lothar hat in den letzten Jahren mit eigenen Händen ein Haus gebaut, in dem er, zusammen mit seiner Frau und seinen Lieblingsrequisiten, den Lebensabend verbringen wollte. Aber kurz nach dem Richtfest hatten Ärzte bei der Frau einen Brustkrebs entdeckt, der bereits metastasiert.

Babs findet Lothar im Spritzraum.

In den Spritzraum fällt Sonne. Auf dem mit Zeitungspapier bedeckten Boden liegt der Adler, den Lothar für die geplante *Freischütz*-Produktion gebastelt hat, ein imponierender Vogel, mit gespreizten Flügeln bestimmt zwei Meter groß. Lothar, immer noch mit rotem Kopf, steht vor ihm, eine Spritzflasche in der Hand.

»Hast du Dietmars Zeichnungen von den neuen Spezialtüren?« fragt Babs.

Unartikuliertes Gebrumm: »- - -Tech–nik.«

»Sie sagen, Re-quisite.« beharrt Babs, die sich nicht immer durch Fingerspitzengefühl auszeichnet.

»Laß mich in Ruh, laß mich in Ruh!« brüllt Lothar.

»Wieso, was kann ich denn dafür!« brüllt Babs zurück.

Etwa zwei Minuten lang schreien sich beide an, ohne zu wissen warum. Plötzlich laufen Lothar Tränen übers Gesicht.

»Ich weiß nicht – meine Frau stirbt – der Adler –«

Sie fallen einander schluchzend in die Arme.

»Ist eigentlich egal – soll Dietmar sich selbst um die Zeichnungen kümmern. Ich bin schließlich kein Bühnenbild-Assistent«, murmelt Babs.

Lothar weist trostlos mit der verkrüppelten Hand auf den Adler: »Ich soll ihn schwarz abspritzen. Soviel Arbeit... Adlerfedern gibt's nicht mehr zu kaufen – geschützt, deswegen hab ich Gänsefedern eingefärbt – in Naturzeichnung... einzeln, fünfhundert Stück. Und nach Muster angelegt. Noch nie hatten wir so einen schönen Adler... alles umsonst...«

»Hast du's ihm nicht gesagt?« fragt Babs betroffen.

»... hört nicht zu. ›Zu schön! Nicht unheimlich genug.‹ Pah! Was geht mich eure Kunst an!«

Er beginnt, den Vogel mit schwarzer Farbe abzuspritzen, die Farbe verklebt das Gefieder wie Teer. Babs hilft ihm – das Tier umzudrehen, nun wird der Bauch bearbeitet, auch Babs sprüht, beide weinen.

Die Sopranistin Kazuko hat soeben im Probensaal eine Orchesterprobe für ein modernes Stück beendet. Der Gastdirigent, der die Partitur nicht kannte, war ausgerastet, weil die Musiker nach seinem falschen Schlag falsch spielten. Er schrie: »Kann der Scheiß-Hornist denn keine Noten lesen?«

In der Pause lief der Hornist knurrend hinaus. Kazuko hätte ihn gern getröstet und wußte nicht wie; sie ist ein bißchen angeschlagen.

Die anderen Musiker bleiben gelassen. Sándor, der kluge ungarische Schlagzeuger, legt ihr beruhigend die Hand auf die Schulter. »Vergiß nicht, Kazukolein: Die Menschen sind genau so, wie sie aussehen.«

Lothar und Babs kehren vom Spritzraum zurück wie eine geschlagene Armee, jeder hält eine Schwinge des entstellten Vogels.

In »Herren-Solo« haben sich Erwin und Susan wieder versöhnt. Erwin küßt Susan.

Susan sagt: »Nach jedem Song habe ich den Mund ganz voll Spucke. Was soll ich tun?«

Erwin antwortet: »Schluck!«

Gesangsstunde
─────────────

Der Rezensent Mischer hat aus einem anderen Leben in einer anderen Stadt eine Tochter, die manchmal ein Wochenende bei ihm in Frankfurt verbringt, um hier ihre Gesangslehrerin zu treffen. Die Tochter ist siebzehn und fängt gerade erst an: Jetzt singt sie in auf- und absteigenden Tonfolgen im Terzraum »gonggonggonggonggonggonggong«, »genggenggenggenggenggenggeng« und so weiter, durch alle Vokale. Ihre Stimme ist zart. Die Gesangslehrerin, eine optimistische Frau von vierzig Jahren, unterrichtet mit vertrauenerweckend geschultem Organ und aufmerksamen Ohren; Mischer hört noch die diskreteste Erläuterung durch zwei Türen. »E, I, Ö, Ü sind Mittelstimmenvokale, da werden Rand- und Bruststimme gemischt. Sie müssen metallisch klingen, im Gegensatz zum schwebenden, weichen Kopf- oder besser Randstimmvokal U in *gung* und zu den volltönenden Bruststimmvokalen a und ä in *gang* und *gäng*.« Mischers Tochter legt alle zur Verfügung stehende Kraft in ihre vage Stimme, bricht kichernd ab, um von der Lehrerin mit einem blühenden Strom von Tönen überschüttet zu werden.

Welche Mühsal, welche Akribie! Für welche geringen Aussichten! Mischer genießt diese Stunden nicht. Er erlebt hier seine fremde Tochter, die er einmal aus Versehen gezeugt hat, um etwas zu beweisen, was er nie glaubte, sozusagen akustisch hilflos und nackt. Ihr Einsatz für etwas, was keinen Erfolg garantiert, rührt ihn, ist ihm aber auch unheimlich. Er selbst legt Wert auf Garantien. Seine Urteilskraft läßt ihn selten im Stich. Sein Koordinatensystem ist exquisit: Er identifiziert sich mit Maria Callas und Enrico Caruso und verachtet von dieser Warte aus alle übrigen Sänger. Das Provinzielle aber, das er sein ganzes Leben lang mied oder bekämpfte, entsteht in diesem Augenblick in seinem Haus unter seinen Augen, und Ohren, neu.

Jetzt folgt der Text »Kaa-a«, absteigende Dreiklänge. »Nach jedem *Kaa* den Bauch lösen!« ruft die Lehrerin. »Der Rippenbogen bleibt stehen, darf nie einfallen, sonst kann der Ton nicht balanciert werden!« Geräusche. »Kiefer, Bauch und Kreuzbein entspannen, damit die Luft leicht in die Lungen hineinströmen und in einem gleichmäßigen Strom entweichen kann! Nie Luft einsaugen oder hinauspressen!« Geräusche, Geräusche. »Achtung. Die Lippenspannung richtet sich nach den natürlichen Vokalen. Ist sie zu hoch, wird der Klang fest, ist sie zu gering, wird er schlaff. Nein, nein. Sprechstimmenspannung ist nicht dasselbe wie Singstimmenspannung!«

Ist es überhaupt zu schaffen?

Mischer greift zum Telefonhörer und wählt seinen Freund Amadeus an. Ich werde alt, denkt er. »Ich würde jetzt am liebsten Callas hören«, raunt er ins Telefon. »Den *Maskenball*-Mitschnitt vom Dezember '57, du weißt schon, Scala/Gavazzeni; aber ich kann nicht, nebenan trätet die Kleine...«

Callas
―――

Sie machen sich diese ungeheure Mühe, und wofür?« fragt Mischer. »Für den großen Augenblick. Aber was ist ein großer Augenblick? An einen, den größten, muß ich gerade denken, aber das war auch der schrecklichste. Das war das Konzert der Callas mit Giuseppe di Stefano in der Jahrhunderthalle 1973. Die Callas trat, weil sie ein Orchester nicht mehr finanzieren konnte, mit einem Klavier auf. Ein Klavierchen in dieser Riesenhalle, und als Partner der ruinierte Di Stefano, der die Töne nur noch quetschen konnte, daß ihm die Birne anlief. Erbärmlich und traurig. Ich kannte die Callas bis dahin nur von Platten und verehrte sie derart, daß ich vor Pein fast unter den Stuhl rutschte; ich wünschte, ich wäre nie hingegangen. Und plötzlich singt sie *O mio babbino caro* und verleiht dieser Schnulze mit den Resten ihrer Stimme eine so unglaubliche Intensität, daß ich bis heute keinen Ton vergessen habe. In den harten Stücken konnte sie nicht mehr glänzen, also legte sie alles in dieses kleine Liedchen. Mir ist immer noch ein Rätsel, wie sie ohne Orchester diese wunderbare Atmosphäre schaffen konnte. Winzige *portamenti*, Reduktion auf das Wesentliche; sie verstand aus jeder noch so kleinen Phrase Leben herauszuholen. Sie war technisch so perfekt, daß sie Belcanto ohne Stimme singen konnte. Und diese Wahnsinnsbegabung hat sie für rückhaltlosen Ausdruck eingesetzt; das ist es wohl, was sie so groß macht. Es war eine Entscheidung für die Musik gegen die Stimme. Inzwischen bin ich froh, daß ich diesen Abgesang erleben durfte; nur wegen *O mio babbino caro*. Schöner hab ich's nie mehr gehört. Besser vielleicht, schöner nicht.«

Amadeus

Über dem Telefonieren ist es dunkel geworden. Amadeus, mit dem Portable in der Hand, zieht die blaßblauen Vorhänge zu und wandert durch den langen Flur seiner Vierzimmer-Altbauwohnung (hellgraues Eichenparkett, rohversiegelt, Piranesi-Stiche an der Wand) zur Bulthaup-Küche und wieder zurück. Jetzt legt Mischer auf. Amadeus steht allein in dem hohen Wohnzimmer. Indirekte Halogen-Beleuchtung. Eine Maßblau bezogene Sitzgruppe auf dem pinkfarbenen Teppich mitten im Raum. Amadeus setzt sich hin, was soll er sonst tun. Er denkt nach.

Manchmal scheint ihm, jeder Mensch habe zwei Leben: das alltägliche aktive, in dem er sich mehr instinktiv als bewußt mit der Welt herumschlägt, und das moralische, in dem er seine Handlungen und Erlebnisse bewertet, in seine Biographie einordnet, mit seinen Träumen vergleicht und durch eine mehr oder weniger gewaltsame Interpretation erträglich macht. Beide Leben bedingen und durchdringen einander, aber das »moralische«, wie willkürlich und korrupt auch immer, scheint mehr Bedeutung zu haben als der unverständliche Rohstoff des Alltags, von dem er doch in jeder Hinsicht abhängt.

Amadeus' Linie, die er im Chaos des Lebens behauptet, ist der Humanismus. Amadeus ist Humanist. Das bedeutet, daß er mit allen Menschen Mitleid hat außer mit Generalmusikdirektoren, die er für selbstherrlich und gierig hält. Er hat ein kultiviertes Buch über Mozart veröffentlicht, in dem kein Wort gelogen ist.

Die Künstler tun ihm leid, aber Mozart liebt er. Als er mit fünf Jahren zum ersten Mal *Figaro* hörte, mußte er weinen, ohne zu wissen warum. Er lernte Klavier. Im Heranwachsen musizierte er passabel, die Kämpfe des Erwachsenwerdens haben sein Talent erstickt, aber seitdem ist Mozart seine Utopie: Mozarts selbstverständliche Gerechtigkeit in der Behandlung seiner Figuren, seine Eleganz und Seligkeit, seine traumwandlerische Anmut noch im tiefsten Ernst (KV 477, 546!). Außerdem verstand kein Komponist so viel von der Liebe. Der sinnliche Übermut, die Innigkeit und Zärtlichkeit etwa zwischen Figaro und Susanna – das ist die schönste und tiefste Liebe, die zwischen Menschen möglich ist; weder die posierende Raserei von Wagner noch die obsessive Erotik Puccinis kommen da ran. Amadeus jedenfalls hat seine Mozart-Liebe bis zur Lächerlichkeit verteidigt. Und geschadet hat sie ihm nicht: Im Gegenteil, sie wurde sein Markenzeichen und brachte ihm seinen Spitznamen ein.

Die Künstler tun ihm leid, weil sie blind, dreist und unzulänglich sind. Seine Aufgabe sieht er darin, ihnen maximale Leistung zu ermöglichen, damit er, Amadeus, für sich bessere Positionen erhält, in denen er ihnen, den Künstlern, noch bessere Leistungen ermöglichen kann. Leider weist seine Karrierekurve neuerdings nach unten. Er war im Wettbewerb nicht wachsam genug. Nach anderthalb Jahrzehnten Schauspielintendanz in Berlin stürzte er ab. Man muß auch sagen, daß er der Messerwetzerei müde war. So kam er, nicht ohne Glück, vor drei Jahren in Neustadt unter. Neustadt sah er als Alterssitz: idyllische Stadt, überschaubares Theater, beherrschbares Personal.

Nun ist er überrascht, daß die kleinen Theaterleute genauso besessen und skrupellos um ihren Vorteil kämpfen wie die großen. Sein eigener GMD Beetz, den er selbst engagiert hat, versucht ihn aus dem Sattel zu heben. Ehe er sich's versah, geriet Amadeus in Schieflage, und sein Versuch, sich mit einem spektakulären Projekt zu rehabilitieren, wurde ein Desaster. Daran kaut Amadeus zur Zeit, und deshalb macht er sich zur Zeit herzlich wenig aus den Callassen der Welt.

Das Projekt bestand darin, daß Amadeus einen berühmten Regisseur verpflichtete, mit dem er seinerzeit in Berlin Triumphe gefeiert hat. Inzwischen gilt der Mann als Jahrhundertregisseur, und er willigte ein, an Amadeus' Neustädter Theater seine Jahrhundertinszenierung von *König Ödipus* zu wiederholen. Die Nachricht machte in Neustadt Furore. Zwei Fernsehanstalten wollten die Aufführung senden, alle überregionalen Tageszeitungen bestellten Premierenkarten, der Kulturausschuß lächelte, und der Bürgermeister drückte Amadeus beide Hände gleichzeitig.

Der Jahrhundertregisseur hatte zu der Zeit keinen allzu guten Ruf mehr. Cholerisch war er immer gewesen, jetzt galt er als maßlos. Sein Stil, früher geprägt von strengem Rhythmus und sinnlicher, in guten Momenten ekstatischer Bildsprache, wurde zunehmend aufwendig und verkrampft.

Serge, so hieß der Regisseur, führte sich mit den Worten ein, er werde hier das Unterste zuoberst kehren. Amadeus fand, Jahrhundertregisseure dürfen Jahrhundertforderungen stellen.

Serge machte seine Drohung ernst. »Niemand probiert

hier, während ich in diesem Haus probiere.« Amadeus mietete einen Probenraum für die Parallelproduktion.

Serge, im Furor des Entwerfens, verlangte schon zu den Proben das Flugzeugwrack, das Hauptbestandteil des Bühnenbildes werden sollte. Das ist eine harte Forderung; normalerweise wird die Originaldekoration erst zu den Hauptproben fertig. Aber Amadeus gehorchte. Fasolo, der Bühnenbildner, besorgte ein Wrack für zwanzigtausend Mark, Amadeus zahlte. Nach drei Proben sagte Serge, er brauche es doch nicht. Fasolo baute jetzt exakt die gleiche Dekoration wie in Serges vorigen drei Inszenierungen des Stücks.

Wie es begonnen hatte, ging es weiter. Schon für die Proben forderte Serge als Rundhorizont einen in Gummimilch getränkten Schleiernessel, der auf besondere Weise Licht aufnahm. Diktatorische Forderung: Keine Falten im Prospekt! Die Gummimilch wurde nach vier Tagen porös und zog Schlieren, so daß man sie nicht mehr geradeziehen konnte. Serge kam auf die Probe, sah die Falte, brüllte: »Provinz!« und reiste ab. Amadeus bekniete ihn telefonisch und garantierte einen neu präparieren Prospekt. Während der Proben wurde gummierter Schleiernessel für dreißigtausend Mark verschlissen. Amadeus erkannte, daß Serge in einer Krise steckte: Ihm fiel nichts ein. Der Regisseur brauchte die Skandale als Brennstoff für seine erschöpfte Phantasie. Er tat Amadeus sogar ein bißchen leid: ein verzogenes Kind, das Liebesbeweise erpreßt.

Das Verhängnis schritt fort. Serge, der immer mit spitzen Lederstiefeletten und violett getönter Silbermähne auftrat wie eine alte Diva, war keineswegs schwul. Als Ödipus ließ er den Stuttgarter Schauspieler Benno Borg engagieren, obwohl es auch in Neustadt einen geeigneten Darsteller gab. Benno Borg war, wie jeder wußte, der unlängst geschiedene Ehemann der Neustädter Schauspielerin Johanna Petri, die die Königin Iokaste spielte. Serge probte mit den beiden folgendermaßen: Er quälte die Petri, bis sie in Tränen ausbrach, und führte sie dann, ohne dezidiert zu unterbrechen, in ihre Garderobe, um sie – also jeder wußte, wozu, und Serge legte auch Wert darauf, daß jeder es wußte: Im Zurückkehren zog er sich ostentativ den Reißverschluß zu. Borg quälte sich entsetzlich und war jeweils selber am Weinen, wenn die heulende Petri, gefolgt von Serge, in ihre Garderobe lief. Die Petri tat Amadeus da fast schon mehr leid als der ausgebrannte Serge, aber er machte alles mit, weil er immer noch aufs Fernsehen hoffte.

Die Aufführung wurde so schlecht, daß beide Fernsehsender absagten. Die überregionale Presse höhnte. Der Kulturausschuß, der aus Parteibuch-Interesse zum GMD hält, rechnete Amadeus die Kosten vor. Das war vor zwei Wochen. Amadeus konnte zwar seinen Hals retten: Er hat dem Kulturausschuß klargemacht, daß seine vorzeitige Kündigung eine halbe Million Mark Abfindung kosten würde. So steht Amadeus jetzt auf Abruf. Eine Vertragsverlängerung ist kaum mehr drin. Der GMD tritt ihm gegenüber so unverschämt auf wie noch nie. Bis zur Rente hat Amadeus, wenn sein Vertrag ausgelaufen ist, noch drei Jahre zu bestreiten, er sieht sich nach einer Professur um.

Am schmerzlichsten aber ist für ihn sein Versagen. Ist er trotz seines Humanismus gescheitert oder deswegen? fragt er sich. Wo lag der Fehler? Hätte er strenger zu Serge sein müssen? Serge ist ein großer Künstler, man kann ihm nicht vorwerfen, daß es mit der Inspiration mal nicht so klappt. Solche Nummern wie die mit der Petri hatte er immer drauf, und wenn das Resultat stimmt, fragt keiner nach. Von der Petri aber ist bekannt, daß sie gern leidet.

Was ist der Mensch? seufzt Amadeus. Er fühlt sich einsam und unruhig. Früher, in seiner Hauptstadt-Zeit, hatte er bei solchen Gelegenheiten seinen Chauffeur gerufen und sich im Rolls Royce zum Bahnhofsstrich fahren lassen, wo er eine Wahl nach Sicht traf und dann auf dem Rücksitz wartete, während der Chauffeur die Strichjungen herunterhandelte. Der Chauffeur, der beinhart die Preise drückte, tat ihm leid in seiner Dummheit und Blindheit, und die erniedrigten, verschlagenen, vor Drogensucht zitternden Strichjungen, die taten ihm auch leid.

Warten

Jan meidet jetzt die Kollegen. Er möchte zu seinem Freund John, dem Saxophonisten, nach Californien auswandern, aber der Freund kann ihn nicht ernähren, und die Arztkosten in Amerika sind hoch. Jan spart, gibt wenig aus und verkauft Stück für Stück seine Besitztümer: Partituren, Bücher, Platten, CDs, Möbel. Das Klavier ist annonciert, die Wohnung gekündigt. Der Flug nach San Francisco geht Ende Juli, am Tag des Sommerferienbeginns, wenn die Spielzeit und damit sein Engagement endet. Einen Rückflugtermin gibt es nicht.

Seine Arbeit schafft er. Es ist aufgefallen, daß er sich manchmal verspielt, sein Ton ist nicht mehr so ausdrucksvoll, aber da er gekündigt ist und nicht mehr erpreßbar, erpreßt ihn niemand. In seiner Freizeit hat er eine kleine Fuge komponiert mit dem Titel *Per Aspera ad acta*.

Er hat oft quälende Träume.

Zum Beispiel: Er joggt einen steilen Abhang hinab. Es ist eigentlich mehr eine Rampe als ein Abhang, und mehr noch ein Kamin als eine Rampe. Man muß sich an einem Stahlseil festhalten, um nicht abzustürzen, und er greift immer wieder an das Seil, auch wenn er rennt. Fünfzig Meter unter ihm stehen Leute, die sagen: »Das ist keine Leistung, der hält sich ja fest.«

Oder: Er ist aus einem fahrenden Zug gesprungen. Durchs Fenster sah er zwei uniformierte Beamte im Wachabteil eine Liste abhaken und begreift: Es ist ein Gefängniszug. Er flüchtet die Böschung hinab und rennt durch Schilf. Schließlich trifft er einen Spaziergänger, den er fragt, wo sie sich befinden, und der Spaziergänger antwortet: »Es ist sechzehn Uhr österreichischer Besuchszeit.« Jan rechnet aus, daß das vierzehn Uhr deutscher Zeit sein müsse, und erwacht.

Oder: Es ist klar, daß Jan mit John zusammenbleibt, aber plötzlich ist er mit einem anderen Mann zugange, der ruft: »Das ist ja gar kein Devisenhändler, der ist arbeitslos!«

Oder: Er rennt durch einen Stall voll sterbender und toter Tiere. Vielleicht ist das ein Irrtum: Er macht einen Marathonlauf, aber der Lauf ist schlecht organisiert, in den Stall mußte er durchs Fenster klettern, und innen kommt er kaum weiter, er stößt an die gelben, wächsernen Schnauzen der verendenden Tiere.

Oder: Er kehrt in seine Bude zurück, die interessanterweise in einer Bibliothek (Gastzimmer im Erdgeschoß) ist und übrigens Johns Bude und auch nicht im Erdgeschoß, sondern im ersten Stock neben dem Büro des Direktors. Jan fühlt sich nicht wohl im ersten Stock, er will unten bei den Niemanden hausen. Außerdem fragt er sich: hat John was mit dem Bibliotheksdirektor? – Renaissanceportal. Es klingelt. Eine japanische Touristengruppe will herein, um das Portal zu fotografieren. (Es hatte tatsächlich geklingelt. Der Postbote.)

Oder: Ein russischer Komponist, wahrscheinlich Peter Tschaikowskij, liegt im Sterben – an die Wand gelehnt mit abgeknicktem Kopf, keiner kümmert sich um ihn. Ein roter Plastikschlauch hängt ihm aus der Nase. Weil kein anderer da ist, kniet Jan bei Tschaikowskij nieder und bläst in den Schlauch. Tschaikowskij beginnt zu erbrechen, sein eines Auge öffnet sich und schielt zur Decke. Jan ekelt sich nicht, aber er weiß auch nicht, wie's weitergeht, er ruft laut nach jemandem, nach wem? und wird in die Wirklichkeit zurückschleudert, auf schweißnasse Kissen und ein zerwühltes Laken.

Manchmal, wenn er in den Spiegel schaut, hat er das Gefühl, der Tod stehe hinter ihm und blicke ihm über die Schulter.

Er schluckt Beruhigungspillen und wirkt, mit seinem mehr denn je schaukelnden Gang und seinem geistesabwesenden Lächeln, wunderlich. Als er noch Ehrgeiz hatte, bewegte er sich schnell und war ungeduldig, jetzt bleibt er bisweilen auf der Treppe des Mietshauses stehen und beantwortet Fragen.

Zweimal in diesen letzten Monaten läßt man ihn Tiere hüten. Das erste Tier ist ein Wellensittich. Er gehört der türkischen Familie ein Stockwerk tiefer: Frau ohne Mann, zwei Kinder. Sie haben ein günstiges *Last-Minute*-Angebot für eine dreiwöchige Türkeireise und können nur zusagen, wenn sie jemanden finden, der sich um den Vogel kümmert. Jan sagt zu und hört, als der Sohn es berichtet, unten die Familie jubeln.

Der Wellensittich heißt Öser und ist so erschüttert über die Abreise der Seinen, daß er die Nahrung verweigert. Jan müsse mit ihm reden, hatte die Familie erklärt. Wellensittiche seien Herdentiere und gingen allein zugrunde.

Jan weiß nicht, was er mit einem Wellensittich bereden soll. Er pfeift ihm etwas vor. Jeden Tag öffnet er die Käfigtür, setzt sich für eine halbe Stunde auf das Sofa und liest Zeitung. Am dritten Tag verläßt Öser zum ersten Mal den Käfig und fliegt auf die Gardinenstange. Am fünften Tag frißt er erstmals seine ganze Portion. Am sechsten Tag schießt er mehrmals im Sturzflug herbei, macht kurz vor Jans Gesicht kehrt und landet wieder auf dem Vorhang, um vor sich hin zu schnattern. Er wird aufmerksamer, umwirbt Jan, tanzt keckernd auf der Stange und legt aufmerksam den Kopf schief, wenn Jan singt. Schließlich setzt er sich auf Jans Schulter, kneift ihn ins Ohr und reibt seinen Schnabel an Jans Wange. Als die Familie zurückkehrt, ist Öser verwirrt.

Im Monat darauf spricht ein abenteuerlich aussehender Mann Jan auf der Treppe an: »Du siehst aus, als würdste dich mit'm Chamäleon verstehn.«

Der Mann ist Bildhauer, will in Urlaub fahren und sucht jemanden, der sein Chamäleon füttert. Er wohnt nicht in diesem Haus, sondern ist der Liebhaber der schönen Filipina aus dem ersten Stock, die er ab und zu verprügelt. Jetzt hat er es einmal zu bunt getrieben, und die Frau weigert sich, sein Chamäleon zu pflegen, während er weg ist. Auch sonst wollte niemand etwas davon wissen; die Leute gruseln sich. Jan erklärt sich bereit, weil er findet, es schade nicht, die Welt besser kennenzulernen, bevor man sie verläßt.

Das Chamäleon heißt Drago und sieht mürrisch aus mit seinem schweren Kehlsack und den unablässig wandernden Augen. Es sucht überall Grillen, die Welt teilt es in Grillen und Nicht-Grillen. Mit Grillen wird es gefüttert. Jan entläßt täglich eine Grille aus einer bereitgestellten Schachtel. Das Chamäleon pirscht sich in Zeitlupentempo an sie heran (Grillen nehmen nur wahr, was sich genügend schnell bewegt). Schon schnellt seine Zunge heraus, die so lang ist wie es selbst und fadendünn, mit einem Saugnapf an der Spitze. Die Grille wird zwischen seine Kiefer gerissen und zermalmt, bevor sie auf die Idee kommt, sich zu wehren.

Außer den Grillen schätzt das Chamäleon Wärme. Jan sitzt jetzt, im beginnenden Sommer (O Gott, schon Sommer!), oft ohne Hemd da. Dann klettert Drago gemächlich auf Jans nackte Schulter und hält sich mit seinen winzigen Krallen fest.

Wie sich das für ein Chamäleon gehört, kann es sich verfärben. Wenn es sich fürchtet, wird es rosa, wenn es wütend ist, grüngelb. Einmal läuft Jan mit ihm auf der Schulter durch die Wohnung, da hört er es plötzlich neben seinem Ohr fauchen. Das Tier ist doppelt so groß geworden und wütet: »Pschschsch! Pschschsch!«, geblähtes Gesicht und Bauch, ein hysterischer kleiner Drache. Chamäleons sind nicht auf Spiegel gefaßt. Jan war in die Nähe des Spiegels gekommen, und das Chamäleon hielt sein Spiegelbild für einen Feind.

Gottseidank ist es vergeßlich. Jan trägt es vom Spiegel fort, setzt sich in den Sessel und liest Zeitung, und das Chamäleon schmiegt sich an seinen Hals und färbt sich vor Wonne schwarzweiß.

Kettenreaktion

Gegen Ende der Spielzeit sind alle erschöpft und verbiestert. Die Sparte Musiktheater probt ihr letztes Stück, ausgerechnet eine Uraufführung: *Kannibalen*, ein *serielles Happening* des Komponisten Bounaki. Überall flackert Streit. Draußen strahlt die Sonne, und das reizt die Künstler noch mehr.

Die zweite Regieassistentin Jeannette, Kollegin von Babs, nennt alle Sänger »Schätzchen«. »Nun brecht mal nicht gleich in Tränen aus, Schätzchen.« Jeannette raucht wie ein Schlot. Wenn sich die Sänger beschweren, sagt sie herablassend: »Ach, entschuldige bitte, Schätzchen!« und hält die Zigarette hinter dem Rücken in der hohlen Hand. In der Arbeit macht sie Fehler. Zum Beispiel hat sie bei einer Lichtprobe vergessen, die Sängerin Heidrun mit dem Verfolgerscheinwerfer »abzuholen«, was bedeutet, daß Heidrun beim Auftritt im Dunkeln stand. Jeannette wies den Protest mit den Worten ab: »Ach Entschuldigung, das hatte ich verdrängt!« Auf eine andere Ermahnung hin sagte sie: »Schätzchen, daran wird's nicht scheitern!«

Heidrun weiß, daß Jeannette im Augenblick besondere Schwierigkeiten hat: Ihr Vater, ein Gymnasiallehrer und Laienprediger, hat soeben mit dreiundfünfzig Jahren seine Familie verlassen und ist mit einer Schülerin durchgebrannt. Jetzt schreibt er Briefe an seine Frau und die Töchter, sie hätten ihm seine Jugend geraubt und das Leben vergällt. Jeannette gibt Druck weiter, der auf ihr lastet, und Heidrun hackt dafür auf dem Korrepetitor Jan herum, der die komplizierte Partie nachlässig mit ihr einstudiert hat, weshalb Heidrun musikalisch so unsicher ist, daß ihr in der Konfrontation mit Jeannette die Worte fehlen.

Jan hat ein schlechtes Gewissen gegenüber Heidrun. Ja, er hat miserabel mit ihr gearbeitet. Heidrun ist die fleißigste und präziseste Sängerin des Theaters. Für jeden Fehler schämt sie sich tagelang, und an jedem ihrer Fehler ist er schuld. In seiner Scham beschließt er, sich bei der Dramaturgin zu beschweren, durch deren Intrige er dieses komplizierte Stück kurzfristig übernehmen mußte – er, der schon Gekündigte, der schließlich genug Sorgen hat. (Um genau zu sein: Auch die Dramaturgin ist nicht allein schuld. Sie hatte das Stück für den Korrepetitor Detlev ins Gespräch gebracht, in den sie verliebt war. Aber der Korrepetitor Detlev ist im Mai mit der Sängerin Saskia davon.)

Die Dramaturgin, Ella mit Namen, sitzt an einem großen leeren Schreibtisch – ohne Papier, Stifte, Zettel, Bücher – und lächelt versonnen. Nur eine durchsichtige Plastikschachtel steht vor ihr, gefüllt mit weißen Daunen. Darin badet Ella die Finger ihrer rechten Hand, wobei sie mit entrückter Stimme flüstert: »Ich greife manchmal gern in etwas *Weiches*...«

»Du machst uns das Leben schwer«, sagt Jan grob. »Das Bounaki-Projekt war schlecht vorbereitet. Die Noten sind zu spät gekommen, die Zeichnungen... Du hast dich aus Gründen, die uns natürlich leid tun, nicht darum gekümmert. Du hast vergessen, den neuen Kollegen darauf vorzubereiten, und jetzt werden wir uns alle blamieren!«

»Was *Weiches*...« unterbricht Ella flüsternd.

»Verdammt noch mal, weißt du eigentlich, was das bedeutet, am Spielzeitende so ein schweres modernes Stück? Das ist das Schwerste, was es gibt. Taktwechsel von 2/4 zu 7/8 zu 3/16 und so fort, Mikrointervalle – Keiner kann das! Ein gefeuerter Regisseur, der sich nicht mehr interessiert, angeschlagene Sänger mit rauhen Stimmen, als Assistentin der Trampel Jeannette...«

Ella senkt den Kopf, ein paar Tränen tropfen in die Federn. Mit einem Fluch verläßt Jan das Büro. Als er draußen ist, tupft Ella mit einem Seidentuch die Tränen ab und klingelt das Betriebsbüro an. »Was sind denn alle so unhöflich? Nur, weil sie nicht arbeiten wollen! Der musikalische Leiter schimpft, es sei zu schwer, und die Szene klappt auch nicht!«

Im Betriebsbüro steht gerade der Regisseur des Bounaki-Abends. Auch er ist gekommen – hat seine Szenenprobe verlassen –, um sich zu beschweren. Nichts klappt mit Bounaki, außerdem ist der Regisseur insgesamt erbittert, weil er zur Kündigung gezwungen wurde (aber das ist eine andere häßliche Geschichte).

Die Sekretärin des Betriebsbüros, eine hübsche Frau mit krummem Rücken, die jede Form von Aufregung genießt, drückt die Mithörtaste und fragt in unschuldigem Ton: »*Was war los, Ellalein?*« Ellas zartes Gewimmer bringt den bitteren Regisseur augenblicklich in Rage. Er brüllt, und Ellas Wimmern verstummt mit einem beleidigten Knacken.

»Benehmen Sie sich!« sagt die Sekretärin des Betriebsbüros kalt. »Ich habe Sie lediglich davon in Kenntnis setzen müssen, was man im Haus von Ihnen denkt.«

»Sie haben mich nicht in Kenntnis zu setzen!« wütet der Regisseur. »Sondern Sie haben Ihre Arbeit anständig zu tun. Ich bin immer noch Spielleiter dieses Hauses, und Sie haben ohne Rücksprache mit mir meine Sänger für eine Text-Probe aufgeschrieben.«

»Nicht ich habe die Sänger aufgeschrieben, sondern Babs. Für die Operette. Ihr müßt das schon unter euch ausmachen«, giftet das Betriebsbüro.

»Aber Sie haben das beim Tippen des Probenplans gesehen und auf sich beruhen lassen, obwohl Sie wußten, daß es Kollisionen geben würde. Ein Anruf bei mir hätte genügt!« Die Stimme des Regisseurs klingt gequetscht; er ist angeschlagen. Betriebsbüro sieht ihm ruhig in die Augen: »Ich wußte nicht, weshalb ich Sie zu Hause anrufen sollte.«

Der Regisseur atmet schwer. »Zwar habe ich für nächste Spielzeit gekündigt, aber ich möchte doch bis dahin noch als Person angesehen werden.« Er ist bleich geworden. Keine Reaktion von Betriebsbüro. Er verläßt das Büro türeknallend, kehrt aber nochmals zurück, weil er seine Aktentasche vergessen hat.

Betriebsbüro, kalt: »Ich würde es nicht wagen, in fremden Büros mit der Tür zu knallen!«

»Ich verbiete Ihnen, so über mich zu reden!« heult er auf.

Dann rennt er zur Probe, unbefriedigt, nach Genugtuung dürstend.

Auf der Probe wird gescherzt – wenn die Katze fort ist, tanzen die Mäuse. Carol, die unglückliche Soubrette, spielt mit einer Peitsche, mit der sie in der Inszenierung herumfuchteln muß. Der Studienleiter, der für den durchgebrannten Detlev engagiert wurde, schäkert: »Willst du mich nicht ein bißchen schlagen?« Er ist ein interessanter Mann, zwei Meter groß mit Charakterkopf und langen Armen, gewesener Jesuit, sehr gebildet. Er gilt als guter Musiker, aber auch als verklemmt und unberechenbar. So werbend lächeln wie heute sah man ihn noch nie. Die Sänger feixen.

Carol entblößt verlegen ihre kurzen dicken Zähne: »Isch würrde nie eine Paianist slagen!« Weil sie ständig ihre Anwartschaft auf Partien des schweren Fachs kundtun muß, redet sie immer etwas zu laut.

»Nicht einmal, wenn ich sehr darum bitte?« Der Studienleiter kniet vor Carol nieder. Wenn sie nicht da ist, redet er normalerweise schlecht von ihr, denn sie ist nicht sehr musikalisch. Aber in diesem Augenblick erscheint sie ihm höchst attraktiv mit ihrer lauten Stimme und der Peitsche in der Hand, und er ruft feurig: »Ich werde dir auch ganz fest helfen mit Fiordiligi!«

»Wouhin?« fragt Carol, von plötzlichem Glück erfaßt. Heißt das, daß sie die weibliche Hauptrolle in der fürs nächste Jahr geplanten *Così fan tutte* singen darf, wo sie doch höchstens mit Despina (der Zofe) rechnete?

»Auf den Po! – Fester, fester! Ach, das hab ich ja noch gar nicht gespürt! Bitte, bitte, nochmal – Aaah!« Sie weicht zurück. »Vielen Dank für die Berührung!« ruft er.

Der zwangsgekündigte Regisseur hat diese Szene von der Vorhanggasse aus beobachtet. Erst jetzt betritt er, immer noch vor Wut bebend, die Bühne. »Anstatt zu üben, blast ihr euch die Ohren voll. Was bildet ihr euch eigentlich ein? Ihr seid der Abschaum in diesem beschissenen Haifischbecken! Macht euch bloß keine Hoffnungen auf irgendwas!

Wenn ich das schon höre, Fiordiligi! Du wirst Despina singen, kann ich dir verraten, und zwar als Zweitbesetzung.« Hier macht er eine Pause, um die Wirkung seiner Worte abzuwarten. Carol braucht tatsächlich eine Weile, bis sie alles begriffen hat.

»Wouhärr weißt Sie das?«

»Ich war bei der Leitungssitzung dabei. Als Erstbesetzung haben sie jemanden aus Mannheim engagiert. Auch dein perverser Kavalier weiß das.«

Für Carol bricht eine Welt zusammen. Sie fängt an, wie eine Wahnsinnige über das Podium zu rennen, und schreit vor Schmerz. »Ah! Jetzt ik vers-tejhe! Alle haben das gewußt! Und in die Kantine gestern die Statisten haben auf mir geseigt und gehakt, und als ik habe gefragt, sie haben mir gratuliert – so böise! Und Fink hat vor mir der Eisentür zugeschlagen, als wenn ik wäre eine Dreck! Aah! Was bin ik dumm! Ik habe mir läkerrlik gemacht! Warrum, warrum?«

Sie ist wahrscheinlich die einsamste Frau des Theaters. Seit Jahren wartet sie in einer dunklen Mietwohnung auf ihre Chance. Sie schläft auf einer Matratze auf dem Boden und gönnt sich keinen Komfort, denn sie hatte sich geschworen, alles der Kunst zu geben, und sie gab alles, aber niemand wollte es. Der Schock, unter dem sie jetzt steht, ist die Erkenntnis, daß das Schicksal keine Karriere für sie bereithält, sondern nur die Aufgabe, in diesem fernen Land ganz allein vor die Hunde zu gehen.

»Genug gegreint«, spricht der Regisseur schließlich zufrieden. »Denkst du, du bist die einzige, der es so geht?«

Aber Carol tobt vor Ohnmacht. Sie benimmt sich wie eine betrogene Frau, die als letzte vom Ehebruch ihres Mannes erfuhr. Das Singen ist alles, was sie hat, und also handelt es sich hier um eine Demütigung im intimsten Bereich.

Die Assistentin Jeannette kommt herein, wie immer seit Beginn ihrer Krise mit spöttisch gesenkten Mundwinkeln, und begreift die Szene sofort. Sie stellt sich neben den Regisseur und flüstert, mit dem kleinen Finger der linken Hand auf Carol deutend: »Arbeitsverweigerung?« Im Regisseur glimmt eine Versuchung auf. Er könnte sich jetzt beim Indentanten mit Recht über schlechte Bedingungen beklagen: ungenügend studierte, von der Leitung des Hauses getäuschte Sänger, die auf der Probe hysterische Anfälle bekommen und seine Arbeit behindern. Aber irgendwie packt ihn das Erbarmen; schließlich ist er kein schlechter, sondern nur ein gereizter, beleidigter Mensch; und wahrscheinlich eher noch schlechter dran als Carol, denn er sitzt ja wirklich auf der Straße. »Möchtest du nach Hause gehen, dich erholen?« fragt er die rasende, immer noch laut schreiende Carol. Carol hört ihn nicht, oder will ihn nicht hören. Was soll sie schließlich jetzt in ihrer dunklen Wohnung? Sie will sich Luft machen, sie will gehört und zur Kenntnis genommen werden, sie will zumindest Anteilnahme, wenn schon nicht Liebe.

Jeannette greift ein. »Hör mal, Schätzchen, das kannst du uns nicht zumuten, so'n Ätz.«

»Wie oft ik habe dir gebeten nikt ßu rrauken!« faucht Carol.

Jeannette bläst ihr Rauch ins Gesicht. »Ich würde sagen, das ist noch mild gegen das, was du uns antust, Schätzchen.«

Carol stürmt mit einem Schrei hinaus. Sie ist so verletzt, daß sie vor dem Bühnenausgang sogar überlegt, ob sie den Reifen von Jeannettes Fahrrad aufstechen soll. Es ist ein weißes Kaufhof-Fahrrad mit Greenpeace- und Stop-Aids-Aufklebern, Carol weiß das, weil sie selbst das gleiche hat (ohne Aufkleber). Sie stapft zwei Minuten lang haßerfüllt vor den Fahrrädern auf und ab, beherrscht sich schließlich (sie hat auch kein Messer dabei) und bemerkt, daß ihr Schnürsenkel sich geöffnet hat. Sie bückt sich, hat plötzlich das Ventil des weißen Fahrrades vor dem Auge und fühlt unendliche Qual. Nach Hause. Es sind zwei Kilometer. Sie stürmt die geschwungene Fußgängerbrücke hinauf, die über den Bahnhof führt, und als sie mit rotgeweinten Augen und schmerzender Seele auf die Gleise unter sich blickt, muß sie an ihre Kindheit denken, die Zweizimmerwohnung neben einem Bahngleis, an ihren magenkranken Vater, dessen Opernplatten regelmäßig vom Rattern der Züge übertönt wurden. Die Musik war Carols einziger Trost. Sie wurde heilig. Nie hat Carol eine Vorstellung abgesagt, die Neustädter Garderobieren nennen sie »unser Pferdle«. Carol wippt nervös auf der obersten Treppenstufe, und da knallt es, ihr ist, als schösse ein siedendheißer Strom durch ihre Fersen, und sie liegt auf dem Rücken. Ein paar Menschen stehen um sie herum und stellen Fragen, einer kniet nieder: »Bleiben Sie ruhig liegen. Ich bin Arzt.« Er fühlt ihren Puls und streicht ihr über die Wange, dreht behutsam ihre Füße und sagt den Sanitätern, die eine Trage neben sie stellen: »Verdacht auf Achillessehnenriß.«

In der Kantine tritt der fünfzigjährige Geiger Sven Olsen zu der vierzigjährigen Flötistin Dorle Wimmer. »Haben Sie nicht ein weißes Fahrrad? Ich fürchte, Sie haben einen Platten.« Sven Olsen gilt als der kultivierteste Mann des Theaters. Mit allen ist er per Sie, und in zwanzig Jahren hat ihn noch keiner fluchen gehört. Letzte Spielzeit ist seine Frau gestorben, und seit kurzem wirbt er vorsichtig um Dorle Wimmer.

»Jo mei, Herr Olsen, jetzad fühlen S' sich auch noch für mei Radl verantwortlich?« Dorle ist ein sogenanntes fröhliches Haus.

»Ich könnte es reparieren«, sagt er ritterlich.

Sie lächelt ihm zu.

»Darf ich mich neben Sie setzen?«

»Ja freili, Herr Olsen, wissen S', wann i net scho heit morgen im Traum des sichere G'fui g'hobt hätt, daß i in der Kantine neben Eahna sitz'n würd, nachher war i goa net aufg'standn!«

»Wissen Sie was?« fragt Olsen feurig. »Ich habe auch von Ihnen geträumt. Ich träumte, Sie spielten Cello und hätten sich dazu in ein Zimmer eingesperrt, aber in Wirklichkeit rieben Sie nur mit einer Zahnbürste über ein Waschbrett und brummten dazu.«

»Sie träumen ja ausschweifend!« lacht Dorle.

»Ich wollte hinein, mußte mir aber erst Pantoffeln über die Schuhe ziehen.«

»Um den Boden zu schonen?«
»Nein, wegen des Lärms.« Pause. »Der Boden war aber glatt.«

Siegfried Töpfer

Der Schauspieler Siegfried Töpfer, der in Neustadts mißglücktem *König Ödipus* den blinden Seher Teiresias spielt, hat sich heute morgen ein Knötchen aus dem Rücken schneiden lassen müssen; ambulant, weil das Knötchen über dem Kreuz war, sozusagen außerhalb des Skelettes, unter der Haut. Während der Operation stellte sich heraus, daß die Geschwulst am Wirbel angebacken war, der Arzt schnitt und schürfte, kratzte den Knochen an, mußte nachbetäuben; es wurde eine ziemliche Viecherei. Töpfer war froh, daß Lülü mitgekommen war.

Mit Lülü, der Tuttibratscherin, hat er sich angefreundet, weil er in der Kantine immer am Bratscherstammtisch saß. Da seine Probenpausen nie mit denen des Orchesters zusammenfielen, merkte er es nicht. Nur Lülü merkte es, weil sie manchmal außer der Dienstzeit im Hause dem Sohn des Schlagzeugers Bratschenunterricht erteilt.

Töpfer kehrt also lächelnd aus dem Operationszimmer zurück, macht mit der Sprechstundenhilfe einen neuen Termin aus und spricht zu Lülü: »Ich bin doch froh, daß Sie da sind, denn die Sache wurde schmerzhafter und langwieriger als angenommen.«

Lülü fährt ihn nach Hause. »Wollen Sie heute Abend nicht absagen?« fragt sie.

»Teiresias?« Er spielt Entrüstung. »Nur im äußersten Fall. Denn, die Frage ist angebracht: Wie oft werde ich überhaupt noch spielen dürfen?«

»Wissen die im Theater von Ihrer Operation?«

»Ja, ich habe sie unterrichtet. Übrigens war es keine Operation, sondern nur ein kleiner Eingriff. Naja...« Er nimmt sich Lülüs besorgten Ton zu Herzen. »Schließlich ist es erst elf Uhr. Absagen müßte ich bis zwölf. Außerdem sollten Sie zweierlei wissen. Erstens, daß ich mich in dieser Inszenierung kaum bewegen muß. Es ist ein, gewissermaßen, schonendes Arrangement. Zweitens, daß ich mein ganzes Leben auf diese Rolle gewartet habe.«

Er sitzt – etwas vornübergebeugt, weil die Wunde am Ende des Rückens ihn behindert, aber mit unverminderter Würde – neben Lülü, ganz in Weiß. Auch sein feines, schulterlanges Haar und sein gepflegtes Bärtchen sind weiß. Teiresias trägt in der Inszenierung einen weißen Kaftan, und aus Stimulationsgründen hält sich Töpfer auch privat an diese Farbe.

»Kennen Sie die Geschichte«, fragt er schmunzelnd, »wie der römische Feldherr Sulla sich die Krampfadern operieren ließ? Sie wissen schon, Marius und Sulla, zweites Jahrhundert vor Christus. Als Sulla alt war, quälten ihn seine Krampfadern derart, daß er sich diesem Eingriff unterzog; allerdings erst einmal am linken Bein. Auf weitere Operationen hat er danach verzichtet, er fand sie zu gräßlich. Dieser alte Krieger, stellen Sie sich vor, bewährt, narbenbedeckt. Damals stürzten sich Feldherren schließlich noch mit den Soldaten in die Schlacht. Furchterregendes Wort, *Schlacht*...«, überlegt er. »Ob es wohl auf Lateinisch angenehmer klingt?«

Behutsam parkt Lülü ihren kleinen Peugeot vor seinem Haus.

»Brächte es Sie in Verlegenheit, wenn ich Sie zu einem Tee einlüde?« fragt er. »Auch etwas Kuchen steht bereit. Ich wäre glücklich, dürfte ich mich auf diese Weise erkenntlich zeigen...«

Im Haus lehnt er Hilfe ab. Er plaziert Lülü in einen abgeschabten Sessel und kocht in der Pantry-Küche im selben Raum. Er bewegt sich langsam, aber mit Übersicht. Er gleicht mehr einem blinden Seher als einem verwundeten Schauspieler; er wirkt eher blind als verwundet. Er *ist* Teiresias, bemerkt Lülü überrascht.

Seit fünfzig Jahren versenkt sich Töpfer in jede Rolle so intensiv, daß er mehr über die Rolle und deren Umfeld weiß als über sich selbst. Vielleicht wußte er auch mehr als die Regisseure, die das freilich nicht merkten, weil er *still* spielte, und meistens zweite Rollen. Was seine Aufgaben angeht, so war er nie besser dran als jetzt. Er ist sozusagen übriggeblieben. Er rauchte nicht, fraß nicht, soff nicht, er übte einfach *Zucht*; wenn auch nicht nur Zucht (von etwas muß der Künstler schließlich zehren): Er war verheiratet gewesen und hatte einmal eine jahrelange, quälende Leidenschaft für die Frau eines Architekturprofessors. Sie liebte ihn auch, dafür gibt es Beweise, aber sie war eine kluge Frau, und solche verlassen keinen Professor wegen eines Gauklers. Er hatte hier auf diesem stacheligen Kelim gekniet und sie durchs Telefon angefleht: »Mach, daß ich mit dir leben kann!« (Falls das keine Rolle war.) Auch jetzt, dreißig Jahre später, hält er es noch für den dramatischsten Augenblick seines Lebens. Aber er hat sich gefaßt, und zum Dank ist er jetzt Teiresias. Er spricht getragen, mit einem langsamen, pochenden Vibrato, und in seinen Augen leuchtet der klare Himmel Böotiens.

»Natürlich läßt sich eine Verwundung im Kampf nicht mit einer Operation am nüchternen Leibe vergleichen«, setzt Töpfer beim Tee seinen Gedankengang fort. »In der sogenannten Schlacht standen die Soldaten derart unter Adrenalin, daß sie Verwundungen nicht spürten. Auf diesen Adrenalinschub verließen sie sich auch, ebenso wie ihre Feldherren. Vielleicht erinnern Sie, Frau Lülü, sich an die sieben im alten Rom postulierten Kardinaltugenden – Mut, Besonnenheit, Gerechtigkeit usw. Auch die Männer, die sie postulierten, sahen sich zu der Differenzierung genötigt, daß von diesen Tugenden nur eine, der Mut, künstlich erzeugt werden könne – durch Rausch oder Begeisterung nämlich. Die anderen Tugenden seien Charaktersache.« Er steht auf. »Könnte es sein, daß der Verband nicht dicht ist? Dürfte ich fragen...« Nachdem Lülü genickt hat, dreht er sich um. Am Kreuz ist sein weißes Hemd rot; ein Blutfleck, noch etwa tennisballgroß, breitet sich aus.

»Eine Blutung! Wir müssen zurück zum Arzt!« ruft Lülü.
»Schade.« Er greift nach dem Telefon, meldet sich in der Praxis an, legt auf und sieht nach der Uhr. »Wenn es Ihnen nichts ausmacht, Frau Lülü, dort, am Ende des Ganges die zweite Tür links, befindet sich das Bad – ob Sie ein Handtuch... Ich sehe soeben, es ist fünf vor zwölf, nun werde ich doch leider meine Vorstellung absagen müssen.«
Als Lülü mit einem Badetuch zurückkommt, ist der Blutfleck fußballgroß.
Kurz darauf sind sie in der Praxis. Töpfer wickelt das inzwischen blutgetränkte Badetuch ab und legt sich bäuchlings auf den Operationstisch. Vom Wartezimmer aus hört Lülü, wie er dem Arzt, der die Blutung stillt, von der Krampfaderoperation des römischen Feldherrn Sulla erzählt.
»Unter diesen unappetitlichen Eindrücken sind wir gänzlich ins falsche Jahrhundert geraten«, sagt er eine dreiviertel Stunde später zu Lülü, die ihn ein zweites Mal nach Hause fährt. »Dabei bewegt Hellas mich viel mehr als Rom. Künstlerisch allemal. Mir scheint, daß die Griechen in den sieben vorchristlichen Jahrhunderten schon alles vorweggenommen haben, worum die ganze übrige Welt sich seither bemüht. Alle philosophischen Fragen bereits gestellt, alle Wissenschaften auf den Weg gebracht, alle politischen Modelle entworfen und probiert. Nebenbei eine Kunst verwirklicht, die bis heute ihresgleichen sucht. Die Reife, wissen Sie, die Heiterkeit... Wie habe ich als Teiresias das Glück aussprechen zu dürfen:

Weh! Schrecklich ist es, weise sein, wo's keinen Lohn
Dem Weisen bringt! Ich habe dieses wohl gewußt;
Doch nun vergaß ich's; sonst erschien' ich nimmer hier.

Er horcht in sich hinein, als warte er auf ein Stichwort, und lächelt:

Dich zeugt und dich vernichtet dieser eine Tag.

Sie sind wieder bei ihm. Er zieht sich um und kehrt zum Teetisch zurück.

»Sagte nicht der Arzt, Sie sollen sich auf den Rücken legen?« fragt Lülü, als er sich setzen will.

»Ah, in der Tat.« Gehorsam legt er sich auf das nicht minder abgeschabte Sofa. »Was nun die Spartaner anbetrifft...«

»Wie geht's?« fragt Lülü ungeduldig.

»Danke. Man hat mir einen Druckverband angelegt. Der drückt.«

»Nein, ich meine, wie geht es Siegfried Töpfer?«

»Tja, dem geht's an den Kragen. Was ich aber eigentlich sagen wollte: Ich fasse immer mehr Sympathie für die Spartaner. Zum Beispiel für den Feldherrn Lysander, der sich nach seinem Sieg über die Athener am Ende des Peloponnesischen Krieges weigerte, Athen zu zerstören, obwohl alle anderen Städte es forderten. Warum forderten sie es? Die Athener waren während der Zeit des Attischen Seebündnisses so selbstherrlich, dreist und betrügerisch aufgetreten, daß sogar ihre eigenen Bundesgenossen sie haßten wie die Pest. In Athen befand sich die Kriegskasse des attischen Seebundes. Nachdem die Perserkriege beendet waren, drohte kein weiterer Krieg, es war also Geld übrig. Und von diesem Geld bauten die Athener grandiose Tempel, Bibliotheken, Villen, sie gaben herrliche Statuen und Malereien und Theaterstücke in Auftrag. Sie verpraßten einfach das Geld, das ihnen gar nicht gehörte, und gaben niemandem etwas ab. Wenn einzelne Bundesgenossen, weil sie das nicht einsahen, die Zahlungen einstellten, rückten die Athener mit der riesigen Flotte des Bundes an, brannten diese Städte nieder und metzelten die Bewohner, mit Mann und Maus. Ihre Grausamkeit war legendär. Kurzum, nach dem Sieg des Lysander forderte ganz Griechenland, Athen bis auf die Grundmauern zu schleifen und alle Felder aufzulassen; fortan sollte dort nur noch Schafzucht erlaubt sein. Aber ausgerechnet der Spartaner Lysander, nachdem er alles besichtigt hatte, sagte: Nein. Diese Stadt dürfe man nicht zerstören. Wegen ihrer Schönheit.«

Ein Fest

Auf dem Höhepunkt des allgemeinen Mißmuts lädt Fink zu einem Fest ein. Fink heißt mit Vornamen Arnold, wird aber nie so genannt, weil Arnold nicht zu ihm paßt. Er ist ein vierunddreißigjähriger maisblonder Mann mit fröhlichen Hasenzähnen, ein Bariton der zweiten Reihe, der im Haus sehr schlecht behandelt wird und von seiner kleinen Gage fünf Personen ernähren muß. Weil es billiger ist, lebt er mit seiner Familie auf dem Land in einem baufälligen Reihenhaus neben dem Bahndamm. Sie bewohnen Erdgeschoß und Keller, haben also viel Platz. Sie brauchen auch viel: Fink hat zwei kleine Kinder und eine Schwiegermutter dort wohnen, sowie ständig Gäste; jetzt gerade wieder eine Schulfreundin seiner Frau. Seine Frau stammt aus Bosnien und nimmt regelmäßig geflüchtete Schulfreundinnen bei sich auf. Trotz dieser nicht einfachen Umstände ist Fink ein Optimist. Deswegen veranstaltet er jetzt dieses Fest.

Es findet im Hobbykeller statt. Etwa dreißig Leute sind gekommen, Sänger, Chorsänger, Orchestermusiker, Korrepetitoren und Kapellmeister, die gemütskranke Dramaturgin Ella und der Solotänzer Thomas, der hinter der japanischen Sopranistin Kazuko her ist. Essen und Trinken haben die Gäste selber mitgebracht, Fink stellt ein Faß Bier, Mineralwasser und Wein zur Verfügung. Man ißt von Papiertellern mit Plastikgabeln und unterhält sich über den Alltag an der Kunstfront.

»Und ich als Wozzek komme auf die Bühne, um Marie zu erstechen, und greife in mein Wams – das Messer ist nicht da! Die Musik läuft. Mein erster Gedanke: Erwürgen! Aber dann habe ich ja keinen Grund mehr, im letzten Bild zu ertrinken. Also stürze ich mich auf Marie und markiere das Messer, so«, er macht es vor, »steche ich auf sie ein, und noch mal, und noch mal. Sie stöhnt bei jedem Stich wie eine Kuh. Ich hatte Leute in der Vorstellung, die sagten, die Mord-Szene sei noch nie so gut gewesen. Aber die Kollegin hat mir am nächsten Tag ein Schälchen giftige Pilze geschenkt...«

Hans (zu Jan): »Übrigens habe ich gestern bei dem Off-Einsatz nicht geschmissen! Bestimmt nicht! Sondern: Ich betrete den Schnürboden rechts, vierter Stock, und nähere mich nicht gleich dem Monitor, weil ich noch was sehen will von der Bühne. Immerhin habe ich gecheckt, daß der Monitor eingeschaltet ist, denn ich sehe den blauen Widerschein auf dem Gesicht vom Feuerwehrmann, der davor sitzt. Aber dann nähert sich mein Einsatz, und ich gehe hin und will den Dirigenten anschauen, und was sehe ich? Galoppierende Pferde und Pulverdampf! Deswegen schaute der so fasziniert! Er hat so lange an den Knöpfen gedreht, bis er ein Wildwest-Programm fand...«

Kunstfront ist nicht nur die Bühne. Die freischaffende Mezzosopranistin Luna hat hier eine Menge zu erzählen. »Zuerst sagte er immer, ich sei seine Lieblingssängerin, und tätschelte mir den Po. ›Ach Luna, ich arbeite so gern mit Ihnen zusammen, können Sie nicht nochmal für ein Probenwochenende nach Berlin kommen?‹ – ›Wissen Sie‹, sage ich geschmeichelt, ›im Prinzip ja; aber die teure Fahrt, das Hotel...‹ – ›Kein Problem, ich übernehme die Kosten!‹ Zu Beginn der Orchesterproben sagte ich: ›Wie ist das mit dem zusätzlichen Probenwochenende?‹ Und da schnitt er eine Grimasse: ›Welches Probenwochenende?‹ – ›Sie wollten doch die Kosten übernehmen!‹ – Er: ›Ich erinnere mich nicht.‹ Darauf bekam ich einen Wutanfall, und er hat tatsächlich gezahlt. Aber nach der Premiere ist er abgereist, ohne sich zu verabschieden oder zu danken, und kurz vor der Premiere kam er in meine Garderobe und sagte: ›Ich finde beschissen, was du machst, und ich werde dich bestimmt nicht mehr holen!‹ Und jetzt sing mal eine anständige Vorstellung!«

Ella, die gemütskranke Dramaturgin, philosophiert über den Niedergang der Oper. »Niedergang der Oper?« lacht Jan, »warum auch nicht? Jede Zeit hat ihre Kunstform, und jede Kunstform ihren Höhepunkt. Wir betreiben ja auch nicht mehr Höhlenmalerei!«

Kunst, ach ja. Ein Spätkommer fragt, ob sie alle schon von

der Vorstellungsänderung wüßten: ab Sonntag *Figaro* statt des Schauspiels *Ödipus*, weil der Schauspieler Töpfer kurzfristig ins Krankenhaus mußte.

Sie wissen es. Jetzt gedenken sie einige Minuten Siegfried Töpfers. Die wenigsten haben ihn persönlich gekannt (Sparten vermischen sich nicht), aber alle haben ihn zur Kenntnis genommen: einen kleinen, gebrechlichen alten Mann, der langsam, würdevoll durchs Haus ging. Babs – denn Regieassistenten haben es oft eilig – hat ihn zweimal umgerannt. Und Tänzer Thomas, stellt sich jetzt heraus, ebenso; als er im Gang eine Pirouette probierte. Hofmann hat ihn einmal umgepustet. Behauptet er. Wirklich aus Versehen. Alle schwören sich, in Zukunft besser achtzugeben und nie mehr rücksichtslos gegen alte Männer zu sein. Dann wird Töpfer vergessen.

Babs will mit Jan eine Diskussion über Heine/Schumanns *Ich hab im Traum geweinet* fortsetzen. »Nun träumt er, sie bleibt ihm gut. Daß er trotzdem weint, heißt nicht, daß dieser Umstand schlecht sei, sondern daß er von einem Gefühl ›geschüttelt‹ wird, das ›eigentlich‹ banal ist, da ohne Anlaß. Er erkennt das und macht sich darüber lustig. Und trotzdem ist er lebendig und ein Mensch, deswegen *hat* er das Gefühl, obwohl es banal ist, er weint, und zwar bitterlich. Und dann ist es schon wieder nicht mehr banal.«

Jan, der gern das Thema wechseln würde, sieht sich nach einer Fluchtmöglichkeit um. »Was ist das?« In der Ecke liegen zwei alte Bücher. »*Mit dem Schmetterlingsnetz um die Welt*« liest Jan laut die Titel. »*Gefangene Tiere richtig füttern* – Fink, was ist das?«

»Och, das haben die Kinder apportiert. Ich nehme an, unser Nachbar vom oberen Stock hat sie weggeschmissen.«

»Seit rotes und nicht mehr weißes Kalbfleisch die höchsten Preise erzielt, werden die armen Kälbchen wenigstens nicht mehr im Dunkeln gehalten«, wirft die Dramaturgin Ella ein. Aufs Stichwort *Tiere* reagiert sie immer.

»Von Kälbern war nicht die Rede.«

»Trotzdem«, sagt Ella düster. »Die ökologische Katastrophe

kommt mit gewaltsamer Zwangsläufigkeit. Ich bin ein sehr gefühlsmäßiger Mensch, weißt du, und trotzdem kann ich es nicht lassen nachzudenken. Das macht mir manchmal ziemlich zu schaffen. Deshalb habe ich soviel Kopfschmerzen.«

»Du mußt eben Dolviran schlucken«, rät Jan. »Das nimmt die Schmerzen weg und macht dich munter. Alle unsere türkischen Putzfrauen sind süchtig nach dem Zeug.«

Ein bißchen redet man über die Liebe. Babs sagt tapfer zu Erwin: »Mein ganzes Leben war verfehlt! Jetzt endlich weiß ich, was ich brauche: einen schwäbischen Beamten, der im Kirchenvorstand ist!«

»Wieso des?« kollert Erwin.

»So bürgerlich!« schwärmt Babs.

Erwin, mit Samtstimme: »Warum hoidst di net an mi?«

Zwei Stunden später.

»Also die Konfetti lassen wir. Wir müssen doch sowieso alle...«

»Was, du auch?«

»Ihr etwa nicht?«

»Schon, aber ausnahmsweise.«

»Aber doch nicht wir alle!«

»Doch, ihr alle schon, aber ich nicht.«

Lachen. Fink steht mit roten Ohren neben seinem Plastik-Bierfaß und freut sich über die gute Stimmung. Übermütig küßt er seiner Schwiegermutter die Hand.

»Er ist gute Junge!« ruft die Schwiegermutter mit starkem Akzent und klingender Stimme. »Er wird ein groß Carrière machen.«

»Kollegin?« fragt Kazuko.

»Oh, ich war Primadonna zwanzig Jahre lang.« Die Schwiegermutter ist dick, hüftkrank und stark geschminkt, aber die einstige Glorie haftet an ihrer Seele wie die Wimperntusche an den plötzlich erglühten Schläfen. »Als ich war zweiundzwanzig Jahre, Maestro Karajan hat zu mir gesagt: Komm zu mir, und ich mache dir ein Carrière. In fünf Jahren du wirst singen alle groß Partien, das verspreche ich. Danach du wirst sein kaputt, aber du wirst haben gesungen alle groß Partien. An alle groß Häuser. Bis *Elektra*, bis *Salome*.« Sie seufzt. »Ich habe nein gesagt. Ich wollte Künstlerin sein länger als fünf Jahre. Tatsächlich habe ich gelebt zwanzig Jahre, aber es war groß Kampf.«

Auch ihre Tochter, Finks Frau, hat Gesang studiert. Aber sie hat keine Qualitätsstimme: kein Glanz, keine Durchschlagskraft. Manchmal hilft Danuta als Chorsängerin in der Nachbarstadt aus. Sie hatte eine einsame Kindheit, jetzt hat sie schwierige Kinder. Sie wirkt angestrengt und sieht traurig aus.

Fink war Oboist, bevor er Opernsänger wurde. (»Bist du wahnsinnig« hatten die Kollegen gerufen.) Nun zieht er seine Oboe hervor und spielt im Duett mit einem Orchesterkollegen den *Tanz der Küken in den Eierschalen* von Mussorgskij/Ravel. Selten haben die Küken so mutwillig getanzt, man sieht sie vor sich: kokett die flauschigen Hüften schwingend in ihren Schalen, sofern man bei Küken von Hüften sprechen kann. Fink legt sich ins Zeug, er hat geübt, sein Ton ist nicht edel, aber ausdrucksvoll, er spielt musikalisch, übersteht sogar eine waghalsige Improvisation und verbeugt sich japsend: »Keine Kondition!« Alle klatschen und werden munter, sie erinnern sich an die Zeit, als sie noch aus der Fülle des Herzens musizierten ohne Angst vor Überlastung, Ausbeutung und Demütigung, ohne Trotz und Zynismus, ohne Berechnung, ohne Forderung, ohne Kampf. Jetzt steht die Schwiegermutter krückenlos da, direkt neben dem Klavier, lächelt erregt mit ihren roten Lippen und schwenkt die Noten zur – Zerlina-Arie aus *Don Giovanni*. Es ist das Lied einer jungen Frau, die ihren Freund tröstet, den sie soeben hintergangen hat. Jan nimmt skeptisch die Noten und setzt sich an das verstimmte Klavier.

Die Schwiegermutter – sie heißt Edita – hat nur eine Reststimme. Im *mezzoforte* klirrt es, im *piano* hört man mehr Luft als Ton. Ebenso heruntergekommen sind ihre körperlichen Ausdrucksmittel: Edita biegt die fleischigen Handgelenke und spreizt neckisch ihre kleinen dicken Finger. Wer mit seiner Präsenz riesige Räume füllen und Menschen über fünfzig Meter Entfernung bezaubern will, muß mit vergröberter Mimik arbeiten. Aus der Nähe sieht das absurd aus, aber das bedeutet zunächst noch nichts: Die Wahrheit, das feine, schwingende Zentrum des Lebens, geht auf etwas anderes über, den Gesang. Günstigenfalls ist der mehr als die materielle Schönheit einer Stimme, mehr als Wahrheit des Ausdrucks und mehr als die Summe von beidem. Und selbst in diesem grotesken Auftritt der Ex-Primadonna Edita ist dieses Geheimnis als Ahnung erhalten geblieben.

Edita hat die Zerlina-Arie nicht aus Eitelkeit und nicht aus Verblendung gewählt. Sie verfügt zwar über beides in dem Maße, wie eine Primadonna es braucht, aber sie verfügt auch über eine große Mädchenseele. Alle sind berührt. Die Frauen summen mit und stützen die Sängerin, die dankbar die Töne in die Länge zieht. Um Unschuld geht es in dem Lied, Unschuld jenseits von Logik und moralischen Kategorien, die Unschuld als Geschenk eines gesegneten Augenblicks. Nur die Musik kann so etwas glaubhaft machen, denn Musik ist, wie gesagt, die höchste der usw. Und Edita, die Künstlerin, hat für diesen Augenblick teil an ihr. Man dankt mit ausgelassenem Applaus, und Edita verbeugt sich tief, wobei sie sich die Augen wischt mit ihrem bunten Schal.

Jetzt will der Chorist René singen, ein magerer Tenor von vierundzwanzig Jahren, der eine Krebsoperation hinter sich hat. Seine Lieblingspartie ist der Herzog in *Rigoletto*, den er niemals auf einer Bühne singen wird, aber alle Chorsänger üben sich an großen Partien, und jetzt folgt *La donna è mòbile* auf italienisch. Renés schüttere Stimme bricht beim hohen H, aber man klatscht ohne Schadenfreude, jeder hier lebt mit oder von unerfüllten Träumen.

Die Regieassistentin Babs, unausgebildet, aber mit einer kräftigen Altstimme versehen, wollte immer mal Maddalena im großen *Rigoletto*-Quartett singen. *Rigoletto*-Quartett?

Kein Problem! Finks Frau stellt sich als Gilda zur Verfügung, Fink und Erwin als Rigoletto, der Bassist Hofmann singt Sparafucile, und der finnische Kapellmeister Tom setzt sich neben Jan, um mit ihm vierhändig zu spielen. Jetzt singen sie in unterschiedlich starker Besetzung, teils deutsch, teils italienisch, auch die übrigen Gäste fädeln sich ein, das Ganze endet in musikalischem Tumult und Riesengelächter, als plötzlich ein Geschrei über ihnen ertönt.

»Nein! Neiiin! Neeeiiiinn!«

Der Schreier ist, der Stimme nach, ein älterer Mann. Jetzt stößt er mit einer Metallstange gegen ein Ofenrohr. »Ruhäää!« brüllt er. Es klingt nicht nach Ärger oder Ungeduld, sondern nach Wahnsinn.

Alle schauen unbehaglich auf Fink.

»Unser Nachbar«, erläutert der. »Wir hatten ihm gesagt, daß heute ein Fest ist, und er sagte, macht nichts, er habe sowieso gerade Klage eingereicht. Da dachten wir, jetzt kommt's auch nicht mehr drauf an.«

»Aber das ist ja wohl was Psychiatrisches?« fragt René.

»Allerdings!« Fink kramt aus einer Truhe einen Packen Papier. »Da gibt es schon einen langen Briefwechsel.« Er beginnt vorzulesen.

»*Werter Herr Fink! Daß ich kein Mensch bin, der andere schikaniert, wissen Sie. Aber Sie können an Wochenenden und Feierabenden unmöglich jedesmal die Hausruhe verletzen. Laut dem bürgerlichen Gesetzbuch ist eine ständige schwere Lärmbelästigung strengstens verboten!! Ich, das heißt wir haben alle nur ein Wochenende und einmal Feierabend. Wenn man fast 40 Jahre ununterbrochen seinem Beruf nachgeht, ohne auf Kosten der anderen zu fehlen, wie das die meisten Arbeiter tun, dann hat man den Feierabend dringend notwendig.! Ändert sich das nicht, werde ich das ändern!! Ihr Mitbewohner Otto Schwab.*«

Die Gäste lächeln. Solche Probleme sind allen bekannt.

Fink liest ein weiteres Blatt. »*Ich ersuche Sie nochmals, den seit 2 Jahren begonnenen schweren Hausfriedensbruch zu be-*

enden!!! Es ist total unzumutbar, daß das Wohnzimmer dadurch für Wohnzwecke unbrauchbar wird, noch dazu wo in diesem Raum ein ORTSFESTER KACHELOFEN steht.« Hier kichern einige. *»Wir können auch alle nicht in Repräsentationsräumen arbeiten, um bei unseren Auftraggebern mehr Geld für die eigene Tasche herauszuschlagen. Dies tun Sie. Sie haben mir meinen ganzen Urlaub verdorben. Ihr Lärm ruiniert die Kopfnerven!«*

Zunehmendes Gelächter. *»Die Wohnung ist zum Wohnen da«*, liest Fink weiter vor. *»Da muß alles andere zurückstehen. Wenn Sie während meiner Arbeitszeit bis 16.30 im Wohnzimmer musizieren, habe ich vorläufig nichts dagegen. Aber nach 20 Stunden ununterbrochenem Lärm kann man nicht noch zusätzliche Stunden den Lärm weiter ertragen. Die Kopfnerven werden dadurch total ruiniert!!«*

Lachsalve. Alle greifen nach den Blättern.

Bassist Hofmann übernimmt mit betrübter Stimme die nächste Lesung: *»In zwar höflicher Form muß ich Ihnen eine verschärfte Mahnung zukommen lassen. Seit Monaten habe ich unter Dauerkopfschmerzen zu leiden. Nach 20 Stunden Fabrikmaschinenlärm bei äußerst angespannter Graviertätigkeit ist Ruhe die dringlichste Notwendigkeit!!!!«*

Babs: *»Meine Mutter mußte sich 1 1/2 Jahre bis zu ihrem Tod den Dauerlärm anhören. Wenn ich kam, sagte sie jedesmal: ›Heute war es wieder furchtbar!!!‹«*

René: *»Ich ersuche Sie dringend, während der Weihnachts- und Neujahrsfeiertage äußerste Ruhe walten zu lassen.«*

Die Mezzosoprane improvisieren Backstage-Echos: *»äußerste-äußerste-äußerste- Ruuuuhe, –he, –he!«*

»Ausgenommen sei hier, wenn Sie am Heiligabend ein paar Weihnachtslieder spielen, sagen wir zwischen 16 und 18 Uhr.«

Jan improvisiert auf dem Klavier bedrückte Weihnachtsklänge. Alle kichern.

»Den 24. JANUAR 199. N.CHR.!! 12.45 UHR. Ich gebe Ihnen noch einmal die Aufforderung zum Nachsinnen, daß

das Leben unerträglich wird, wenn keine Ruhe mehr da ist!!!«

Den nächsten Brief trägt Fink, akkompagniert von Jan, als Rezitativ vor.

»Ich halte mich jetzt krank zu Hause auf und brauche Ruhe. Pling! *Wenn ich wieder arbeite und gesundgeschrieben bin, gebe ich Ihnen Bescheid.* Plingpling. *Vorläufig bin ich schwer erkrankt und bleibe zu Hause!* <u>Es bleibt bei dem Arbeitsplan vom Mittwoch!</u> Plingpling. *Wenn ich wieder arbeite,* glissando, *können Sie bis 16:30 in ihrem Wohnzimmer Klavier spielen Montag bis Freitag.* Plop.«

Die Mezzos im Rap:
*»Ihr Singen-aus voller-Kehle-ist
ohrenbe-täubend.«*

Wütendes Klaviergewitter.

*»Meiner fünfundach-zig-jährigen Mutter-haben-Sie-die
letzte-Lebenszeit ver-gällt!
Länger geht-es-nicht so-weiter!! – Wir
haben-genug-ge-
litten!«*

Applaus, Pfiffe, Gelächter.

»Die herben Klavieranschläge sind auf die Dauer unerträglich!!« Baß Hofmann mit Stentorstimme. *»Ich möchte Sie nicht kränken oder verletzen, aber dazu kann ich bestenfalls geräuschvolle Unruhe sagen. In Wirklichkeit ist es ungezügelter Lärm.«*

»SOVIEL RÜCKSICHTSLOSIGKEIT HAT ES NOCH NIEMALS GEGEBEN!« rufen die Mezzos im Chor. *»Was Sie da tun ist eine ganz schwerwiegende Verletzung des«* (in hohem G) *»Umweltschutzgesetzes!!!!«*

Sie sind schon schwach vor Gelächter.

René, der schmalbrüstige Chorist, mit bitterer Stimme: *»Sie brauchen sich nicht über meine zahlreichen Briefe beschweren, da Sie immer wieder rückfällig werden.«* Jan am Klavier: Krimi-Jingle.

Fink, Grabesstimme: *»Ab morgen, dem 27. April 199., trete*

ich für immer in den Ruhestand. Ich habe in Zukunft und vor allen Dingen in der unmittelbaren Gegenwart vor, meinen Ruhestand in Ruhe in meiner eigenen Wohnung zu verbringen! Ich denke, es ist günstiger, mit Absprache zu verbleiben, als vor Gericht zu gehen, was vermutlich unvermeidlich sein wird?«

Jan stimmt auf dem Klavier Chopins Trauermarsch an.

Katzenjammer

Am nächsten Vormittag, als Finks Frau Danuta im Garten neben dem Bahndamm Wäsche aufhängt, sieht sie plötzlich Otto Schwab, den geschmähten Nachbarn, das Haus verlassen. Sie versteckt sich hinter einem Leintuch. Aber er kommt auf sie zu. Er ruft sie mit fragender Stimme, und das ist schlimmer, als wenn er geschrien hätte, denn Danuta schämt sich. Sie hat nichts gegen ihn. Vor einem Vierteljahrhundert hat Danuta, als vereinsamtes Theaterkind, oft bei einer benachbarten Arbeiterfamilie Zuflucht gefunden. Sie hat Verständnis für Schwabs Ruhebedürfnis. Schwab ist ein einsamer Kauz und hatte viel von Danutas Familie zu erdulden, aber wenn er Danuta im Aldi beim Einkaufen getroffen hat, fand er meistens ein paar ungeschickt nette Worte.

Was soll sie jetzt tun? Sie kann nur hoffen, daß er sie nicht sieht. Vielleicht geht er wieder? Nein, er geht nicht. Er sucht einen Weg durch die Leintuchgassen zu ihr, langsam, denn er will die Tücher nicht beschmutzen, und er ist dick. Sie hört sein Schnaufen und weicht aus, dabei muß sie aber so tun, als hänge sie weiter Wäsche auf und höre ihn nur nicht, weil sie in Gedanken ist. Ein sonderbar gedämpfter Tanz zwischen den weißen Tüchern im Sonnenlicht, und plötzlich hat der Nachbar sie entdeckt und ist ebenso erschrocken wie sie.

»Entschuldigung für das Fest gestern abend«, stammelt sie. »War zu laut sicher.«

»Ich kann das nicht länger mit ansehn.« Seine grobe

Stimme zittert. Er greift nach einem Leintuch, wie um sich festzuhalten. Sie weiß, er ist jähzornig. Gleich wird er das Tuch herunterreißen und darauf herumtrampeln. Sie streckt bittend die Arme aus.

»Wenn Sie jemand brauchen«, stöhnt er, »möchte ich Ihnen meine Hand und Hilfe anbieten.«

Sie ist verwirrt. »Ich brauche keine Hilfe. Es tut mir leid, daß ich Ihnen nicht helfen kann.«

»Sie sind so rein!« stößt er hervor. »Ich sehe Sie immer arbeiten – im Garten, so rein, so traurig. Und dann fahren Sie noch weg und arbeiten weit von hier, weil der Mann nicht genug verdient!«

»Ich arbeite gern«, sagt Danuta rasch.

»Und so hilfsbereit! Da nehmen Sie noch die Freundin auf...«

»Sie hilft mir im Haushalt!«

»... und sie dankt es Ihnen, indem...« Jetzt hat er wirklich das Leintuch heruntergerissen und schwenkt es hin und her. »... indem sie... Ihr Mann... Und Sie merken es nicht? Er hat Sie nicht verdient!«

Danuta ist blaß geworden. Sie glaubt es sofort. Es hat genug Zeichen gegeben, aber sie fürchtete, daraus Schlüsse zu ziehen, weil solche Schlüsse furchtbare Folgen haben müssen.

»Woher wissen Sie...

»Er wartet, bis Sie aus dem Haus sind. Und Ihre Frau Mutter geht ja jeden Tag zum Friseur. Wenn Sie eine Hand brauchen, ich... Er tut alles laut, verstehen Sie? Alles! Alles!« schreit Nachbar Schwab.

Der Tornado

Jan träumt in dieser Nacht, er beobachte von einer Anhöhe das Land, als ein Sturm losbricht. Die Landschaft ist weitläufig: lindgrüne Wiesen, orangefarbene Felder, helle Mischwälder, soweit das Auge reicht, eine bunte, fast biblische Idylle. Ein paar dunkle Zypressen, einzeln, verstreut. Ein kleiner Fluß, glitzernd wie ein Kettchen im Sand. Tatsächlich, jetzt ist überall Sand. Der Himmel überzieht sich mit einem weißen Netz, das dichter wird. Jetzt sind die Felder rostbraune Streifen, der Horizont selbst stumpfgelb, und der Fluß blitzt nicht mehr, sondern ist kobaltblau, eine stählerne Ader, die ihre Arme durch die Erde treibt. Wie einen dröhnenden Orgelakkord vernimmt Jan den nahenden Sturm; während der Wind an seinen Kleidern zerrt, weiß er schon, es ist nicht irgendein Sturm, sondern *der Tornado*. Er hat mit ihm gerechnet; er steht aufrecht und sieht genau hin. Die Landschaft verzieht sich zu einer immer flacheren Ellipse. Plötzlich kippt sie um, da ist nur noch ein Strich über den ganzen Horizont. Jan wirft sich auf den Boden und klammert sich an den Fels, er denkt, vielleicht geht *der Tornado* noch einmal über ihn hinweg, das nächste Mal wird er bereit sein, er muß jetzt nur ruhig bleiben. Er versucht ruhig zu atmen und schafft es nicht, er keucht, etwas zerreißt ihm beinah die Glieder. Er fängt an zu schreien, aber es ist nicht vor Schmerz, sondern vor Einsamkeit. Dann ist plötzlich jemand da, der wirft sich neben ihm zu Boden und krallt sich wie er an den Fels.

»Ist die Sonne schon weg?« ruft Jan erstickt.

»Nein«, – Johns Stimme! – »noch nicht ganz!«

Aufregung

In einer Schublade beim Trompeter Harry findet Babs einige Bündel Liebesbriefe von verschiedenen Frauen.

Zur Entdeckung kam es so: Sie war bei Harry zu Besuch, und beide langweilten sich. Plötzlich lief er ins Bad, rasierte sich, besprühte sich mit Parfüm und lief davon, Trompete unter dem Arm. Er müsse einem Kollegen Noten vorbeibringen, in spätestens einer halben Stunde sei er zurück, sie möge auf ihn warten und dabei nicht vergessen, daß er sie liebe.

Nach einer halben Stunde rief er an. »Babs, Liebste, bist du da?« Er werde aufgehalten, käme erst in einer Stunde, »sag, das macht dir doch nichts aus? Ich würde furchtbar gern die Nacht mit dir verbringen! Aber wenn du's eilig hast, habe ich natürlich Verständnis!« Er küßte sie durchs Telefon. Als er aufgelegt hatte, wich ihre Freude dem Zorn, und sie beschloß zu gehen.

Sie wollte ihm einen Zettel schreiben und suchte in der Schreibtischschublade nach Papier. Sie fand auch welches und öffnete noch eine Schublade, um weiteres Papier zu suchen; oder, sagen wir, einen Stift. Und da fand sich ein Karton voller Briefe. »Harry, mein Schatz!« las Babs. »Liebster Harry!« Manche Briefe waren im Kuvert, und Babs hat fast der Schlag getroffen, als sie den Namen der Cellistin Astrid entzifferte. Was hatte eine Künstlerin wie Astrid einem Trompeter Harry zu schreiben?

Astrid hatte dem Trompeter Harry geschrieben: »Liebster! Ich freue mich wahnsinnig auf den nächsten Vollmond, an dem ich wieder in Deine schönen Augen sehen kann.« Und, einige Wochen später (die Briefe waren nach Absenderinnen und Absendetermin geordnet): »Ich fürchtete schon, daß Du abgetaucht wärst, aber jetzt kann ich wieder fliegen. Du fehlst mir entsetzlich. Manchmal, wenn ich mein Cello nach Hause schleppe, denke ich, Du müßtest wieder da neben meiner Tür sitzen und mich anlachen. Das war so schön. Hast Du den wundervollen letzten Vollmond gesehen? Da war mir schlecht vor Sehnsucht... Mein Gott, ich muß völlig durchgeknallt sein!« Noch später: »Für den Fall, daß du mir weiterhin ausweichst, teile ich Dir auf diesem Wege meine Kontonummer mit, damit Du Deine Schulden zurückzahlen kannst. Tschüs.«

Von Gisa, der Tänzerin, stammte ein ganzes Konvolut. Riesige, kindlich-girlandenartige Buchstaben, die Worte aber von erschreckender Vehemenz. »Du kommst, schaust mich an und dann denke ich wenn Du wolltest könntest Du mit mir machen was Du willst... Ich gedenke Deiner und schmachte. Kaum kann ich den Tag erwarten, da wir uns wieder treffen.

Der Tag, an dem ich mich mit leuchtenden Augen zu Deinen Füßen legen werde, an dem ich Deine Küsse schmecken, Deine Worte vernehmen, mit Dir wieder eins sein werde. O wenn Du wüßtest, wie endlos die Tage ohne Dich verstreichen! Nie hatte ich so großes Verlangen nach jemandem. Ich will Dich, ich will Dir nah sein, ich will keinen Sex mehr, ich will nur noch Deinen Sex. Wozu weiterschreiben...«

Babs verläßt Harrys Wohnung fluchtartig. Während sie in großer Aufregung durch die Straßen rennt, denkt sie ungefähr folgendes: *In quali eccessi, o Numi* – So heißt es in *Don Giovanni* – In welche Exzesse treibt uns die Leidenschaft? Nicht mal Astrid, die asketische Kunstnonne, ist davor gefeit und bezeichnet sich selber mit Entzücken als »durchgeknallt«. Wie fürchterlich, wie abgeschmackt! Was wird sie nächstes Jahr darüber denken? Schmerzhaft genug ist vergebliche Liebe, warum muß sie auch noch so beschämend sein? Und was die offenbar infantile Gisa anbetrifft – hat denn keiner sie gewarnt? Was bringt es Harry, dieses wirre Kind zu erniedrigen? Wie schafft er es überhaupt, solche Leidenschaft auszulösen? Und ich, bin ich besser? Hab ich's nicht immer gewußt, hab ich mich nicht geradezu gesehnt nach seinen Lügen? O Gott, wie weit ist es mit mir gekommen!

Und so weiter.

Trost

Babs flüchtet zu Jan, um sich trösten zu lassen.

»Was stellt ihr Frauen euch eigentlich immer so an mit eurer ehelichen Treue?« fragt Jan.

»Weil's anders abgemacht war! Auf ein anderes Modell hätte ich mich gar nicht eingelassen. Er hat geschworen...«

»Die Leute ändern sich. Nicht nur die Frauen, auch die Männer.«

»Geschworen!«

»Du sollst nicht schwören, steht in der Bibel. Die wußten

warum, nehme ich an.« Das klingt beißend. Babs, wenn sie Jan genau ansähe, müßte merken, daß er schlecht aussieht: blaß, gedunsen, Faulecken in den Mundwinkeln. Er sitzt in seiner fast leeren Wohnung und trinkt in kleinen Schlucken Gin. Unter der Lampe pulsiert ein Schwarm Fliegen. Es ist heiß hier unter dem Dach.

Babs merkt nichts. Immerhin sieht sie ein, daß sie sich zusammenreißen muß. »Er war immer öfter so gereizt. Als hätte er ein schlechtes Gewissen. Ständig nörgelte er an mir herum. Aber wenn ich sagte, wir sollten uns trennen, weinte er und schwor, er liebe nur mich. Die letzte Aussprache ist gerade zwei Wochen her, auf einem Spaziergang. Er lief laut weinend durch den Wald...«

»Tja, er wollte eben alles«, sagt Jan. »Wie alle. Ich verstehe ihn. Erhöht das Selbstwertgefühl. Ich wünschte, hinter mir wären mehrere Männer her!«

»Aber die Lügen! Ist das nicht furchtbar peinlich?«

»Ich nehme an, er glaubt immer, was er sagt.«

»Er glaubt immer, was ihm nützt!« ereifert sich Babs.

»Standardvariante. Na und?« Jan, müde.

Babs gibt sich noch nicht zufrieden. Sie sucht nach Erklärungen, nach einem Anspruch auf Logik und Verantwortung im Spiel der Hormone.

»Und ihr? Ich meine – unter euch? Zieht ihr Treue gar nicht in Betracht?«

»Nein.«

»Nun ja –«, Babs faßt sich. »Moral hin oder her, aber geht es da nicht auch um Leben und Tod?«

Jan versteht augenblicklich. »Darauf können wir keine Rücksicht nehmen!« sagt er erbleichend.

»Grauenhaft«, flüstert Babs.

»Die Liebe ist grausam, aber interessant.« Ein typischer Jan-Spruch.

Babs schweigt bedrückt.

»Trotzdem«, fährt Jan nachdenklich fort, »ist das Leben auch schöpferisch. Es bietet Lösungen, darauf kommst du nie. Laß dir folgendes erzählen: Vor etlichen Jahren – hm –, als ich noch jung und schlank war, liebte ich einen italienischen Tänzer, der von der Schönheit eines Gottes war. Alle liebten ihn. Ich – verzweifelt. Damals habe ich zum ersten Mal verstanden, daß man an gebrochenem Herzen sterben kann. Wie auch immer, jetzt bin ich gekündigt, dick und häßlich, und mich liebt ein hoffnungsvoller Junge von hervorragendem Charakter. Er sagt unaufgefordert, er will bei mir bleiben und zu mir stehen bis ans Grab. Warum? Ich sei ein wertvoller Mensch!« Jan lacht auf. »Und jetzt – sterbe ich nicht an gebrochenem Herzen.«

Herr, lehre doch mich,
daß ein Ende mit mir haben muß
und mein Leben ein Ziel hat
und ich davon muß.
Siehe, meine Tage sind
einer Hand breit vor dir,
und mein Leben ist wie nichts vor dir.
Ach, wie gar nichts sind alle Menschen,
die doch so sicher leben.
Sie gehen dahin wie ein Schemen
und machen jenen viel vergebliche Unruhe;
sie sammeln und wissen nicht,
wer es kriegen wird.
Nun, Herr, wes soll ich mich trösten?

Aus: Johannes Brahms, *Ein deutsches Requiem*
Text: Altes Testament, Psalm 39, 5 – 8,
Übersetzung von Martin Luther

REQUIEM,
ODER: ABSCHIEDE

Zwischenspiel auf dem Bahnhof   292
Rückblick:
Vorbereitung eines Konzerts   299
Rückblick auf ein Konzert   307

Zwischenspiel auf dem Bahnhof

Drei Jahre später gerät Babs zufällig wieder nach Neustadt. Es ist Winter, drei Uhr nachts, Babs wartet im Bahnhof auf den Anschlußzug nach München. Draußen ist es eiskalt, körniger Schnee fegt über die Gleise. Babs verflucht sich, daß sie die Reise so schlecht organisiert hat. Sie hätte einen längeren Aufenthalt planen und ihre alten Theaterfreunde besuchen können. Die hätten sie sicher freundlich empfangen. Doch Babs genierte sich, weil sie dem Theater den Rücken gekehrt hat. Wer versteht das? Und worüber redet man mit Theaterleuten, wenn nicht übers Theater?

Der Anschlußzug geht um fünf Uhr. Seufzend schleift Babs ihren Koffer zu einem der Tische des Bahnhofslokals. Sie bewegt sich langsam. Sie ist hochschwanger und lächelt vor sich hin, halb ängstlich, halb erwartungsvoll. Nach sieben Jahren Kampf hat sie aufgegeben. Sie hat festgestellt, daß Regie und Familie für eine Frau nicht zu schaffen seien, und sich biologisch von der Bühne geschossen, wie sie es ausdrückt. Nein, kein Zwang, kein Unfall, keine Umnachtung; eher das, was man eine Entscheidung nennt. Babs fühlt sich in guten Händen. Das Gefühl von Geborgenheit benebelt sie wie eine sanfte Droge. Die Welt erscheint so in einem anderen Licht und vor allem viel weiter entfernt. Ist das ein Happy-End?

Babs ist in dem Bahnhofsrestaurant der einzige Gast; niemand kommt, sie zu bedienen. Das Lokal ist ein gelbes Gewölbe mit dunklem Putz. Ein Gitter trennt es vom übrigen

Bahnhofsbereich. Dunkel, unwirtlich, Geruch von altem Fett. Babs sitzt fröstelnd vor zwei leeren Biergläsern mit angetrocknetem Schaum. Obszöne Kritzeleien auf den Bierdeckeln, ein randvoller Aschenbecher. Babs will ein Buch lesen und erwacht davon, daß es zu Boden fällt. Sie steht mühsam auf und schleppt sich zu dem Gitter. Einige Penner, die offenbar Lokalverbot haben, pressen sich außen gegen die Streben, ein Punker-Pärchen klettert daran hoch. Sie haben Sicherheitsnadeln durch Lippe und Nasenflügel gestochen und tragen Kriegsnamen auf der Ledermontur. Sie heißt »Fozzy«, er »Brabbel«.

»Was machst du denn hier?« fragt einer der Penner. »Darf ich mal streicheln?« Er streckt die Hand nach ihrem Bauch aus, das Gitter hält ihn zurück. »Bitte! Nur einmal!«

»Ich warte auf den Zug«, erklärt Babs.

»Wohin?«

»München.«

Bewegung unter den Pennern.

»Und was machsch da?« fragt Fozzy. Sie springt vom Gitter ab und kneift die Augen zusammen, um besser zu sehen. Die Augen sind rot gerändert, entzündet. »Läbsch da oder arbeitsch da?«

»Beides«, sagt Babs. Seit sie schwanger ist, redet sie langsamer, mit einer gewissen verträumten Milde.

Eine Stimme von hinten: »*Arbeitest? Münschen?*«

Sie fährt herum, so schnell die Masse ihres Bauches es erlaubt. Vor ihr steht Helmut, ein ehemaliger Neustädter Chorsänger, der vor Jahren als Kleinsolist nach Lübeck gegangen war. Weshalb ist er nicht dort? Weshalb trägt er diese speckige weiße Kellnerschürze, an der er jetzt die Hände abwischt? Arbeitet er hier? Bevor Babs fragen kann, schließt er sie in seine Arme.

Helmut ist ein Zwei-Meter-Mann, massig, rosig, sanft. Sie läßt sich mit einem überraschten Seufzer an seine Brust sinken, seine fleischigen Hände wärmen ihren Rücken, sie streckt sich, um seine große, weiche Wange zu küssen.

»Münschen, jratuliere! Sach bloß, du hast et jeschafft!« Helmut redet breites Rheinländisch. Babs ruft, noch während sie ihn abküßt, seine stimmlichen Daten ab: schwere Tenorstimme, etwas unflexibel. Im Chor mischte sie sich gut, sie stach nicht raus, was für den Sänger spricht – (Chordisziplin). Von Kraft und Klang her möglicherweise solistisches Material; nicht ganz intonationssicher; vor allem aber fehlte Helmut der solistische Charakter (Temperament, Belastbarkeit, Konsequenz; oder, wie man im Theater sagt: Gier, Biß, Grips). Er war ein phlegmatischer Kauz. Bevor er Chorsänger wurde, war er Rechtspfleger gewesen, sagt er: Er mußte bei Zwangsvollstreckungen assistieren, und das hielt er nicht aus. Zum Theater war er gegangen, weil es ihn zum Schönen zog.

»Neinnein, nicht Theater«, lächelt Babs. Er führt sie zu ihrem Tisch zurück, trägt das schmutzige Geschirr weg und kehrt mit zwei Kaffeetassen zu Babs zurück. Sie stecken die Köpfe zusammen wie früher in der Kantine von Neustadt, wenn Unloyales geredet wurde; Babs in Schwarz, behängt mit buntem Alternativ-Schmuck, und Helmut in seiner fleckigen weißen Garnitur. Im Hintergrund die Gitter-Plastik mit den Pennern, reglos.

»Rundfunk.« erklärt Babs. »Ich arbeite im Rundfunk.«

»Chor?«

»Nein, Archiv.«

Helmut deutet auf ihren Bauch. »Trompete?«

»Nein, Tontechnik.«

»Ah! Münschner Tonteschnik?«

»Inzwischen ja. Ehemals Neustadt. Steffen, erinnerst du dich?«

»Der dicke Blonde?«

»Ja.«

»Janz dunkel.«

»Und du?«

Wenn Helmut grundsätzlich wird, verstärkt sich sein Dialekt. »Ach weißde, isch wor et satt, mit denne Idiote von Regisseure und Stümper von Dirijenten. Mit Kunst hat dat all nix zu tun jehabt. Und isch hab dir ja jesacht, wenn isch dat nisch so machen kann, wie isch mir dat vorstelle, dann laß isch et lieber.«

»Singst du gar nicht mehr?«

»Ävver hallo. Heut mittach ze Haus den janzen Lohenjrin jesungen, da blieb kein Auje trocken.«

»Und was wurde mit Lübeck?«

Helmut winkt ab. »Ach dat war auch so 'n Murks. Der JeMD war 'n verklemmter Idiot, und die Regisseure haben die Stücke jar nisch jekannt.«

»Und hier im Bahnhof geht's dir einigermaßen?«

»Die Freizeitrejelung mit dem Schischtdienst is jut. Weißde, isch muß einfach so jut sein stimmlisch, dat isch misch auf diese Idioten nisch mehr einzustellen brauche. Einmal im Monat fahr isch zu meinem Lehrer nach London...«

Die Bahnhofsuhr zeigt halb vier. Helmut bedient zwei betrunkene Männer, die es hereingeweht hat, und kehrt zu Babs zurück. Gemeinsam analysieren sie die Schicksale der Kollegen und die Wirkungsweise des Schicksals als solches.

Helmut war eher als Babs aus Neustadt weggegangen und hat zu anderen Kollegen Kontakt gehalten. »Die Schnitzler? Na, escht super is et der jejangen. Schon zweiundneunzisch hat se Fidelio in Rejensbursch jesungen, und in derselben Spielzeit dann de Lady Macbeth von Mzensk in Freibursch. Vor zwei Jahren kam der Riesen-Durschbruch mit Salome in Mannheim. Janz jroß im Jeschäft. Aber verdientermaßen. Der Charlie, ihr Freund, weißde, dö Journalist, hat se in Mannheim besucht. Jeden Morjen um zehn hat se ihn auf de Straße jesetzt, um sisch vorzubereiten. Se hat zu ihm jesacht: Du muß wissen, bis zum 8. April hab isch nur Salome im Kopp. Er is dann abjereist, und se hat et nisch mal jemerkt... Also sowat von professionell.« Nach einer Pause: »Und aus wem is noch wat jeworden? Hat nisch unser JeMD in Berlin dirijiert?«

»Ja, aber danach hat man ihn nie mehr an ein erstes Haus

geholt. Dafür steht Amadeus plötzlich gut da. Früher hat er doch vehement das sogenannte Regietheater verfochten und immer gesagt, das Publikum muß dem Theater folgen, nicht umgekehrt. Also seit es mit den Theaterschließungen losging, spielt er plötzlich nur noch Operetten und rühmt sich, er gebe dem deutschen Theater den Unterhaltungswert zurück.«

»Interessiert misch nisch. Isch weiß nur, solange et Theater jibt, wird mer Wagner spielen, und solang mer Wagner spielt, hab isch noch 'ne Chance.«

Verlegene Pause. »Von den Dirigenten hatte Sigi eine Sternstunde«, erzählt Babs.

»Dö schöne Sigi?«

»Ja. Er ist doch immer ein bißchen verzagt gewesen, sozusagen nie aus dem Knick gekommen, aber dann mußte er bei einem Konzert für den GMD einspringen, *Deutsches Requiem*, und das war wunderbar. Alle dachten, das wird sein Durchbruch, aber danach ist er wieder zusammengeschnurrt und war wie immer. Trotzdem: Bei diesem Konzert habe ich erfahren, was in der Kunst möglich ist. Und nur deswegen hat sich's gelohnt, so lang in Neustadt zu bleiben«, sagt Babs feierlich.

Helmut zuckt die Achseln. »Wenn einer nisch weiß, wat er wirklisch will, dann soll er et lassen.«

»Das stimmt. Laurent zum Beispiel wußte plötzlich, was er wollte. Der Konzertmeister. Erinnerst du dich?«

»Nee, also Orschester, da bin isch nisch firm.«

»Der mit dem Quartett.«

»Ach, dö kleene Schwatze mit däm Kamm?«

»Ja. Er hat jetzt eine Professur, ist vom Theater weg und spielt fast nur noch Streichquartett. Aber ich bin nicht sicher, ob mit unseren Leuten.« Ein Stich: Sie hat *unseren* gesagt.

»Sie haben kürzlich einen Preis gewonnen.«

»Ach wat. – Is' der nisch 'n Paar mit der langweilijen Cellistin?«

Auch Helmut interessiert sich für Paarungen. Theoretisch.

»Ja, soweit ich höre. Andrea traf sie einmal an einem Sonntag draußen am Waldrand. Sie saßen auf einer sandigen Wiese und fütterten einander mit Kuchen. Andrea fuhr mit dem Fahrrad vorbei, und denen war's nicht mal peinlich, sie winkten ihr sogar zu. Sie sind wirklich völlig enthemmt, sagt Andrea.«

»Dat hab isch mir immer jedacht, daß nur die et schaffen, die dä Mumm haben, wechzujehn. Da war doch auch dieser Pianist, wie hieß dä jleisch? Der mit dem schönen Anschlag? Jan?«

»Jan? Weißt du das nicht?« fragt Babs betreten. »Er ist doch gestorben. An Aids.« Kurzes Schweigen. »Er hat niemandem gesagt, daß er krank war. Uns erzählte er, er wandert nach Amerika aus zu seinem Freund. Dann war er weg, ohne sich zu verabschieden, und ich habe ihm deswegen noch einen bösen Brief hinterhergeschickt.«

Vielleicht hat sich Jan über diesen bösen Brief gewundert, überlegt Babs jetzt. Im Theater ist es nicht üblich, sich zu verabschieden, es zählen nur die, die da sind. Die anderen behält man aus der Ferne im Auge und läßt sie gelegentlich grüßen für den Fall, daß sie einem mal nützlich sein können.

Jedenfalls hatte Jan ihr geantwortet. »Meine liebe Barbara! Wenn Du das hier liest, bin ich schon tot. Tut mir leid, daß ich mich nicht früher gemeldet habe. Ich hoffe, ich habe Dich nicht beleidigt, und denke, Du wirst prima ohne mich zurechtkommen, obwohl ich zusammenfassend wohl ein ganz netter Kerl gewesen bin, und so einen Verlust verkraftet man nicht so leicht, haha.« Babs war erschüttert. Aber auch ein bißchen enttäuscht über diesen halb großväterlichen, halb flapsigen Brief; als habe Jan irgendwie versagt. Nicht beim Sterben – das hat noch jeder geschafft –, aber beim Abschiednehmen. Andererseits: Wer kann sagen, wie man es besser macht?

»Und wat ist aus Kazuko jeworden?« Helmut hat nicht gemerkt, daß Babs mit ihrer Jan-Geschichte noch nicht zu Ende war, und Babs ist insgeheim froh darüber, denn sie könnte dabei in Tränen ausbrechen, denkt sie und bricht in Tränen aus.

»Wie, is Kazuko auch jestorben?« wundert sich Helmut.
»Nein.« Babs trocknet ihre Wangen, während Helmut den beiden Männern weitere Biere bringt.
»Kazuko ist genau wie alle anderen gekündigt worden, als der neue GMD kam. Der sagte, sie sei in ihrem Fach grundsätzlich fehlbesetzt, er könne nichts mit ihr anfangen. Sie ist ihm um den Bart, da war alles dran. Sie wäre vielleicht sogar mit ihm ins Bett gegangen. Hat aber nichts genützt. Im letzten Augenblick kam sie dann in Braunschweig unter. – Auch Carol hat's natürlich erwischt... Sie war in bestimmt zwanzig Städten Vorsingen und hat ihre Wohnung aufgegeben, damit sie die Zugfahrten bezahlen kann. Zehntausend Mark hat sie für Vorsing-Reisen ausgegeben. Überall hieß es: *keine Verwendung.* Sie war verzweifelt. Ich weiß nicht, wie die Sache ausgegangen ist.«
»Hat ihr denn keiner jesacht, Mädschen, jetzt guck halt emal in den Spiejel?« Wenn es um das Versagen anderer geht, wird Helmut sehr gemütlich.
»Aber sie hatte doch eine gute Stimme.«
»Darauf kommt et nisch an. Du weißt doch, wat für Idioten in dem Jeschäft dat Sagen haben. Sieh misch an, isch...«
»Der einzige, der von dem neuen GMD übernommen wurde, war Erwin«, sagt Babs.
»Ausjereschnet dat arrogante Arschloch.«
»Er hatte Charakter. Er wußte, was für ihn gut war, und hat sich von niemandem verrückt machen lassen. Außerdem hat er ein gutes Material.«
»Wenn dat 'n jutes Material is, dann waren zweihundert Jahre Opernjeschischte umsonst. Haste mal 'ne Aufnahme von Josef Metternisch jehört? Der konnt et noch, aber wat danach kam, war nur noch Schrott.«
»Fink mußte auch gehen.«
»Wundert misch nisch. Wer so mit seiner Stimme umjeht, da hab isch jar kein Mitleid mit.«
»Es war eine Stimmbandkrankheit, hat sich rausgestellt. Er war sehr schockiert. Wollte nie mehr mit Oper was zu tun

haben. Ist dann nach Griechenland gefahren, um zu sich selber zu finden, oder so ähnlich. Hans, die Lästerzunge, sagte, er sei dort von einem Maultier erschlagen worden. Aber das letzte, was ich hörte, war, er ist wieder im Orchester. Oboist in Pforzheim, glaube ich.«

»Dafür hört mer Wunder über Peggy.«

»Ja, das ist der ganz große Knüller. Sie hat's wirklich geschafft, und der Durchbruch war eben genau die Isolde bei uns. Von da ab nur noch Staatstheater. Elektra, Fidelio, Marschallin... Dieses Jahr singt sie die Sieglinde in Bayreuth, und vorletzten Herbst hatte sie ihr Debüt an der Met.«

»*Met.*« Helmut läßt sich das Wort auf der Zunge zergehen, sehnsüchtig.

»Ja. Genauso ist es gekommen.«

Rückblick:
Vorbereitung eines Konzerts

War das alles?

Nicht ganz. Kehren wir zu der *Requiem*-Aufführung zurück, von der Babs sagte, daß sie sie nie vergessen würde.

Es *war* eine Sternstunde.

Sie begann damit, daß der GMD, als er zur Arbeit radelte, von einem Taxi umgefahren wurde und sich den Arm verstauchte. Deswegen mußte er das *Requiem* abgeben, und statt seiner dirigierte der neue zweite Kapellmeister Sigi. Sigi ist Pole und heißt eigentlich Zbigniew, aber das kann sich keiner merken. Ein großer, gutaussehender Mann von hoher Musikalität, aber ängstlichem Charakter. Als Musiker gefühlvoll, aber manchmal ungenau.

Unter dem GMD Beetz spielt das Orchester exakt, klingt aber dürr und farblos. Unter Sigi blüht es auf, die Klänge werden rauschhaft, süß, sogar schwärmerisch; aber alle fünf Minuten geht die Orientierung verloren, dann wackelt's gehörig. Sigi paßt nicht genügend auf, oder er scheut die Anstrengung, das Orchester zusammenzuhalten. Keiner hat sich von seinem Requiem viel erwartet: zu viel Strenge, Sprödigkeit, Wille steckt in diesem Werk, und all das traut man Sigi nicht zu.

Schon während der Proben merkte man auf. Sigi war elegischer, aber wacher Stimmung. Eine Woche zuvor hat ihn eine Frau verlassen, und er war zunächst erleichtert, denn sie hatte natürlich Forderungen gestellt, aber dann fiel ihm ein, daß er sie vielleicht liebt. Sigi sieht gut aus, ohne sich etwas daraus zu machen. Die Frauen mögen ihn, aber bald werfen sie ihm Unentschlossenheit vor und sind enttäuscht. Sigi saß am Sonntagabend allein zu Hause und überlegte, daß er zweiundvierzig ist und eigentlich eine Null; daß er weit unter seinen Möglichkeiten dirigiert und der Kündigung nur entgangen ist, weil er sich vor dem GMD erniedrigt. Er schätzt an Neustadt den Freizeitwert, auf eine Karriere hat er verzichtet; aber manchmal quält ihn sein unausgelebtes Talent, und der Freizeitwert in Neustadt ist trotz Thermalbad und Weingärten halbiert, wenn man keine Frau hat. Es war ein stürmischer Oktoberabend, Regen prasselte gegen das Mansardenfenster, eine Windsalve zischte im Gebälk, und Sigi spürte plötzlich einen Schmerz unter der linken Schulter und dachte, wenn das alles war, war's nicht genug. In diesem Augenblick rief das Betriebsbüro an: Taxifahrer habe GMD umgemäht. Ob Sigi das Brahms-Requiem übernehmen könne. Beginn der Orchesterproben morgen. Sigi kennt das Stück gut, er hat es einmal in Wrocław und einmal in Castrop Rauxel dirigiert und findet, es habe etwas gemüthaft Slawisches, trotz aller vordergründigen protestantischen Strenge.

Er studiert es konzentriert und selbstvergessen ein, ohne Getue, ohne die demonstrative Friedfertigkeit, mit der er manchmal den Musikern auf die Nerven geht. Das Orchester, von der Beetzschen Rigidität befreit, nützt diesmal Sigis Schwäche nicht aus, sondern paßt sich seiner tapferen Stimmung an und genießt seine wache Musikalität. Schon der erste Satz ertönt gerade und andächtig, der zweite mit dem

Chor *Denn aller Fleisch, es ist wie Gras* gesammelt und so schmerzlich klar, daß Babs Schauer über den Rücken laufen. Babs hat heute keinen Dienst und besucht die Probe sozusagen freiwillig; sie sitzt neben zwei Tontechnikern im ansonsten leeren Zuschauerraum und ist glücklich.

DENN ALLES FLEISCH, ES IST WIE GRAS,
UND ALLE HERRLICHKEIT DES MENSCHEN
WIE DES GRASES BLUMEN.

Der Choral beginnt langsam, eingeleitet nur von Kontrabässen und Fagotten, im *pianissimo*. Ein Trauermarsch, begleitet von Paukentriolen; wie mit stockendem Puls. Auch der erste Choreinsatz ist ohne Frauenstimmen, fahl, dumpf. Wenn die hohen Stimmen dazukommen –

DAS GRAS IST VERDORRET
UND DIE BLUME ABGEFALLEN

– eine unbegreifliche harmonische Aufhellung, die aber sofort wieder zurückführt zum Titelsatz. Schon ist die erste monumentale Steigerung da.

Sigi dirigiert mit einer Inbrunst und Genauigkeit, die Babs noch nie bei ihm gehört hat, und plötzlich begreift Babs eine unumstößliche Wahrheit, die wie alle Wahrheiten auch ihr Gegenteil mit einschließt: Alle Herrlichkeit des Menschen ist *nur* wie des Grases Blumen; aber *auch* herrlich wie sie, denn es gibt auf der Welt wenig Herrlicheres als des Grases Blumen. Denkt Babs, und als das monumentale *tutti*-Forte des Trauermarsches ihr die Tränen in die Augen treibt, fällt sie dem überraschten Tonmeister Steffen um den Hals und schluchzt ihm ins Ohr: »Der Taxifahrer war sozusagen ein *Deus ex machina!*«

Zur selben Zeit läuft Fink, der gefeuerte Bariton, über die griechische Insel Chios. Er hatte den Tag brütend in seinem kleinen Appartement hinter geschlossenen Lamellenvorhängen verbracht und war dann abrupt aufgesprungen. Er floh aus seinem tristen Feriendorf in die Stadt Chios, um unter Menschen zu sein, aber die dortigen Menschen verstanden nur Griechisch, und er konnte nicht mit ihnen reden. Außerdem herrschte ein ohrenbetäubender Lärm. Fink flüchtete vor dem Knattern der Mopeds, dem Hupen der Autos, dem Dröhnen der Busse in das historische Burgviertel, und da war es ruhiger, aber melancholisch: das Viertel halb verlassen, heißer Wind strömte durch die niedrigen, verfallenden Häuser. Fink blieb stehen und hatte plötzlich einen roten Tropfen auf der Hand. Über ihm hing ein Weinstrauch, der an der Hüttenwand, an der er gepflanzt worden war, keinen Platz mehr fand und sich an einem Elektrokabel über die Straße rankte. Schwer hingen die reifen Trauben, niemand erntete sie, die Beeren rissen der Länge nach auf und der Saft tropfte auf die Straße. Fink machte kehrt, keuchte die uralte Stadtmauer entlang, fand das Haupttor und sprang draußen in einen blauen Bus. Der Bus fuhr bergauf ins Innere der Insel. Finks Atem beruhigte sich.

An der Endstation stieg Fink aus und folgte einem ausgetrockneten Bachbett zwischen zwei kahlen Hügeln. Oben war es kühler und still. Fink verließ das Bachbett und erklomm den linken Hügel, und hinter diesem auch den nächsten und noch einen, höheren.

Er sieht sich um. Nur leichter Dunst. In der Ferne schimmert das Meer.

Fink fängt an zu singen.

Das erste Bariton-Solo aus dem *Deutschen Requiem* ist immer noch seine Lieblingsnummer: Es liegt sehr gut, es ist melodisch; nicht virtuos, aber ausdrucksvoll. Eine gute Gymnastik für die Stimme, findet Fink. Fink hat das Singen noch nicht aufgegeben, obwohl er Knoten auf den Stimmbändern hat und arbeitslos ist. Aber er ist robust, er ist genügsam, er wird alles versuchen.

Vor allem will er seine Seele ordnen. Er selbst ist schuld

an seinem Desaster, das weiß er. Seine Frau hat ihn verlassen, weil er sie mit ihrer Freundin betrog. Zwei Seitensprünge hatte sie verziehen, aber die Freundin, das war zuviel. Es war auch wirklich dumm, gibt Fink zu. Das Ehepaar hatte sie, die aus Bosnien geflohen war, aufgenommen, und Fink kann nicht länger als zwei Jahre treu sein. Das kann er einfach nicht. Die Freundin aber ist mit schuld, findet er. Sie lächelte süß, sie begleitete ihn ins Theater (»Ich liebe där Kunst«), und als er sie einmal etwas fragen wollte und an der Zimmertür klopfte, hinter der sie ihren Mittagsschlaf hielt, rief sie: »Komm rein!« Gut, er hat sie verführt, na und? Zu so etwas gehören schließlich immer zwei: Auch der, der sich verführen läßt, ist schuld.

In der Erregung intoniert Fink falsch; zu hoch. Der Wind reißt ihm die Töne von den Lippen, und das ist gut so, denn die Stimme bricht. Plötzlich muß Fink an seinen Rivalen Erwin denken, der möglicherweise in Neustadt heute genau diese Passage im Konzert singen wird, im Frack, vor ausverkauftem Haus. Fink schneidet eine bittere Grimasse, als ihm Erwins lässiges Gerede einfällt: »No wenn's sein muaß, sing i's hoid. Eigentlich mog i koa Gruftmusik, aber wenigstens ko ma do ordentlich brüll'n.« Fink steht fassungslos auf seinem Hügel.

HERR, LEHRE DOCH MICH, DASS EIN ENDE MIT MIR HABEN MUSS

Beim ersten Solo fühlt sich Erwin immer wohl: ein ernster, rezitativischer Beginn in gemäßigtem Tempo, in dem er seine Stimme gut aufbauen kann (wäre das zweite Solo nur auch so einfach!). Ohne es zu müssen, singt er aus. In der Generalprobe ist der Saal fast leer, aber Erwin freut sich einfach über die Kraft und Noblesse seiner Stimme. Wie ernst sie klingt. Und wie edel. Jetzt macht er Kunst.

Erwin ist ein versierter, kein feiner Sänger; Linie geht ihm vor Artikulation, er folgt lieber seinem Gefühl als seinem

Kopf. Er weiß nicht genau, was er da singt. »Irgendwos über Lebensziele«, würde er wahrscheinlich antworten, wenn ihn einer fragte. Aber noch etwas anderes würde er vielleicht zu sagen versuchen, wenn auch nicht jetzt – jetzt ist er nur Klang –, sondern später, nach dem Duschen: Musik – besonders Gesang – ist nicht nur Kunst, sondern auch Lust. Körperlicher Genuß, das sowieso, aber auch Lust an menschlicher Geschicklichkeit und menschlichem Geschick, und (das würde Erwin vielleicht nicht so sagen, aber *auch* meinen) Freude an der Kraft menschlicher Leidenschaft und Erfindung.

Lust findet er einfach wichtig, schon aus Langeweile. Er leitet in seiner Freizeit einen etwa zwanzigköpfigen Chor, der zu achtzig Prozent aus Frauen besteht. Davon sind über die Hälfte junge Mädchen mit der Sehnsucht nach Höherem, und Erwin schläft mit fast allen. Manchmal wird es ihm fast zuviel. Die Mädchen folgen ihm nach Hause und machen ihm nie Vorwürfe. Dafür hassen sie einander. Die sich nicht hassen, sind von einem diffusen Kummer erfüllt und fragen sich, warum sie das wohl tun. Sie alle werden morgen im Konzert sitzen und ihn anhimmeln; und mindestens drei werden nachher aufspringen, um als erste an der Rampe zu sein und ihm Blumensträuße zu überreichen. Er wird die Blumensträuße galant an Kazuko weiterreichen, die das Sopran-Solo singt; und er freut sich schon auf die Vorwürfe der Verehrerinnen an den nächsten Abenden (in seinem Bett): »Aber Erwinle, des Sträußle war doch für di!«

In New York ist es jetzt neun Uhr morgens. Am Abend wird Premiere der *Walküre* von Richard Wagner sein, gleichzeitig Peggys Debüt an der Metropolitan Opera. In ihrer Suite im Plaza Hotel sitzt Peggy konzentriert über den Noten. Neben ihr der Cockerspaniel Ritch. Ritch ist nicht ganz gesund, aber er spürt die Bedeutung des Ereignisses für Peggy und liegt hingebungsvoll zu ihren Füßen. »*Hey, Ritchy! Your nose is awfully hot!*« Peggys Pranke streichelt seine Stirn, und er klopft leise mit dem Schwanz.

Das Telefon klingelt. Der Concierge kündigt Peggys Mutter an. Sie ist von Pittsburgh mit dem Greyhound angereist, um Peggy eine Freude zu machen. Schon steht sie bunt, aber schüchtern in der Tür und murmelt: »*Oh Peggy darling, I'm so proud of you!*« Peggy wäre vor dem schweren Abend lieber allein, aber sie mag ihre Mutter, deswegen umarmt sie sie, heißt sie willkommen, läßt Tee und Kekse bringen und stellt ein paar Fragen.

Mom ist teuer gekleidet, in Pink- und Orangetönen. Sie besitzt drei Versace-Kleider, weil Peggy sie an ihrem Reichtum teilhaben läßt, aber ihre Haut ist schlaff und von vorwurfsvollem Grau. Warum ist Mom nicht mit dem Flugzeug gekommen? »*Was it the money?*« fragt Peggy. »*I would have paid your way!*« – »Ich habe mich zu spät entschlossen«, blubbert Mom, »da gab's keine Tickets mehr. Außerdem wußte ich ja nicht, ob's dir recht ist, da habe ich's lieber auf eigene Kosten gemacht.« Mom will ausdrücken, daß Peggy sie weniger an ihrem Erfolg teilhaben läßt, als ihr angenehm wäre. Peggy drückt aus, daß sie schwer arbeitet, um in der Lage zu sein, Kosten nicht scheuen zu müssen. Peggys Erregung teilt sich auch Mom mit, die ihre Tochter natürlich bewundert, und Mom weicht daher wie immer zurück. »Wahrscheinlich störe ich dich vor dieser schweren Show«, sagt sie zögernd. »Wenn du willst, geh ich ein bißchen spazieren und suche mir ein Hotel, und ich sehe dich heut abend vielleicht auf der Bühne? Wenn du mir ein Ticket beschaffst?«

»Unsinn, Mom, du bleibst hier. Ich muß sowieso noch zu meinem Coach, dann ins Theater, mich einsingen und so. Ist mir sogar lieber, dann kannst du ein bißchen nach Ritchy schauen und mit ihm rausgehen, er ist nicht ganz okay.«

Peggy zieht ihren seidenen Hausanzug aus, richtet sich die Haare, sucht die zur Premierenkleidung passenden Edelsteine zusammen. Ihre Bewegungen sind langsam und kraftvoll: eine besessene Frau am Ziel ihrer Träume. Stolz und schuldbewußt beobachten sie Mom und der Hund.

Noch vor wenigen Monaten hatte Jan, als man ihn auf Brahms ansprach, geantwortet: »Grauenhaft, abgesehen von den Liedern. Die Unart, den Takt überwinden zu wollen und über die Taktstriche rüberzuschreiben. Am schlimmsten ist das Requiem mit seiner verlogenen selbstverliebten Melancholie. Dieses getragene Un-Tempo, nicht vier, nicht zwei – scheinheilig, nebulös, genau das, was Musik nie sein darf!«

Was würde er heute sagen? Wahrscheinlich gar nichts mehr; abgesehen davon, daß ihn keiner fragt. Denn Requien sind nicht für die Toten, sondern für die Lebenden.

Jan lebt in Kalifornien, noch; in einem Vorort von San Diego. Dort ist es jetzt elf Uhr abends. Jan sitzt am Tisch mit dem erstaunten und bitteren Lächeln eines Menschen, der sich vorzustellen versucht, daß er in wenigen Tagen Asche sein wird. Sein Freund John, der schwarze Saxophonist, ist gerade zur Arbeit gegangen: Er hat eine *night session* im Jazz Club und wird nicht vor vier Uhr früh zurück sein.

Jan zieht mühsam sein Laptop zu sich heran. Seine rechte Hand ist beinah gelähmt; ebenso wie, jeden Tag ein bißchen mehr, sein rechter Fuß. Im Krankenhaus hat man sein Hirn durchleuchtet und einen mandarinengroßen Tumor festgestellt. Der Arzt hat Jan klargemacht, daß das Ende nicht mehr aufzuhalten ist: Der Tumor wird das Gehirn Zentimeter für Zentimeter auslöschen. Jan hat nur die Wahl, den Zeitpunkt seines Todes zu bestimmen.

Er hat ihn bestimmt. Heute nacht.

In den vergangenen Tagen hat er – Buchstabe für Buchstabe mit der linken Hand – Abschiedsbriefe getippt, die er vorsichtshalber mit einem Paßwort sicherte. Er liest die Zeilen an John kurz durch.

»*John my love. These are probably the last hours I have to decide about my life.*« Jan zögert und setzt dann kichernd Anführungszeichen vor und nach »*life*«. »*I feel the shadow of progressive demence upon me... Johnny, I don't want you to remember me as a feeble-minded wreck, that's my last bit of vanity, haha. I'll go now. Don't try to find me, PLEASE. I thank you for all the good times we had, and kiss you passionately, my love«*

Dann druckt er die Briefe aus. Den an John legt er auf das gemeinsame Kopfkissen. Unterschreiben kann er nicht mehr. Er schleppt sich die Treppe hinunter.

Jan hat die letzten Monate in Johns kleinem Vororthaus verbracht. Es liegt an einer Landstraße. Jan quält sich zur Bushaltestelle dreihundert Meter weiter. Klebriger Nebel. Wirklich die letzte Gelegenheit, denkt er. Sein Gesicht fühlt sich taub an, wie gefroren, die Wangen verweigern das Lächeln. Das Valium, das er am Abend reichlich geschluckt hat, bestimmt seine Bewegungen. »Besser eine solche Kontrolle als gar keine«, improvisiert Jan im Kopf über einer Jazz-Melodie deutlich unter seinem Niveau. Der Bus hält. Jan will zu einem Billig-Hotel, das er sich vor längerer Zeit ausgeguckt hat, um dort zu sterben. In der Badewanne, mit Schlaftabletten. Schmerzfrei, möglichst warm. Die Medizin hat er dabei.

Vorige Nacht träumte ihm, er käme von einem Konzert nach Hause, hörte heftiges Rauschen und entdeckte ein Loch im Dach. Regen strömte vom Speicher ins Treppenhaus; Jan versuchte, den Schaden zu beheben, und während er mit dem Wasser kämpfte, klingelte es an der Tür. Er öffnete ungeduldig, den Eimer in der Hand, und da stand ein schwarzer Mann, der mit drohender Stimme sagte: »Um zehn Uhr ist 'ne Party.« Jan ließ beinah den Eimer fallen; er wußte sofort, er hat keine Chance. Er stammelte: »Jaja, ich komme!«, und der Mann wandte sich zum Gehen, blickte aber noch einmal über die Schulter zurück und bemerkte beinah respektvoll: »Nicht alle sind so entgegenkommend.«

Rückblick auf ein Konzert

Der Oboist spielt den Kammerton, die Musiker stimmen ihre Instrumente. Kapellmeister Sigi steht versunken neben dem Inspizientenpult, das Husten und Rascheln im Zuschauerraum nimmt ab. »Zuschauerraum eindunkeln!« wispert Andrea durchs Mikrophon. Der Lüster wird eingefahren, die Dämmerung zieht den Saal zusammen. Die Lichtbatterien im Portal flammen auf. Erregte Stille. Sigi eilt auf die Bühne, groß, schön und linkisch, drückt dem Konzertmeister die Hand und springt aufs Pult. Blutleer vor Anspannung seine breiten, muskulösen Wangen. Sigi breitet seine langen Arme aus und neigt sich dem Orchester entgegen, als er den ersten Einsatz gibt.

Fink, der sich auf der Insel Chios verlaufen hat, stolpert durch ein ausgetrocknetes Bachbett zu Tal. Verschwitzt, verdreckt, Blasen am Fuß, erstickt von Selbstvorwürfen, findet er eine Uferstraße. Hitze steht in Wellen über dem Teer. Fink weiß nicht mal, ob er rechts oder links gehen muß, er schleppt sich die Straße entlang und empfindet plötzlich eine bittersüße Erleichterung, die Absolution eines Bußgangs. Die Sonne ist hinter dem Berg verschwunden. In der Ferne ahnt Fink das Dröhnen der Stadt. Er geht um eine Kurve und sieht am unteren Rand der Böschung am steinigen Ufer ein Maultier stehen.

Ist es verletzt? Er kneift die Augen zusammen. Er versteht nichts von Tieren, aber es steht so jammervoll da mit gesenktem Kopf, daß er hinunterklettert, um nach ihm zu sehen. Die Böschung ist steil, hartes, kantiges Geröll springt unter seinen Schuhen weg und prasselt zu Tal, das Maultier macht auf drei Beinen einen erschrockenen Satz.

Sein rechtes Vorderbein ist verdreht. Das Tier ist offenbar die Böschung hinuntergefallen, und sein Besitzer hat ihm das Geschirr abgenommen und ist gegangen. Es steht schweigend und streng da, die Lippen etwas verzogen, und wartet auf sein Schicksal. In Fink steigt Wut hoch über die rücksichtslose Menschheit und Mitleid mit der ausgebeuteten und im Stich gelassenen Kreatur, in der er sich selbst wiedererkennt. Als er in der Ferne einen Mann auf einem Fahrrad näherkommen sieht, erklimmt er mit der Energie der Entrüstung die Böschung, greift mit den Händen in Disteln, schneidet sich die Knöchel an den scharfen weißen Steinen und steht schließlich schwer atmend mitten auf der Straße vor dem Radfahrer, einem jungen Polizisten.

Der Polizist will um ihn herumfahren.

Fink wirft sich ihm in den Weg.

»Sehn Sie das Maultier da? Es ist verletzt.«

Der Polizist sagt: »*Endaxi.*«

»Sie müssen ihm helfen! Erschießen Sie es wenigstens!« schreit Fink. Er krümmt den Zeigefinger und improvisiert: »Bummbumm!«

»*Endaxi.*« Der Polizist schiebt ihn zur Seite und fährt davon.

»Nix *endaxi*«, flucht Fink. Er klettert ratlos zu dem Maultier hinab und legt ihm den Arm um den Hals.

Im Plaza Hotel in New York liegt der Cockerspaniel Ritchy tot hinter einem Ledersessel. Peggys Mutter hat nicht bemerkt, wie er starb, weil sie in demselben Sessel mit dem Entzücken einer Luxusmutter *Harper's Bazaar* las. Als sie den Hund seufzen hörte, sagte sie: »*We're going out for a walk in a minute, Ritchy honey. Just one more article...*«

Jetzt entdeckt sie, was passiert ist, und läuft bestürzt und konfus durch die Suite. Sie will in der Met anrufen und läßt von dem Vorhaben wieder ab: Es wäre sicher nicht feinfühlig, Peggy vor der schweren Show mit diesem Problem zu belasten. Falls sie an Ritchy hing, wird sie vielleicht weinen, und ihre Stimmbänder werden aufquellen, denkt Mom. Falls sie nicht an ihm hing, würde das Problem, den Kadaver zu entsorgen, sie unnötig belasten. Jetzt kann ich mich nützlich machen, denkt Mom beinahe stolz. Angenehm ist die Aufgabe nicht; aber um so größer das Verdienst.

Die Aufgabe lautet: Was mache ich nachmittags um drei im Plaza Hotel in New York mit einem toten Hund?

Mom wählt am bombastischen Marmortelefon die Auskunft an und läßt sich die Nummer eines Bestattungsinstituts für Haustiere geben.

»*Can you get a dead dog out of the Plaza Hotel?... Yes – now – immediately, its very urgent... Listen, I have to leave in two hours. I have an appointment at the Metropolitan Opera. My daughter is the prima donna. – Excuse me, how much? Seven hundred bucks?*« Sie wirft den Hörer auf die Gabel und schimpft: »*Bastards. Absolutely incredible.*«

Nach einer Weile hat sie eine Idee. Sie nimmt umständlich mit einem Plaza-Hotel-Badetuch die Hundeleiche auf und legt sie in einen von Peggys Koffern (ihr eigenes Köfferchen wäre zu klein gewesen, stellt sie eilig fest). Das Schloß schnappt zu. Mom zieht den Koffer auf Rollen zur Suite hinaus. Durch das Foyer, zwischen marmornen Springbrunnen und Palmen hindurch, begleitet von Wasserrauschen und Vogelgesang vom Band. Der Koffer ist ziemlich schwer.

In Kalifornien ist es fünf Uhr früh. Jans Freund John rennt die Stiege des schäbigen Hotels *Speedy González* hinauf und schlägt gegen die Tür. Der Hotelmanager, ein müder Schwarzer, zieht sich am Geländer hoch und murrt: »*Dont break any furniture, man, okay?*« Vielleicht überlegt er, ob er Geld verlangen soll dafür, daß er verbotenerweise das Zimmer eines schlafenden Gastes aufsperrt. »*He wants to kill himself!*« ruft John, »*He didn't say where he was, and this is the fifth dump I've searched through!*« Der Manager sperrt auf.

John reißt die Vorhänge auf. Silbrige Dämmerung.

Jan liegt nackt in der Badewanne, bewußtlos. Am Boden drei leere Tablettenröhrchen.

»*How could you do that!*« schreit John auf. »*Come on, come with me, let's go home!*«

Er zerrt den schweren Jan aus der Badewanne.

»*Come on! I'm going to get you out of here!*«

Der weiße, nasse Körper entgleitet ihm, beide stürzen zu Boden, Jan erbricht auf den schmutzigen indianischen Webteppich.

»*I'm so sorry!*« schluchzt John. Er versucht, Jan abzutrocknen und anzuziehen, Tränen und Spucke auf dem gelähmten Körper.

Jan kommt zu sich. Seine Zunge ist schwer. »*Don't worry, I didn't like the hotel anyway.*«

Erwin singt das zweite Solo. Er ist bestens aufgelegt. Gleich zu Beginn gibt es zwei lange Phrasen, während derer er nicht atmen darf. 5 Takte:

SIEHE, ICH SAGE EUCH EIN GEHEIMNIS:

Erwin hat sich entschlossen, alles mindestens im *mezzoforte* durchzuröhren; nur dann nämlich entfaltet sich die erotische Protzstimme, auf die er so stolz ist.

WIR WERDEN NICHT ALLE ENTSCHLAFEN

Fast 7 Takte, allein 5 für das Wort *entschlafen*. Und dieses steht am Ende der Phrase, es muß großartig und bedeutungsvoll klingen. Es klappt! Das Solo ist Erwin nicht ganz geheuer, zu viele Intervallsprünge, wegen der vielen Modulationen schwer zu intonieren. Bei den musikalischen Proben ist er von Sigi getriezt worden, aber jetzt, im Konzert, ist Schluß mit dem Kleinkram, Sigi muß ihm folgen, Erwin wird nur noch schön singen und sonst nichts. Selten hat er so mächtig und sinnlich gesungen, so spannungsvoll und locker, energisch und frei. Bei der ansteigenden Linie

WIR WERDEN ABER ALLE, ALLE VERWANDELT WERDEN

bebt der Sänger von der Kraft seines eigenen Tons. Ein edles, ergreifendes Vibrato. Erregt, fast zitternd geht Erwin den großen Ausruf an – Prophetenstimme:

UND DASSELBIGE PLÖTZLICH
IN EINEM AUGENBLICK!

Hohes Fis! Atemlose Stille.

ZU DER ZEIT DER LETZTEN POSAUNE,
DER LETZTEN POSAUNE...

Orchester und Chor brausen los, zuckende Streicherkaskaden wie Blitze, peitschende Blechfanfaren, donnernde Paukenwirbel verkünden das Jüngste Gericht, und er, Erwin, hat es eingeleitet mit seinem herrlichen Gesang.

Fink, mit blutigen Knöcheln, am Hals seines Maultieres, beginnt in einer Eingebung noch einmal den Kampf mit seiner Stimme. Er singt Vokalisen, Tonleitern, Intervalle, die Stimme klang nie so häßlich, vor Anstrengung treten Finks Hals- und Stirnadern hervor. Das Maultier wendet den Kopf und beißt ihn, hart und fest.

Mom steht mit Peggys Koffer auf der Plattform einer oberirdischen Subway-Station am Stadtrand. Es ist schwül. Der Koffer wiegt gut fünfzig Pfund. Mom blickt ratlos die lange Treppe hinauf.
»Can I help you?«
Vor ihr steht eine hochgewachsene, elegant gekleidete junge schwarze Frau.
»Oh, you're terribly kind!« schratelt Mom, mit aller sentimentalen Energie, die ihr zu Gebote steht. *»Do you happen to know, where Adam Hill Street is?«*
»Actually I'm not sure, but I think it's up there, about 400 yards to the right. If you like, I'll wait here with your suitcase so you don't have to haul it all the way up those stairs for nothing...«
Die kultivierte Stimme löst bei Mom Glücksgefühle und eine maßlose Erleichterung aus. *»O thank you ever so much! You have no idea what a tremendous help you've been to me!«*
Mom schleppt sich die Treppe hoch, kurzatmig, erschöpft;

sie macht öfters Pause und blickt sich um. Unten steht reglos neben dem Koffer die junge Schwarze und lächelt ihr aufmunternd zu. Mom ist wirklich angegriffen. Schweiß rinnt ihr von den Schläfen, die Wimperntusche verläuft in den Falten um ihre Augen zu einem feinen schwarzen Netz.

Die Straße oben ist menschenleer. Mom kämpft sich vorwärts. Als ein Mann in Uniform (ein Bahnbeamter?) auftaucht, fragt sie nach der Müllkippe, die hier sein soll, und er schüttelt den Kopf. Sie kehrt um und geht langsam, das Geländer umklammernd, die endlose Treppe zur U-Bahn-Station hinab.

Unten der neonbeleuchtete Bahnsteig, leer.

Die junge Schwarze ist fort. Und der Koffer auch.

Jan liegt auf dem durchgelegenen Bett des Hotels *Speedy González* im Sterben. John hat ihn nicht mehr nach Hause schaffen können. Jetzt sitzt er bei ihm und hält seine Hand, und weil er sein Saxophon nicht dabei hat, singt er leise vor sich hin.

Draußen geht die Sonne auf. Jan sieht durch halbgeschlossene Lider ihren Widerschein auf Johns verfilztem Haar und fragt leise: »*What time is it now?*«

»*Early morning.*« John, der nie eine Uhr dabeihat, sieht wie hilfesuchend aus dem Fenster. »*Almost sunrise.*«

»*If I close my eyes now, I won't open them any more*«, spricht Jan mit entstellter, kaum hörbarer Stimme.

John beugt sich zu ihm herunter. »*What?*«

Jan weint. Er sieht über sich verschwimmend, orangefarben leuchtend, die Zimmerdecke wie das entschwindende Paradies.

Babs' Großmutter Ariadne, deren Gedächtnis inzwischen nur noch eine Minute lang reicht, fragt jede Minute: »Wovor muß ich mich eigentlich fürchten?«

In Neustadt machen sich die Konzertbesucher auf den Heimweg. Erwin, in Lodenmantel und Kaschmirschal, verläßt das Theater durch den Bühneneingang, am Arm ein Mädchen, das seine Blumen trägt. Regen und Wind. Während sie einen Weg suchen zwischen den Autos hindurch, die sich vor der roten Ampel stauen, fragt Erwin begeistert: »War des net guat? War des net super-guat? War des net phantastisch?«

EPILOG

Jan liegt in Kalifornien begraben, auf einem Friedhof, den er selbst sich ausgesucht hat, zwischen sanften Hügeln in der Nähe des pazifischen Ozeans. An ihn mag sein Grabspruch erinnern sowie vielleicht die Tatsache, daß sich der Stein – minimal, noch – zur Seite neigt. Der Grabspruch wurde von John ausgewählt; und das andere ist Jans Vater zu verdanken.

Jans Vater kam aus Deutschland angereist, um seinen Sohn zu bestatten. Als er zusammen mit John und dessen Freunden Jans Asche zum bezeichneten Grab brachte, teilte man ihm mit, die Asche müsse in eine Betonurne umgefüllt werden; damit der Boden später nicht einsinke. Die Betonurne, eine Art hohlen Würfel, händigte man ihm aus. Der Vater protestierte, doch die Friedhofsfunktionäre waren unerbittlich: entweder Beton oder gar nicht, er könne es sich ja überlegen, *Sorry, Sir.* Er war wie vom Donner gerührt; er stand vor dem offenen Grab und wußte weder aus noch ein. Schließlich versuchte er, den mexikanischen Friedhofsgärtner mit einer Hundertdollarnote zu bestechen, und das ist vielleicht der traurigste Augenblick der ganzen Geschichte: wie Jans übrigens entschlossen atheistischer Vater, ein pensionierter Ingenieur, übernächtigt, von Schmerz zerrissen, um den mexikanischen Friedhofsgärtner herumlief und in seinem grotesken Urlaubsspanisch zu erklären versuchte, daß Erde zu Erde gehöre, Asche zu Asche und Staub zu Staub. Der Gärtner lehnte das Geld ab, schob dann aber seine Schubkarre hundert Meter weiter und sah nicht mehr hin. Die Freunde stellten sich im dichten Kreis um das Grab, und während sie einen Jazz-Chorus spielten, legten John und Jans Vater die Urne ins Grab, schütteten rasch Erde darauf und ließen das Betonteil in Johns Saxophonetui verschwinden.

Auch der Grabspruch stammt nicht eigentlich von Jan, sondern von Bassist Hofmann, und wer weiß, woher der ihn hat: »Das Leben ist wie eine Lawine – immer rauf und runter.« Wenn Hofmann das zum besten gab, schlugen sich die Leute auf die Schenkel; bei Jan aber nickten sie andächtig, bis sie nach durchschnittlich zehn Minuten mißtrauisch fragten: »Wieso *rauf?*«

DANK

Für Anregungen und Auskunft habe ich vielen Theaterleuten und Musikern zu danken. Für Rat, Hilfe und Korrekturen darüber hinaus danke ich insbesondere Christian Auer, Katharina Blaschke, Gerhard Fuchs & Klaus Winkler.

Schnörkellos und bildstark:
Abgründige Alltagskämpfe
mit ungewissem Ausgang

Jenny Erpenbeck
Katzen haben sieben Leben
Mit zahlreichen Fotografien
80 S. • geb. m. SU • DM 29,80
ISBN 3-8218-0785-7

Nach der »Geschichte vom alten Kind« legt Jenny Erpenbeck
nun ihr erstes Theaterstück vor: ein Pandämonium aus Liebe
und Gewalt, Entfremdung und Abhängigkeit, Sprachzauber
und Brutalität. Wie ein rätselhaftes Doppelwesen sind zwei
Frauen aneinandergeschmiedet. Sie streiten, lieben, quälen,
kosen und erniedrigen sich wie ein ungeliebtes Spiegelbild
ihrer selbst. Was sie auch tun, sie kommen nicht voneinander
los. Sogar wenn sie sich gegenseitig umbringen, erstehen sie
immer wieder auf. Wie unter Zwang spielen sie verschiedene
Leben durch. Mutter und Tochter, Geschwister, Freundin
gegen Freundin, Lehrerin und Schülerin: zwölf Begegnungen,
zwölf Endspiele und die Erkenntnis: Frauen sind nicht
die besseren Menschen.

Kaiserstraße 66
60329 Frankfurt
Telefon: 069 / 25 60 03-0
Fax: 069 / 25 60 03-30
www.eichborn.de

Wir schicken Ihnen gern ein Verlagsverzeichnis.